MARCHE SUR MES YEUX

Portrait de l'Iran aujourd'hui

DES MÊMES AUTEURS

La Chinafrique. *Pékin à la conquête du continent noir*, avec Michel Beuret, Grasset, 2008

American Chaos. *Retour en Afghanistan et en Irak*, 2002-2004, Seuil, 2004

Un monde de brut. *Sur les routes de l'or noir*, avec Serge Enderlin, Seuil, 2003

SERGE MICHEL

Bondy Blog. *Des journalistes suisses dans le 93*, avec la rédaction de l'Hebdo, Seuil, 2006

SERGE MICHEL ET PAOLO WOODS

MARCHE SUR MES YEUX

Portrait de l'Iran aujourd'hui

BERNARD GRASSET
PARIS

ISBN 978-2-246-75761-0

Sommaire

Nous dédions ce livre à F.,
à K., et à l'avenir de l'Iran.

Il n'y a que les esprits légers pour ne pas juger sur les apparences.
Le vrai mystère du monde est le visible, non l'invisible.
OSCAR WILDE

PROLOGUE

Cela fait plusieurs semaines que je n'ai pas de nouvelles de K. Il ne répond plus aux emails et son téléphone sonne dans le vide. Que se passe-t-il ? En juin 2009, il nous a aidés en traduisant certaines interviews à Téhéran et nous a accompagnés dans les manifestations de l'opposition, les fameuses « marches vertes ». Je me souviens qu'il jubilait de voir ses compatriotes si nombreux dans la rue. Pour lui, intellectuel fasciné par les auteurs post-modernistes français, engagé à fond auprès de l'équipe du candidat Moussavi pour tenter de battre le président sortant Ahmadinejad, c'était comme une réconciliation avec son propre peuple. Il s'est senti soudain moins seul. Dans les mois qui ont suivi, il envoyait à une liste d'une trentaine de destinataires iraniens et étrangers les déclarations des deux opposants en chef, Mir-Hossein Moussavi et Mehdi Karoubi. J'ai ainsi reçu chaque jour trois ou quatre emails de K. Parfois, c'était des caricatures, des photos de violences dans la rue, une vidéo de manifestant ou tout simplement un poème, un chant révolutionnaire, voire un morceau de rap iranien. Je ne comprenais pas tout, la plupart de ses envois étant en persan. Mais au moins, me disais-je, K. est encore en liberté, et il a accès à Internet. Sauf que ses envois ont brusquement cessé quelques jours avant la célébration du trente et unième anniversaire de la révolution islamique, le 11 février 2010, au moment où le régime a multiplié les arrestations pour s'assurer le monopole du spectacle le jour de l'anniversaire.

Le contact avec F. aussi est presque rompu. Journaliste pour la presse réformatrice, elle s'est mise à tenir un blog, appelé « Après la pluie », lorsque les titres pour qui elle travaillait ont été fermés les uns après les autres, et à faire quelques piges pour des médias occidentaux. Cela fait dix ans qu'on se parle, qu'on s'écrit et qu'on travaille parfois ensemble. Arrêtée à plusieurs reprises pour des interrogatoires, parfois musclés, depuis l'arrivée au pouvoir du président Ahmadinejad, elle se savait en danger après les élections de juin 2009. D'un coup, elle a cessé de répondre au téléphone et aux emails, n'a plus rien publié sur sa page Facebook ni sur son blog. J'ai entendu dire qu'elle s'était cachée quelques semaines chez une tante, dans un village de province. La police a tout simplement attendu qu'elle revienne à Téhéran. Le 22 août 2009, elle a été arrêtée au domicile de ses parents et jetée dans une cellule d'isolement à la tristement célèbre prison d'Evin. Une amie qui le connaît m'a raconté que d'après le détenu de la cellule d'à côté, F. pleurait toute la journée et n'arrivait pas à garder son calme face à ses interrogateurs, qu'elle les insultait avant d'éclater en sanglots. C'est comme ça, la prison : il y a ceux que cela renforce et ceux que cela détruit. Son voisin, pour la calmer, tentait de lui jouer des petits morceaux de percussion sur une conduite d'eau qui reliait les deux cellules. Les autorités d'Evin, elles, ont assommé F. de sédatifs, jusqu'à dix pilules par jour.

En Europe, où elle avait beaucoup d'amis, une campagne a été menée pour demander la libération de F. Une page a été créée sur Internet et des messages adressés à des journalistes ou des politiciens faisaient circuler les déclarations de sa mère, qui a pu la croiser quelques minutes à travers une vitre, ou celles de son avocate qui, en quatre mois, n'a pas eu le droit de rencontrer sa cliente. Le 23 décembre, F. a été libérée contre une lourde caution, pour laquelle sa famille a dû engager l'appartement familial. Depuis, F. n'a répondu à aucun message. J'ai fait connaissance à Paris d'une de ses amies qui a juste eu le temps de croiser F. à sa sortie de prison avant de fuir elle-même en Europe. Elle l'a décrite comme étant en très mauvaise santé, incapable d'articuler une phrase cohérente et souffrant de problèmes cardiaques qui sont apparus durant sa détention. La mère non plus ne répond plus à mes messages, tout le monde se tait en attendant le procès, qui pourrait renvoyer F. pour plusieurs années à Evin.

Au moment de commencer à écrire cette préface, F. et K. me manquent. Une nuit sinistre semble s'être abattue sur l'Iran – et ce n'est pas le pays que j'ai connu il y a douze ans.

Je suis arrivé en Iran en voiture, un jour de décembre 1998. Je m'étais donné plusieurs mois pour traverser les Balkans, la Turquie et le Caucase afin, m'étais-je dit, d'éprouver concrètement la distance qui séparait ma Suisse natale de la ville qui allait devenir la mienne pour les trois ou quatre années suivantes, Téhéran. J'avais lu quelques livres d'histoire ou des récits de voyage, dont *L'Usage du monde* de mon compatriote Nicolas Bouvier, j'avais côtoyé des étudiants d'origine iranienne à l'université, séjourné quelques mois au Moyen-Orient dix ans plus tôt en écrivant mes premiers articles. Mais jamais encore je n'avais mis les pieds en Iran, même pas en repérage avant de m'y installer, comme pour ne pas étancher trop tôt ma curiosité et maintenir entier le choc culturel que je me réjouissais d'éprouver. Lequel se manifesta pour la première fois sous la forme d'un péage autoroutier.

Ce matin-là, en provenance de Bakou, en Azerbaïdjan, j'avais passé sans trop d'encombre la frontière iranienne d'Astana au bord de la Caspienne et longé une vallée verte bordée par les sommets neigeux de la chaîne de l'Alborz, ému par l'immensité et la délicatesse de ces paysages. Après un col et une descente en pente douce, je me retrouvai sur le plateau iranien et pris à gauche l'autoroute de Téhéran, complètement déserte. Quelques kilomètres plus loin, annoncé par des panneaux verts signalant en anglais un péage, m'attendait un homme barbu dans une guérite. Comme j'avais, les semaines précédentes, écouté une cassette d'apprentissage rapide du persan tout en conduisant, je fus capable de souhaiter que la paix fût sur lui, de lui demander combien coûtait le passage et de comprendre que pour moi, c'était gratuit. Je le remerciai respectueusement et, comme il n'y avait pas de barrière, m'élançai, m'apprêtant à parcourir les trois ou quatre cents kilomètres qui me séparaient encore de la capitale.

Décidément, cela ne pouvait pas mieux commencer. Je me mis à rire en songeant à l'incrédulité, à la commisération voire à la suspicion qui s'étaient affichées sur les visages de mes amis et de ma famille lorsque je leur avais annoncé que je quittais mon poste confortable et prometteur dans le meilleur quotidien francophone de mon pays pour aller m'improviser correspondant free-lance à Téhéran. Mon métier exigeait-il vraiment que je parte dans un endroit pareil ? Quand j'aperçus dans le rétroviseur la petite silhouette du barbu qui était sorti de sa guérite en agitant les bras, je pensai qu'il continuait ainsi à souhaiter la bienvenue à l'un des rares étrangers ayant jamais emprunté son péage.

En vérité, il me réclamait son dû, mais ce n'est que le lendemain que je commençai à soupçonner un malentendu. J'avais trouvé sans peine l'appartement qu'une femme d'affaires iranienne établie à Lausanne avait bien voulu me louer. Après une nuit réparatrice, je trouvai l'épicerie du quartier. Mais lorsque je voulus payer le yaourt, le pain, le fromage et le jus de fruit que j'avais l'intention de consommer au petit déjeuner, l'épicier me dit : « *Gabel nadaré*. Rien ne saurait égaler votre valeur. »

Je fus flatté mais insistai pour payer. Il prit l'argent machinalement et ajouta qu'il était mon mouton sacrificiel.

Plus tard dans la journée, je me rendis en taxi à l'adresse que m'avait remise l'ambassade d'Iran en Suisse quelques mois plus tôt. Les rues du quartier étaient plutôt vides, mais dès que nous en sortîmes, la circulation était presque figée. Les voitures, antiques pour la plupart, formaient comme une coulée de lave métallique et nauséabonde qui semblait pénétrer lentement chaque rue et chaque avenue de cette métropole qui s'étend de la montagne au désert. Tout en coupant brutalement la priorité aux autres conducteurs et les insultant à l'occasion, le chauffeur m'entretint, en anglais, de poésie. Il récita même quelques vers de son cru ; il était question d'amour dans un jardin fleuri où chantaient des oiseaux multicolores. Arrivé enfin devant le bâtiment de l'*Ershad-e islami*, la Guidance islamique, qui allait être mon ministère de tutelle, mon chauffeur poète refusa le billet que je lui tendais. A nouveau, l'honneur d'avoir transporté un personnage aussi noble que moi était impossible à traduire en quelques billets. Je dus le supplier jusqu'à ce qu'il se décide enfin à lâcher un chiffre, lequel fut en vérité bien supérieur à ce que j'avais imaginé.

Il y avait quelque chose de délicieux dans ces malentendus et ces contradictions. Pour le jeune homme à l'éducation sans doute trop cartésienne et calviniste que j'étais, c'était la preuve que j'avais changé de monde, la marque d'un dépaysement moral et intellectuel qui devait largement compenser l'absence de dépaysement visuel. Car rien, dans les bâtiments ternes et modernes de Téhéran, dans ses avenues grises et rectilignes, dans ses fast-foods et ses agences bancaires plus nombreuses que dans mon pays natal ne me donnait la sensation d'avoir atteint l'Orient auquel j'aspirais sans oser me l'avouer. Je commençais à comprendre que je n'étais pas au royaume de Perse, mais au royaume des apparences, et cela me convenait fort bien.

Le véritable charme de mon nouveau travail serait précisément cette dualité entre les faux-semblants et une réalité fuyante, entre les mythes et les faits, entre les clichés et l'Iran véritable que j'avais l'intention de dévoiler grâce à la carte de presse que me remit cérémonieusement, ce jour-là, un employé de la Guidance islamique. Il formula le vœu que je ne souffre pas de la privation de vin et de whisky tout en m'adressant un clin d'œil. Il poussa une autre pâtisserie à la crème dans mon assiette, déglutit son thé brûlant et me fit une dernière recommandation amicale.

« Mister Michel, vous êtes entièrement libre de travailler à votre guise. Evitez seulement de critiquer notre Guide suprême. D'ailleurs, ne perdez pas votre temps avec les responsables officiels, ils ne racontent rien d'intéressant. Rencontrez plutôt les Iraniens ordinaires et revenez nous voir quand vous voudrez. »

Dans le taxi du retour, dont je pris soin de négocier le tarif à l'avance, je me demandai pourquoi ce pays, depuis la révolution islamique de 1979, était à ce point réduit à un cliché, un cliché noir comme une femme voilée, comme une théocratie ténébreuse. Complexe inavoué de supériorité occidentale ? Besoin de se faire peur ? Œuvre de sabotage médiatique ? Profonde ignorance ? Avec le temps, multipliant les lectures et les rencontres avec les « Iraniens ordinaires » sur les recommandations de la Guidance islamique, je dus constater que cette dualité qui m'avait frappé dès le premier jour était en vérité la dominante de tout le discours sur l'Iran, auquel j'allais moi aussi devoir m'habituer.

Les Iraniens ne tardèrent pas à m'expliquer qu'ils n'étaient pas n'importe qui. Qu'ils étaient d'ascendance aryenne, contrairement à ces bédouins d'Arabes. Et qu'ils déclamaient déjà des vers sur le perron des palais de Persépolis à l'époque où nous autres Européens étions encore occupés à rôtir des bisons dans nos cavernes enfumées. Or, par un étrange effet de miroir, les spécialistes de l'Iran ne sont pas n'importe qui non plus. En France, le plus célèbre est Henry Corbin (1903-1978). Tout jeune, il couvrait d'annotations en arabe son exemplaire en allemand d'*Être et temps*, l'ouvrage fondamental de Heidegger, et devint par la suite le plus raffiné connaisseur de l'ésotérisme dans l'Islam, du chiisme et de la gnose ismaélienne avec une bibliographie stupéfiante d'abondance et d'éclectisme.

Dans le sillage de ce colosse, ses confrères et disciples ont pris eux-mêmes une certaine hauteur de vue, si bien que leurs travaux sont rarement venus imprégner le grand public. Cela n'enlève rien à leurs qualités, mais je me mis à soupçonner que cela expliquait peut-être le gouffre qui séparait la science de ces érudits de l'ignorance du plus grand nombre, la frontière entre le territoire envoûtant des iranologues et le pays accablé de stéréotypes des béotiens.

De temps à autre, ces experts sont obligés de descendre dans l'arène, pour « décrypter » l'Iran en trois questions dans les colonnes des journaux ou sur les ondes des radios et des télévisions. Ils le savent : autant dissiper un épais brouillard à coups de raquette de tennis. Alors à défaut de pouvoir dévoiler la richesse de leurs connaissances, ils se contentent le plus souvent d'affirmer qu'il ne faut pas se fier aux apparences, un procédé qui a l'avantage de tenir en une minute trente.

« L'Iran est une dictature ! affirme le plus grand nombre.

— Il ne faut pas se fier aux apparences, répondent les iranologues. Le système a aussi des composantes démocratiques très vivaces et les élections ont toujours été un enjeu considérable. »

« Les femmes iraniennes sont opprimées ! rugit le public.

— Le port du tchador ou du foulard n'est qu'une apparence, répondent les iranologues. Les femmes iraniennes exercent un pouvoir considérable dans le cercle familial, voire dans la société en général. »

« L'Iran veut rejeter Israël à la mer, c'est scandaleux, proteste le peuple.

— Il ne s'agit que d'un discours, répondent les iranologues. Et encore, il a été mal traduit. En vérité, Téhéran et Tel-Aviv ont collaboré activement contre l'Irak de Saddam Hussein et ont encore des intérêts communs. »

« Les ayatollahs veulent régner sur la base d'une religion vieille de mille quatre cents ans, ça ne peut pas marcher ! estiment les citoyens lambda.

— La Révolution a modernisé la doctrine religieuse, répondent les iranologues. Et surtout, le régime fait depuis vingt ans des choix toujours plus politiques et de moins en moins religieux.

— Peut-être, mais le résultat, c'est que plus personne ne croit en Dieu là-bas ! objecte le commun des mortels.

— La religiosité des Iraniens ne se limite pas à la prière dans la mosquée ou au respect de certaines prescriptions coraniques, rétorquent les experts, il faut aussi prendre en considération le culte des imams et tout l'ésotérisme chiite. »

L'immense avantage de ce raisonnement dialectique, c'est de ne pas déplaire au régime iranien. Car les iranologues, même les plus distingués, même les plus versés dans l'angéologie zoroastrienne, doivent ménager la chèvre et le chou s'ils veulent obtenir leur visa et retourner s'abreuver à la source de leur savoir. D'ailleurs, le régime lui-même est devenu un champion dans l'art d'affirmer qu'il ne faut pas se fier aux apparences, comme j'allais m'en apercevoir en posant des questions naïves.

« Les poètes persans célèbrent le vin et l'ivresse à chacun de leurs vers, me suis-je étonné après avoir parcouru les œuvres d'Omar Khayam et de Hafez.

— Le vin des poètes n'est pas du vin, répondirent les représentants du pouvoir. C'est un symbole de la foi, de l'amour du divin. »

« Rumi, votre grand poète, ne cesse de chanter son amour pour son maître Shams, poursuivis-je. Et d'autres grands ouvrages persans multiplient les allusions érotiques à l'égard des jeunes garçons. Ne s'agit-il pas d'une forme de...

— Au nom d'Allah, le tout-puissant, le miséricordieux, il est regrettable que votre matérialisme occidental oriente à ce point votre compréhension de notre culture ! m'interrompirent les fonctionnaires de la République islamique. Ne vous fiez pas aux apparences. Les allusions érotiques ne sont pas des allusions érotiques et les jeunes garçons ne sont pas des jeunes garçons. L'amour dont il est question n'est pas un amour physique, comme le conclut trop vite votre société désacralisée. C'est une façon d'exprimer l'adhésion du croyant à son Dieu unique. Quant aux sentiments de Rumi pour Shams, il s'agit d'un langage symbolique pour marquer le respect de l'élève pour le maître. »

Dans la foulée, je me mis à imaginer les impasses sophistiques dans lesquelles se retrouvaient coincés les diplomates occidentaux à Téhéran lorsqu'ils avaient à sermonner les Iraniens, exercice que leur imposait hélas leur hiérarchie à intervalles réguliers. Le soir, ils tentaient d'ailleurs, dans une débauche de fêtes arrosées à huis clos auxquelles je fus rapidement convié, d'oublier leur frustration des entretiens officiels de la journée.

« Mon gouvernement s'inquiète de vos déclarations récentes qui pourraient avoir un caractère antisémite, avance l'un d'eux.

— Ne vous fiez pas aux apparences, répond le fonctionnaire des Affaires étrangères. La communauté juive est entièrement libre en Iran. Nous avons même un député juif au

Parlement. Et souvenez-vous que notre imam Ali (que la paix soit sur lui) a pleuré lorsqu'il a vu une femme juive se faire humilier.

— Mon gouvernement, poursuit le diplomate, entend protester avec la plus grande fermeté contre les récentes violations des droits de l'homme...

— Souvenez-vous qu'un vers de notre poète Saadi est gravé sur le fronton des Nations unies, l'interrompt l'Iranien : "Qu'une côte soit cassée et c'est déjà trop."

— Nous sommes néanmoins profondément préoccupés par la pendaison récente d'une dizaine de jeunes gens accusés d'homosexualité, reprend le diplomate.

— Par la barbe du Prophète, ne vous fiez pas aux apparences, sourit son interlocuteur. L'homosexualité fait partie des délits que ces criminels ont avoués, mais ce n'était pas le plus grave. Ils ont été exécutés parce qu'ils ont violé de jeunes garçons et, dans certains cas, les ont tués. Est-ce que vous protestez de la sorte lorsqu'un criminel reçoit une injection létale aux Etats-Unis ? »

Le plus déroutant, dans ces petites joutes verbales où rien d'irréfutable ne semblait pouvoir être établi, était lorsque les faits confirmaient les apparences, c'est-à-dire lorsque le béotien semblait avoir autant raison que l'iranologue, dans un pays où tout était vrai, le cliché comme la connaissance approfondie. Il aura parfois suffi d'un sermon du vendredi pour remettre en question la thèse par ailleurs intéressante de la fin de l'islam politique. Comme récemment, lorsque l'ayatollah Ahmad Jannati appela début 2010 le régime à pendre haut et court une quinzaine de protestataires arrêtés dans les rues.

« Le prophète Mohamed avait signé un pacte de non-agression avec trois tribus juives, s'est-il écrié à la grande prière de Téhéran. Les juifs n'ont pas tenu leur promesse et Dieu a ordonné leur massacre. Lorsqu'il faut éradiquer l'ennemi, la compassion divine et l'indulgence n'ont pas de sens. La justice doit régler leur compte à ces émeutiers. Je vous connais bien, ô juges ! Vous êtes révolutionnaires et dévoués au Guide suprême. Pour l'amour de Dieu, restez fermes comme vous l'avez déjà été en exécutant promptement deux condamnés. Dieu a ordonné au Prophète d'égorger sans merci les hypocrites et les gens malintentionnés. Le Coran exige ces morts avec insistance. Puisse Dieu ne jamais pardonner à celui qui se montrerait trop indulgent à l'égard de la corruption sur terre. »

Mais on n'en était pas encore, à mon arrivée à Téhéran, à la répression sanglante du mouvement vert né dans la foulée des élections de juin 2009. Dix ans auparavant, l'heure était plutôt à la lutte à fleurets de moins en moins mouchetés entre les conservateurs et le président réformateur fraîchement élu, Mohamad Khatami. J'avais engagé un assistant dans un journal anglophone de la capitale, qui me traduisait chaque matin les titres de la presse et tentait de m'expliquer un paysage politique extraordinairement compliqué. Cela m'a pris des mois pour y voir clair. D'un côté, il y avait les institutions élues, comme la présidence, le Parlement ou les conseils municipaux. Mais les candidats à chacune de ces élections étaient triés sur le volet par une instance ultra-conservatrice et de façon générale, le pouvoir des institutions élues était systématiquement limité par des institutions non élues et d'origine théocratique. C'était ainsi le Guide suprême, Ali Khamenei (cf. p. 274), qui avait le vrai pouvoir. Ses décisions étaient irréversibles en matière de politique étrangère et il avait la haute main sur les médias étatiques et tous les corps armés, qu'il s'agisse des troupes d'élite des Gardiens de la Révolution, de l'armée régulière, de la police ou des milices islamiques comme les bassidjis. Il pouvait donc choisir près de la moitié des ministres avec lesquels le président devait gouverner et invalider sans avoir besoin de se justifier n'importe laquelle de ses décisions. Pour faire bonne mesure, le Guide suprême pouvait éventuellement être démis de ses fonctions par un « conseil des experts » qui rassemblait une petite centaine d'ayatollahs en principe élus par le peuple. Mais là encore, comme des instances non élues pouvaient choisir les religieux se présentant à ces élections, cela revenait à ce que le Guide contrôle *in fine* l'organe qui était censé le contrôler[1].

Le Parlement, lui, pouvait voter des textes de lois. Mais ces derniers devaient être validés par le Conseil des Gardiens, choisi par le Guide suprême, et qui jetait tout simplement à la poubelle 90 % des textes qu'il examinait. Pour arbitrer les différents entre le Parlement et le Conseil des Gardiens, un « conseil de discernement » avait été créé. Non élu, bien sûr, et incapable, même s'il l'avait voulu, de s'opposer aux directives du Guide. Quant à la justice, prétendument indépendante, elle obéissait elle aussi au Guide ainsi qu'à d'obscures autorités religieuses dans la ville sainte de Qom. Elle se déclinait en de multiples spécialités qui avaient chacune leur fonctionnement particulier : le tribunal spécial pour les membres du clergé, le tribunal spécial pour la presse, les tribunaux révolutionnaires, etc. En jouant sur tous ces tableaux, en invoquant parfois des lois civiles et le lendemain une loi coranique, elle n'avait aucune obligation de respecter la Constitution, pouvait arrêter n'importe quel ministre du président élu et l'envoyer en prison pour cinq ans, fermer un journal qui ne lui plaisait pas ou laisser courir l'assassin d'un politicien pour lequel elle n'avait pas de sympathie.

Tout cela ressemblait à une dictature, et pourtant, ce n'en était pas une. Du moins pas comparable à la Corée du Nord ou à l'URSS sous Staline. Comme le régime avait été mis en place à la chute du Shah par un immense mouvement citoyen, il devait sans cesse réaffirmer sa légitimité, à la fois théocratique et populaire. Les avis de nombreux ayatollahs aux vues divergentes devaient être pris en compte, tout comme l'opinion publique, y compris par le Guide suprême. Et cette opinion était informée au jour le jour par des journalistes courageux qui trouvaient sans cesse des failles dans le système pour publier leurs articles, ainsi que par la presse étrangère, relayée par des radios en ondes courtes (BBC, la Voix de l'Amérique, Radio Liberté à Prague, Radio Israël et même Radio France Internationale avaient des services en persan), par des TV satellite, y compris celles de l'opposition en exil, et de plus en plus par Internet. Enfin, le fatras institutionnel de cette usine à gaz islamique reposait sur d'anciennes structures claniques ou familiales soudées par des mariages arrangés, voire des groupes d'intérêts comme ceux des commerçants du bazar, et tout ce monde avait très bien survécu à la Révolution. La famille Larijani, par exemple, étendait son influence grâce à trois frères très bien placés : l'un à la tête de la télévision nationale, un autre aux Affaires étrangères et le troisième au Parlement. L'ancien président Rafsandjani, lui, s'appuyait sur ses fils et ses cousins, tous issus de la même région au sud-est du pays. Le président Khatami lui-même était doublé de son frère, un des parlementaires les plus réformistes, chef de son parti politique et éditeur de plusieurs journaux.

Le premier article que j'envoyai début janvier 1999 de Téhéran était consacré au mea culpa spectaculaire des services secrets iraniens. Quatre intellectuels avaient été assassinés à l'automne 1998, dont le célèbre politicien nationaliste Darioush Forouhar. Le ministère des Renseignements avait arrêté les coupables mais devait avouer : « De manière regrettable, certains de nos propres collègues se trouvent parmi ceux qui ont commis ces crimes », avant de préciser qu'il s'agissait d'« éléments irresponsables, obstinés et déviants, ayant agi par eux-mêmes au bénéfice d'intérêts étrangers [...]. En trahissant les guerriers du douzième imam (que Dieu précipite son retour), ils infligent une lourde gifle au prestige sacré de la République islamique ».

Je ne le savais pas encore, mais cette affaire des « meurtres en série » d'intellectuels allait à la fois dominer tout mon séjour en Iran et peser de façon déterminante sur le projet réformateur du nouveau président. Avant l'été, on apprit que le principal responsable des escadrons de la mort du ministère des Renseignements s'appelait Saïd Emami et qu'il avait réussi à se suicider en prison. Cela vaut la peine de s'attarder un instant sur ce personnage, et pas seulement parce qu'il est issu de la même mouvance que le président actuel, Mahmoud

Ahmadinejad, avec qui il partageait aussi le même mentor, un sinistre ayatollah du nom de Mesbah Yazdi qui dirigeait un séminaire religieux dans la ville sainte de Qom et qui aurait signé les fatwas autorisant l'exécution des intellectuels laïcs et des prisonniers politiques.

Saïd Emami, ce cadavre, ce fantôme, allait petit à petit occuper une place prépondérante dans les analyses que je faisais, défaisais et refaisais de la situation iranienne. Je compris qu'il n'était pas un simple assassin, ou l'exécuteur des basses œuvres du régime, mais l'incarnation de la face obscure de la République islamique, l'âme damnée de ce pays qui se présentait pourtant de façon si charmante à mes yeux de nouveau venu. Car, au fur et à mesure que je découvrais la terreur qu'avaient fait régner les tueurs de Saïd Emami, je devais avouer avec un brin de culpabilité que j'avais du plaisir à vivre en Iran, au point de parfois me demander pourquoi j'avais attendu d'avoir trente ans pour m'y installer. La semaine, le travail était absolument passionnant. Chaque sujet, chaque rencontre m'ouvrait des perspectives inédites. Comme l'actualité de la capitale n'était pas trop lourde, je prenais souvent un avion pour Ispahan, Mashad ou Shiraz. Il m'arriva plus d'une fois de visiter Persépolis et d'autres sites extraordinaires absolument seul, comme si j'étais l'explorateur du XVIIIe siècle qui les découvrait et en offrait les premières descriptions. Mes articles se vendaient comme des petits pains en Suisse, en France et en Allemagne, et cela malgré une actualité dominée en ce début 1999 par la guerre au Kosovo. Tout intéressait les journaux, le récit d'une journée sur les pistes de ski ou la transcription d'une discussion avec un jeune couple dans un parc de Téhéran. Le jeudi soir, le début du week-end iranien, je pouvais partir à la découverte des soirées iraniennes où l'on rencontrait des femmes ravissantes malgré leur nez refait et des intellectuels de haut vol autour d'un verre d'arak, l'alcool de fabrication artisanale. Je pouvais aussi aller partager mes impressions dans les soirées occidentales où l'on croisait des visiteurs de renom comme Costa Gavras ou Sean Penn et où les diplomates murmuraient quelques secrets en me priant d'emporter une bouteille du vin qu'ils avaient réussi à importer clandestinement dans le pays. Le vendredi matin, j'allais au marché aux puces dans le bas de la ville, puis remontais dans le Nord manger des truites au bord d'un torrent avant de rentrer chez moi pour dévorer les livres qu'un bouquiniste francophone de Téhéran me mettait de côté, comme les géniales *Nouvelles asiatiques* du comte Arthur de Gobineau. Je tombai aussi amoureux de la poésie persane ; Omar Khayam était mon préféré.

Allons ! Ami ! Pas de chagrin pour demain matin !
Comptons cet instant de notre vie pour un gain !
Demain matin, quand nous quitterons la maison du vin,
Avec des voyageurs de sept mille ans nous ferons chemin[2].

Je savais pourtant que je marchais au bord du gouffre et qu'il y avait deux Iran, aujourd'hui comme au XIe siècle. Omar Khayam avait été la lumière, l'intelligence, la science, la poésie. Il avait pourtant un antonyme : Hassan Sabah, le maître de la secte des Assassins dont j'avais visité le repaire, ou plutôt ses vestiges, à Alamut[3]. Un millénaire plus tard, le pays des penseurs et des écrivains dont j'étais tombé amoureux avait aussi son génie du mal, et c'était Saïd Emami. Sur les rares portraits de lui qui furent publiés, il portait une veste en cuir, de larges lunettes ovales aux verres teintés, une barbe rase et une petite moustache. Les circonstances de sa mort en juin 1999 prêtaient à sourire : il aurait demandé à ses gardiens de prison de lui fournir de la poudre à épiler pour nettoyer ses avant-bras et son torse afin de faciliter ses ablutions rituelles, comme le font les musulmans très pieux. Sauf qu'il avait avalé le paquet de poudre et y avait laissé la vie malgré un transfert à l'hôpital pour des lavages d'estomac. Mais la plaisanterie s'arrêtait là. Dès que son nom fut rendu public, les journalistes iraniens trouvèrent sa trace un peu partout. D'abord, ils découvrirent qu'il n'était pas un obscur agent « déviant », mais bien le vice-ministre des Renseignements. Ensuite, ils purent établir sa responsabilité dans une série d'autres meurtres en Iran ainsi que dans une vague d'assassinats de dissidents iraniens en Europe. Ils trouvèrent aussi sa signature au générique d'un programme de la télévision nationale, *Hoviat* (Identité), qui dénonçait les liens entre les intellectuels laïcs iraniens et les sionistes ou le Grand Satan. C'était l'époque où les écrivains disparaissaient au rythme d'un tous les six mois environ, le plus souvent victimes d'étranges crises cardiaques. Mais Saïd Emami, qui voyait grand, avait développé la doctrine du « massacre thérapeutique » et avait ourdi un plan qui donnait la mesure du personnage.

En août 1996, vingt et un écrivains et poètes iraniens avaient été invités à Erevan pour une semaine littéraire irano-arménienne. Ils prirent place à Téhéran à bord d'un autobus affrété pour l'occasion dont le chauffeur, trapu, nerveux et barbu, évoqua à plusieurs reprises et avec emphase un lieu sur la route où il fallait s'arrêter pour goûter le lait et le miel de la région. Après une courte nuit au bord de la Caspienne, ils partirent à l'assaut des flancs du Caucase. Certains se demandaient quand ils pourraient enfin goûter ce lait et ce miel, mais le ronronnement du moteur et la fatigue du voyage eurent bientôt raison de leur impatience. Lorsqu'ils approchèrent le col de Heyran, les passagers étaient tous somnolents ou endormis. Le chauffeur, un agent de Saïd Emami en mission spéciale, dirigea le véhicule tout droit vers un précipice. Le projet consistait à éliminer d'un coup une bonne partie des intellectuels laïcs iraniens qui, aux yeux du ministère des Renseignements, propageaient la corruption morale du Grand Satan dans une République islamique pure et révolutionnaire. Quant au lait et au miel, c'étaient tout simplement les symboles du paradis. L'agent manqua heureusement de cran et sauta trop tôt de sa portière. Une passagère, une poétesse du nom de Fereshteh Sari pourtant connue pour son recueil *L'Echo du silence*, se mit à hurler. Un écrivain étendu sur les sièges avant bondit pour tirer le frein à main. Le véhicule pila juste avant le gouffre. Dans la confusion qui s'ensuivit, le chauffeur remonta à bord en marmonnant quelques excuses et reprit la route. Les écrivains crurent qu'il s'était lui-même endormi au volant. Mais quelques virages plus loin, il fit une seconde tentative, tout aussi infructueuse. A peine s'était-il éjecté de son siège que le bus alla s'arrêter net contre un rocher, juste avant la falaise. Les écrivains, cette fois bien réveillés, se saisirent du chauffeur et l'auraient peut-être lynché si un véhicule des services secrets n'avait pas fait son apparition sur cette route déserte. Les policiers en civil emmenèrent tout le monde au poste, libérant le chauffeur et faisant subir aux écrivains un interrogatoire qui dura toute la nuit. Au matin, ils les relâchèrent contre le serment de ne jamais raconter cette histoire.

Le ratage de son opération autobus ne sembla pas entamer la morgue de Saïd Emami. Quelques mois plus tard, en décembre 1997, il donna une conférence sur « La lutte contre les ennemis intérieurs » à l'université de Hamedan, une ville située à 400 kilomètres au sud-ouest de Téhéran. « Nous avons évidemment tué des Hypocrites[4] et des membres d'autres groupes, se rengorgea Saïd Emami devant un auditoire admiratif de mollahs, de bassidjis[5] et de jeunes soldats. Que voulez-vous que l'on fasse ? Qu'on s'assoie avec eux et qu'on joue aux échecs ? »

La séance avait été filmée et lorsque deux ans plus tard le nom de Saïd Emami fit la une des journaux iraniens, la vidéo parvint à la rédaction du mensuel réformateur *Payam-e Emrouz* qui en publia la retranscription complète sous le titre « L'espion qui en savait trop » – ce qui lui valut d'être saisi.

Après une digression sur le nombre des victimes de l'Holocauste qui aurait été exagéré par les sionistes afin de justifier l'existence d'Israël et ne se serait élevé qu'à 250 000 personnes, le maître espion évoqua le cas de Saidi Sirjani. C'était un écrivain iranien drôle et visionnaire comme l'Europe n'en a plus produit depuis Michel Foucault. Lorsque Sirjani se fendit en 1993 d'une lettre irrévérencieuse au Guide suprême pour demander la levée de l'interdiction d'imprimer qui frappait tous ses livres, le journal du régime, *Kayhan*, le qualifia de « traître, de contre-révolutionnaire, de pervers, de toxicomane, de trafiquant de drogue et d'espion ». C'était pour Saïd Emami le signal qu'il pouvait l'arrêter et s'en occuper dans une villa du ministère des Renseignements située dans les beaux quartiers du nord de Téhéran. Voilà sa version des faits, du moins celle qu'il a racontée à l'université de Hamedan :

« Quand on a tiré Saidi Sirjani de la brigade des stups, il croyait vraiment qu'on allait le réduire à néant. Il nous a dit : "Allez-y, battez-moi, coupez-moi en morceaux, je ne dirai rien." Nous lui avons répondu qu'il était au ministère des Renseignements, qu'on ne battait personne. Nous lui avons donné du papier et un stylo. Il a écrit un poème au Guide suprême pour se plaindre du traitement des écrivains dans notre pays. L'un de mes agents a alors écrit à son tour un poème sur le triomphe de la Révolution et le respect qu'il vouait au Guide suprême. Sirjani fut très perturbé par la lecture de ce texte. Je dirais même que le poème de mon agent l'a complètement transformé. Au bout de quelques minutes, il nous rappelait pour se confesser. Il s'est mis à parler... à parler pendant cinquante heures devant la caméra et à écrire 1 700 pages sur les raisons qui l'avaient poussé à entrer en guerre contre le clergé et à devenir un ennemi de la Révolution. Ces images de Saidi Sirjani, il m'arrive encore de m'asseoir et de les regarder, je me mets alors à pleurer. [...] Sa repentance était si profonde qu'il voulut se rendre sur le front de la Défense sacrée [guerre Iran-Irak]. Nous l'avons emmené à un endroit où des équipes sortaient encore des corps des tranchées [cinq ans après la fin de la guerre]. Il s'est assis sur un tas de cadavres et a pleuré toutes les larmes de son corps [...]. A l'époque, il ignorait l'importance de mes fonctions au ministère. J'allais de temps à autre lui rendre visite dans la villa que nous avions louée pour lui dans le nord de Téhéran. Il y avait une piscine et des carrés de fleurs dans le jardin. Il lui arrivait d'en cueillir quelques-unes le matin et d'arroser les autres. Un jour, il m'ouvrit son cœur et me dit à quel point il rêvait de manger des dattes et des gâteaux de sésame. Le lendemain, je suis descendu au sud de Téhéran. Dieu sait combien d'échoppes j'ai parcourues pour trouver les meilleurs gâteaux de sésame. Lorsque plus tard il a appris quelle était ma position, il s'est souvenu des gâteaux de sésame et s'est exclamé : "Je n'arrive pas à croire qu'un homme aussi considérable que vous ait arpenté le sud de Téhéran pour acheter des friandises à un homme aussi misérable que moi !" »

La vérité est plus prosaïque : Sirjani a été trop mutilé par ses tortionnaires pour que sa famille soit autorisée à récupérer son corps et à procéder à une autopsie. Quant à la méthode utilisée pour l'achever, le suppositoire de potassium, elle montre que Saïd Emami prenait plaisir à voir périr ses victimes[6]. Il y a bien deux Iran, celui d'Omar Khayam et celui de Hassan Sabah. Mais alors que les assassins du XIe siècle étaient francs du collier, ceux du XXIe siècle ont appris à se déguiser en poètes.

Pour le président réformateur Mohamad Khatami, le démantèlement des escadrons de la mort de Saïd Emami était une grande victoire – qu'il allait payer cher. Les révélations qui se succédaient dans les journaux iraniens précipitèrent la réaction des conservateurs qui tenaient à protéger les véritables commanditaires de ces meurtres en série et considéraient les journalistes comme leurs pires ennemis. *Khordad, Joumeh, Neshat, Asr Azadegan, Aria, Azad, Aftab-e Emrouz* et une centaine d'autres titres furent interdits et leurs journalistes emprisonnés, avec cette phrase pour toute explication : « Le ton utilisé par ces journaux ainsi que les informations publiées ont porté le sourire aux lèvres des ennemis de la République islamique. Ils ont blessé les sentiments des musulmans pieux ainsi que ceux du Guide suprême de la Révolution. » Je ne courais évidemment pas les mêmes risques, mais je dus constater que mes relations avec la Guidance islamique se détérioraient irrémédiablement.

Le premier rendez-vous avec mes censeurs avait été plutôt cordial. En février 1999, je m'étais lancé dans la rédaction d'un gros dossier pour la célébration des vingt ans de la Révolution avec une série de portraits, comme celui d'un chauffeur de taxi désabusé qui m'avait rapporté les insultes proférées par ses passagers à l'encontre des officiels corrompus. J'avais aussi raconté une soirée chez Ashraf, ma femme de ménage, dans leur petite baraque de terre et de tôle à l'est de Téhéran. Il y avait là ses trois enfants rentrés de l'école, le demi-frère dépressif et chômeur depuis la fin de son service militaire, deux cousines qui gloussaient sous leur tchador, une jeune voisine tout juste divorcée d'un mari menteur (il se prétendait ingénieur alors qu'il faisait du trafic de drogue) et surtout la mère d'Ashraf, monument vivant, drôle et imposant du matriarcat persan. Mon texte se contentait de rapporter le dialogue entre ces femmes :

LA MÈRE : Mon deuxième mari vient de mourir. Ah, le brave homme. Il n'y en avait pas deux comme lui sur terre. Je lui ferai une belle tombe à deux étages sitôt que j'aurai touché l'héritage.

ASHRAF : Je suis en train de divorcer. Mon mari était

chauffeur de camion dans le désert, un type très bien jusqu'à ce qu'il touche à l'opium. Il est devenu injuste, violent, il passait son temps à chercher de la drogue.

LA MÈRE : Mon premier mari était riche, mais j'en ai divorcé. Il me disait que j'étais la plus belle mais qu'il avait quand même besoin d'épouser deux autres femmes. Une à Shiraz et une à Sari, vers la Caspienne. Ah ! Si vous aviez vu cet homme. Des yeux verts, une voix douce, des beaux habits. Il vendait des samovars et séduisait toutes les femmes. Il vit toujours, ce pourceau.

ASHRAF : Les hommes sont faibles. Les hommes sont égoïstes.

LA MÈRE : Et les samovars, t'aurais dû les voir. Dorés, avec des décorations à l'ancienne. Pas ces trucs en alu qu'on fait maintenant.

ASHRAF : La dernière séance du tribunal est dans deux jours. C'est toujours l'homme qui récupère les enfants, mais je me battrai jusqu'au bout pour les garder. Comme il n'est pas venu aux deux premières audiences, j'ai une chance.

LA MÈRE : Maintenant que je suis veuve, mon premier mari voudrait me reprendre. Il dit que je cuisine mieux que les autres. Qu'il aille au diable.

ASHRAF : On ne sait plus comment faire pour acheter à manger. Je dois nourrir sept personnes avec 70 000 tomans par mois [80 euros à l'époque, 52 aujourd'hui].

LA MÈRE : Vous auriez dû me voir durant la Révolution. Je fabriquais des cocktails Molotov, je passais des armes sous mon tchador. Mais quand l'imam l'a demandé, je les ai toutes rendues. Même une belle mitrailleuse que j'avais volée dans une caserne. Ah ! Khomeiny ! S'il vivait encore, on n'en serait pas là.

ASHRAF : Il avait promis l'eau, l'électricité, le gaz et le pétrole gratuits pour tout le monde. C'est passé où, tout ça ? Je suis sûre qu'on vivait mieux sous le Shah.

LA MÈRE : Bien sûr, mais les mœurs étaient corrompues. Il faut respecter le saint Coran.

ASHRAF : Tu crois que les filles d'aujourd'hui sont vierges au mariage ? Tu crois que l'alcool a disparu ? Tu crois qu'il n'y a plus de prostitution ? Je te dis, c'est la même chose qu'avant, sauf que la corruption est cachée dans les maisons au lieu d'être dans la rue.

LA MÈRE : Je vais te remarier, ça ira mieux. Mais cette fois, ton mari aura au moins quinze ans de plus que toi. Les hommes, plus ils sont vieux, meilleurs ils sont.

Mon texte parut, deux semaines passèrent et je reçus un coup de téléphone m'invitant à passer immédiatement boire le thé à la Guidance islamique. Je trouvai là, à côté du barbu sympathique qui m'avait reçu le premier jour, un personnage de petite taille, au crâne dégarni, qui ne déclina pas son nom et dont l'anglais impeccable voilait mal la colère.

« Vos lecteurs sont en majorité des gens éduqués, n'est-ce pas ? commença-t-il.

— Certainement. *Le Temps* est un journal de référence à Genève et dans toute la Suisse, répliquai-je fièrement.

— Alors ne méritent-ils pas que vous leur rapportiez des propos plus élaborés que ceux d'un chauffeur de taxi inculte, que le babillage d'une femme de ménage imbécile ? Notre pays compte des lettrés remarquables et vous feriez mieux désormais d'aller interroger des professeurs et des scientifiques, afin de prouver à vos lecteurs que vous respectez leurs qualités intellectuelles. Nous ferons de notre mieux pour renouveler votre visa de trois mois qui arrive à échéance dans dix jours. Personnellement, nous apprécions votre travail, mais il y a dans notre ministère et ailleurs dans le système des gens qui ne partagent pas notre avis. »

J'assurai le petit homme chauve que j'avais compris le message. Je pris le premier avion pour Ispahan et rédigeai un article fort inspiré pour la rubrique voyage sur les beautés indéniables de cette ville, accompagné de conseils utiles pour les touristes. Mon visa fut renouvelé.

Je pris conscience que mes articles de Téhéran, pour *Le Temps* et de plus en plus pour *Le Figaro*, n'avaient jamais bénéficié de lecteurs aussi attentifs. On m'expliqua qu'ils étaient intégralement traduits par l'ambassade d'Iran à Berne ou à Paris, puis publiés en persan dans un document confidentiel qui circulait dans les bureaux des instances dirigeantes de la République islamique. Le barbu sympathique de la Guidance risquait tout simplement sa tête si mes textes ne plaisaient pas. Je ne tenais pas à lui infliger ce triste sort et surtout, je voulais absolument conserver mon visa et ma carte de presse. Mais il fallait aussi informer mes lecteurs le plus honnêtement possible et l'actualité ne m'aidait pas. La répression accrue provoqua la révolte des étudiants de l'été 1999. Sur les murs des dortoirs de l'université où l'assaut par les milices des bassidjis et les troupes de l'Ansar-e Hebdollah avaient fait plusieurs morts, je trouvai un graffiti écrit par un étudiant avec son sang : « Voici le prix de notre liberté. » La République islamique tanguait et j'étais bien obligé de l'écrire. Pour faire passer la pilule, j'essayai d'alléger mes textes avec quelques pointes d'humour.

Bien mal m'en prit, cela provoqua une première tentative d'expulsion.

J'avais décidé de passer vingt-quatre heures devant la télévision iranienne et d'en décrire par le menu à mes lecteurs le contenu d'une grande vacuité. On était en février 2000, à quelques jours des élections législatives qui allaient donner aux réformateurs la majorité absolue au Parlement. La TV, farouchement conservatrice, multipliait les micros-trottoirs où des Iraniens « ordinaires » disaient que les meilleurs candidats étaient ceux qui étaient les plus proches du Guide suprême, Ali Khamenei, ou « ceux qui tiendront en échec les complots du Grand Satan », le tout ponctué de séquences longues et sirupeuses où un ayatollah Khomeiny céleste alternait en fondu enchaîné avec des fleurs, des rivières, des montagnes et des fleurs à nouveau, sur fond de musique douce. Je conclus l'article avec le surnom donné par les Iraniens à leur télévision. Au lieu de *Seda-e sima* (Voix et image), le nom officiel, ils l'appelaient *Pachm-e shishé* (Laine et vitre), parce que leur téléviseur était aussi vide qu'un paysage derrière une fenêtre et que ses seuls occupants étaient des moutons laineux, c'est-à-dire des mollahs.

Deux jours plus tard, j'étais à nouveau convoqué, cette fois par deux fonctionnaires des Affaires étrangères. Ils écumaient littéralement de rage et tenaient dans leurs mains une liasse de mes articles traduits en persan avec des passages surlignés en orange fluo.

« Que voulez-vous dire par "laine", Mister Michel ? »

J'hésitai, prétendis qu'il s'agissait d'humour iranien dont

je n'avais pas tout à fait compris le sens et tentai de détourner la conversation en évoquant mon prochain voyage à Ispahan.

« Que voulez-vous dire par "laine", Mister Michel ? »

Je répétai mes explications vaseuses et leur demandai s'ils avaient pris des billets pour le prochain match de foot entre l'Iran et le Bahreïn que j'avais moi-même l'intention de…

« Vous avez voulu dire "barbe", explosa le premier fonctionnaire.

— Vous avez voulu dire "barbe", martela le second, et vous avez insulté notre civilisation trois fois millénaire, vous avez insulté notre Prophète, vous avez insulté notre imam Khomeiny et notre Guide suprême. Et vous nous avez insultés nous-mêmes, conclurent-ils en passant la main dans leur barbe. Vous pouvez préparer vos valises, votre séjour en Iran est terminé ! »

De retour à la maison, j'appelai les ambassadeurs de France et de Suisse pour leur demander d'intervenir en ma faveur et j'envoyai des fax à des officiels haut placés en plaidant l'innocence. Je sollicitai aussi une audience au ministre de la Culture, Ataollah Mohadjerani, un esprit ouvert et brillant qui n'allait pas tarder à perdre son portefeuille et à prendre le chemin de l'exil en Allemagne. Je ne pus rencontrer que son adjoint, amateur notoire de poésie, et lui expliquai qu'il fallait considérer mes articles comme des roses, avec de beaux pétales et une odeur délicieuse, mais aussi quelques piquants. Il me resservit des pâtisseries à la crème, commanda un autre thé au vieil homme moustachu qui se pliait en courbettes dans le coin de la pièce depuis le début de l'entretien et dit qu'il allait voir ce qu'il pouvait faire. La mesure d'expulsion fut levée, mais les censeurs n'allaient pas tarder à revenir à la charge.

En mars 1999, le régime avait arrêté treize membres de la communauté juive de Shiraz et d'Ispahan. Leur détention resta secrète jusqu'en juin de la même année, lorsque l'ayatollah Jannati, à la prière du vendredi de Téhéran, réclama leur pendaison immédiate pour espionnage. Leur procès à huis clos eut lieu au printemps de l'année suivante et le verdict, à l'été, leur infligeait des peines de quatre à treize ans de prison pour le plus grand soulagement de la communauté internationale qui craignait des condamnations à mort. Durant toute la durée de l'affaire, j'avais fait une série de reportages dans les communautés juives de Téhéran, Ispahan et Shiraz, interviewé leurs responsables, trouvé des proches des accusés et acquis la conviction que cette affaire avait été montée en épingle pour embarrasser le président Khatami qui voulait s'ouvrir à l'Occident. Car même s'ils l'avaient voulu (le tribunal ne parvint à produire aucune preuve formelle), ces treize-là auraient été bien incapables de transmettre la moindre information sensible à des services étrangers. Le principal accusé, Hamid Tefline, était un simple cordonnier de Shiraz qui n'avait pas terminé l'école obligatoire et ne possédait pas d'ordinateur. Entre deux audiences de cette parodie de procès, je fus convoqué à nouveau. On me reprocha des dizaines de détails dans d'autres articles, parfois même l'utilisation de tel ou tel adjectif, mais on me signifia surtout que ma couverture de l'affaire des treize juifs avait été trop complète. « Ce n'est plus de l'information, dit l'un des censeurs, c'est de l'ingérence dans nos affaires intérieures. Vous avez vingt-quatre heures pour faire vos bagages. »

J'en avais assez de m'excuser, de plaider le malentendu et d'essayer de les convaincre que ma couverture de l'Iran était globalement positive. Je répondis crânement que je n'allais pas collaborer à une mesure d'expulsion injustifiée et que s'ils voulaient me mettre dans un avion, ils n'avaient qu'à venir chez moi et me porter sur leur dos jusqu'à l'aéroport. En vérité, ce fut l'ambassadeur de Suisse, Tim Guldimann, qui me sauva la mise. C'était un homme brillant aux talents de négociateur hors pair, talents dont il avait usé en 1994 pour amener Russes et Tchétchènes à signer la paix. Grâce à son mandat de représentant des intérêts américains en Iran, il avait accès à des officiels très haut placés. Sa compréhension du point de vue iranien et ses propositions constructives faisaient d'ailleurs de lui l'un des étrangers les plus écoutés de Téhéran, au point qu'il parvint presque, en 2003, à établir un dialogue direct entre l'Iran et les Etats-Unis, lequel fut saboté au dernier moment par les néo-conservateurs de l'entourage de George Bush.

Après l'affaire des juifs, les pressions que je subissais changèrent de nature. Profitant du fait que je passais des vacances en Europe, le père de ma propriétaire, la femme d'affaires iranienne de Lausanne, fit entasser mes affaires dans le garage, changea la serrure et mit l'appartement en vente, ce que je ne devais découvrir qu'une fois de retour, après un vol de nuit, sur le palier, en essayant d'ouvrir ma porte. Je pris un avocat, lequel refusa de défendre mes intérêts lorsqu'il apprit que le père de la propriétaire avait constitué à mon sujet un dossier portant à la connaissance de la Guidance islamique que j'avais transformé mon appartement en centre de prostitution. Je n'eus jamais le loisir de lire ce dossier. Lorsque je me rendis à la Guidance, le responsable de la presse étrangère m'accueillit avec un étrange sourire. « Votre vie privée ne nous regarde pas, Mister Michel », dit-il d'une voix mielleuse. Je songeai à cette expression iranienne, trancher la gorge avec un fil de coton, qui décrivait assez bien la méthode locale pour se débarrasser de ses ennemis sans cesser de leur sourire. Il ajouta pourtant que le dossier était « accablant » et « étayé » notamment par le témoignage d'un voisin qui avait noté, depuis près de deux ans, la date et l'heure de toutes les visites suspectes que j'avais reçues, y compris en pleine nuit. J'étais furieux et totalement désarçonné. Je demandai quelques exemples. Le responsable de la Guidance sortit une petite fiche qu'il avait préparée à l'avance et glissé sous le socle du drapeau de la République islamique qui trônait sur son bureau. Il énuméra quelques dates de mes orgies sexuelles présumées, avec le nombre d'hommes et de femmes présents. Il s'agissait de la nuit où j'étais allé chercher à l'aéroport une cousine et son mari qui venaient passer dix jours dans le pays (les vols d'Europe arrivaient à trois heures du matin), ou de la soirée lors de laquelle une envoyée spéciale du *Figaro Madame*, une dame d'âge mûr, était venue me voir en compagnie de sa traductrice et d'une amie iranienne, elles aussi plutôt âgées et, pour autant que j'avais pu en juger, pas spécialement lubriques.

Le voisin en question, qui ne manquait jamais de me saluer respectueusement dans les escaliers et m'avait invité plusieurs fois chez lui à boire le thé, tenait une échoppe de montres et de bijoux au bazar. Il ne pouvait tout simplement pas concevoir que des femmes entrent chez moi dans le seul but de bavarder en décortiquant des pistaches. Il projetait sur moi tous ses fantasmes sur la liberté des mœurs en Occident, ainsi, probablement, que sa frustration sexuelle, et cela alors que la libido de son propre fils était la risée de l'immeuble. Ce jeune homme maigre et boutonneux, au regard fuyant, ne semblait guère enthousiasmé par la perspective de devoir un jour reprendre le commerce de son bazari de père. Dès que ce dernier avait le dos tourné, il frappait rageusement dans un sac de sable suspendu au garage en écoutant à plein volume la bande-son des films de *Rocky*, et parfois même les Spice Girls. Mais surtout, il avait l'habitude, la nuit, de grimper à pas de loup sur le toit-terrasse de l'immeuble pour se masturber devant les sous-vêtements qui séchaient là. Les autres voisines, qui semblaient partager leur temps entre l'observation des escaliers par l'œil-de-bœuf de leur porte d'entrée et l'échange de ragots chaque après-midi dans un appartement du deuxième étage, ne perdaient rien de son petit manège et me le rapportaient en pouffant de rire. Jusqu'au jour où le jeune homme macula de sperme leurs dessous. Elles firent alors circuler une pétition furieuse exigeant que la porte d'accès au toit soit verrouillée tous les soirs.

C'était décidément un étrange immeuble. Gris, bas et sans grâce, il datait d'une dizaine d'années avant la Révolution, de l'époque où les terrains du quartier, non loin de la place Vanak, avaient soudainement pris de la valeur grâce à la construction de trois tours par les ingénieurs français de Bouygues. L'ensemble, appelé ASP, était alors le *nec plus ultra* de la haute bourgeoisie impériale et arrogante, avec ses fresques *seventies*, ses piscines ouvertes et couvertes, son centre commercial, ses boutiques de luxe, sa discothèque et ses escaliers de service pour les domestiques qui n'étaient pas autorisés à emprunter les ascenseurs. Mon immeuble, deux rues plus loin, n'avait rien de ce lustre mais ses occupants, m'avait-on expliqué, étaient tous issus des classes moyennes et avaient vécu en bonne intelligence jusqu'à l'arrivée, à la fin des années 1980, du marchand de bijoux du premier étage. Comme la plupart de ses collègues du bazar, il s'était enrichi depuis la Révolution et n'était pas peu fier d'avoir pu quitter son domicile du sud de la ville pour un appartement dans les quartiers bourgeois plus au nord. A Téhéran, l'ascension sociale se mesure en nombre de rues que l'on franchit en direction de la montagne. Sitôt installé, il avait soumis les autres occupants de la maison à sa pieuse suspicion et à son zèle religieux, organisant par exemple des cérémonies de deuil pour les imams et forçant tout le monde à y participer. Contrairement au reste de l'immeuble, mon voisin délateur ne mangeait pas à une table, signe de dégénérescence occidentale, mais sur une nappe en plastique étendue à chaque repas sur le tapis. Son appartement disposait d'assez de chambres pour que ses enfants aient chacun la sienne, mais par respect obtus de la tradition, il avait décidé que ceux-ci devaient tous dormir dans la même pièce, sur des matelas de coton qu'il empilait le matin contre les murs. Cette promiscuité forcée expliquait l'intérêt de son fils pour le toit de la maison, sorte de zone franche où chacun avait par ailleurs installé son antenne satellite illégale.

Il se trouvait pourtant que le voisin bazari avait raison : mon appartement avait bel et bien abrité des scènes de débauche. J'avais découvert quelque temps auparavant que ma femme de ménage, la brave Ashraf, y venait clandestinement lorsqu'elle me savait absent, pour s'envoyer en l'air avec son cousin Saïd, un électricien qu'elle m'avait présenté sous le prétexte futile de changer les ampoules du plafonnier. L'affaire était embarrassante. En presque deux ans, j'avais vu ma femme de ménage se transformer complètement à mon contact. Et je trouvais cela plutôt positif. Au début, elle travaillait couverte de la tête aux pieds d'un strict tchador. Au bout de quelques semaines, elle y renonça au profit d'un *marnagheh*, sorte de cagoule qui ne laissait dépasser aucune mèche. Deux mois plus tard, elle ne portait plus qu'un foulard. Mais un jour que ma mère m'avait rendu visite de Suisse et que des voisines dévoilées étaient de passage pour me rapporter les ragots de la maison, Ashraf se sentit idiote d'être la seule dont les cheveux étaient couverts. Elle saisit un petit Coran de poche dans son sac, me le fit embrasser, marmonna quelques formules, rompit une miche de pain que nous mangeâmes l'un et l'autre et c'était fait, nous étions liés par un contrat divin, elle pouvait enlever son foulard. Avec le temps, elle enleva aussi ses manteaux pour ne plus travailler qu'en décolleté, puis remplaça ses larges pantalons par des tenues moulantes. Je la trouvais de plus en plus gaie, je la surpris même en train de danser un jour que j'avais mis de la musique mais j'ignorais que son électricien de cousin et mon appartement libre le samedi y étaient pour quelque chose. Que faire ? D'un côté, je m'en voulais de la priver du plaisir bien compréhensible d'échapper au strict contrôle social de sa propre famille. Il y avait déjà bien assez de gardes-chiourme, de parents suspicieux, de voisins aux aguets, de miliciens matraque en main comme ça ! De l'autre, cela commençait à devenir compromettant. Les voisines l'avaient aperçue à plusieurs reprises grâce à leurs œils-de-bœuf : elle grimpait les escaliers en catimini puis faisait signe à son cousin de la rejoindre sans faire de bruit. Et chez moi, j'avais trouvé les preuves qu'elle perdait bel et bien la tête pour Saïd : le récepteur satellite réglé sur une chaîne porno bulgare, un CD à l'envers dans le lecteur, des sous-vêtements oubliés dans un coin.

Quand je mis les sous-vêtements sous le nez d'Ashraf et lui demandai de ne plus jamais venir en mon absence, sous peine d'être renvoyée, je ne lus que de l'incompréhension dans ses yeux. Elle aussi était convaincue que nous autres Occidentaux ne connaissions aucune barrière morale dans nos relations sexuelles, elle aussi pensait que je n'avais attendu que son départ, le fameux soir de la visite du *Figaro Madame*, pour transformer la discussion autour des pistaches en partie fine. Elle me supplia de ne rien dire à sa mère, pleura abondamment et remit un foulard jusqu'à la fin de notre collaboration, lorsque je fus expulsé de l'appartement.

Quelques semaines plus tard, alors que je venais de trouver à me reloger, une lettre anonyme parut dans *Keyhan*, le journal des durs du régime, et dans le très conservateur *Tehran Times*. L'auteur s'étonnait que les honorables autorités de la République islamique aient autorisé le séjour à Téhéran d'un espion aussi notoire que moi et donnait, à toutes fins utiles, ma nouvelle adresse. Cela commençait à sentir le roussi. Je pouvais désormais, n'importe quel matin, tomber devant la porte sur un groupe de bassidjis ayant à cœur de me donner du bâton. Pour ne rien arranger, le ministère des Affaires étrangères avait à cette époque instauré une sorte de visa de sortie pour les journalistes étrangers. Comme j'avais dû filer en Afghanistan pour couvrir la chute des talibans, il me fallut à mon retour renouveler mon autorisation de sortie du territoire pour pouvoir partir à nouveau : une affaire familiale urgente m'appelait en Suisse. Cela devait être une simple formalité, un coup de tampon que l'on obtenait généralement en deux ou trois jours. Sauf que cette fois, mon passeport tardait à revenir. Le sympathique barbu de la Guidance, que j'avais de plus en plus de difficulté à obtenir au téléphone, finit par m'informer que mon dossier faisait l'objet de contrôles de sécurité. Après avoir été menacé à maintes reprises d'expulsion, je me retrouvais interdit de quitter l'Iran ! Cela dura plus de deux mois, durant lesquels je tombai gravement malade, probablement une conséquence de mon séjour en Afghanistan. Je passai dix jours au lit sans trouver la force de me lever, nourri par le chauffeur de l'ambassade suisse qui m'apportait des petits plats dans des boîtes en plastique. Mon séjour au royaume des apparences tournait au vinaigre et j'ignorais combien de temps encore j'allais pouvoir tenir.

Il m'arriva de broyer du noir et de maudire les autorités de la République islamique. Mais curieusement, c'est aussi pendant ces nuits de fièvre que je réalisai à quel point je m'étais attaché à ce pays. Comme si mes ennuis, mes petits ennuis ridicules en comparaison de ceux de mes confrères iraniens qui subissaient au même moment la torture dans la prison d'Evin, m'avaient enfin affranchi du fardeau de n'être qu'un Occidental, un privilégié, un observateur amusé ou inquiet d'une situation qui ne le concernait pas. Durant les douze années précédentes, j'avais voyagé et écrit des articles un peu partout en Europe de l'Est, en Russie, en Afrique, au Moyen-Orient. J'avais eu des ennuis parfois sérieux en Roumanie sous Ceausescu, dans les territoires occupés, en Somalie ou dans les Balkans en guerre. Je m'étais frotté à toutes sortes de situations inconfortables pour éprouver ce que le monde éprouvait en dehors des frontières de ma Suisse natale, mais je ne m'étais, au fond, jamais écarté de la ligne que je m'étais moi-même fixée. A Téhéran, pour la première fois, mon destin ne m'appartenait plus. J'étais brassé dans un grand chaudron comme les 12 millions d'autres habitants de la capitale. Les réformes de l'aimable président Khatami étaient en train de sombrer sous le feu de la répression conservatrice, et nous tous avec lui. J'étais dans les mains de gens qui me prenaient pour un espion lubrique et je trouvais cela presque logique. Tout cela ressemblait à un traquenard et pourtant, je me sentis soudain plus libre et plus heureux que jamais.

Les Iraniens, au cours de leur longue histoire, n'avaient cessé d'être envahis par toutes sortes de peuples moins civilisés qu'eux. Au lieu de résister, ils s'étaient d'abord laissé faire, puis avaient doucement transformé leurs envahisseurs de l'intérieur, les conquérant ainsi à leur tour. Et voilà que moi-même, trois ans après mon arrivée avec mon ordinateur portable et ma voiture immatriculée en Suisse, j'étais conquis.

Lorsque je fus enfin rétabli, je passai quelques appels à la recherche d'une soirée à la hauteur de mes nouvelles dispositions morales. Il y avait le soir même un vernissage dans une galerie au nord de la ville puis un pique-nique dans l'atelier de l'artiste, tout au sud. Je sautai dans un taxi qui se retrouva bientôt pris dans un embouteillage monstrueux. La Paykan était délabrée et puait tellement l'essence qu'il valait encore mieux ouvrir la fenêtre, quitte à respirer l'air pollué par la circulation. Cela ne m'importait guère, j'étais en bonne compagnie. La stéréo était neuve et le chauffeur avait mis une cassette de Googoosh.

Cette vieille blessure d'amour dans mon cœur
Tu es venu la poignarder et la faire couler de sang frais
Cette ville ruinée, désertée de mon cœur,
Tu l'as fait revivre
Ce feu d'un vieil amour
N'était plus que des cendres.

Ce n'était pas du Verlaine, ce n'était pas du Khayam, juste Googoosh, la diva pop et disco d'avant la Révolution, un petit bout de femme facétieuse qui changeait sans cesse de coiffure et de tenue. Derrière son corps moulé dans une robe à paillettes, ses cheveux courts plaqués sur le crâne et ses yeux fardés tournaient les spirales noires et blanches des cabarets du Téhéran des années folles, des années pétrole. A la chute du Shah, Googoosh choisit le silence à Téhéran plutôt que d'aller se trémousser en exil à Los Angeles, comme la plupart des autres chanteuses de variétés. Cela faisait donc vingt-trois ans que les Iraniens écoutaient les mêmes cassettes, mille fois copiées, à moins que le temps ne se soit tout simplement arrêté, comme le trafic. A ma droite, sur l'autoroute Modarres qui montait vers les quartiers chics du nord de Téhéran, il y avait un officier à casquette promenant trois femmes en tchador dans une limousine américaine des années 1960 et de l'autre côté quatre jeunes filles plutôt jolies qui fumaient dans une Paykan jaune citron – fumer au milieu de cette pollution, quel pléonasme ! Des mèches sortaient en abondance de leurs foulards. Elles me firent un geste de la main, montrèrent leur téléphone pour proposer que l'on échange nos numéros et s'esclaffèrent.

Etranger bien connu, reviens, je t'aime
Tu es la seule lueur dans cette nuit profonde...

Googoosh chantait et ma tête s'est mise à tourner. La métropole, si laide, défigurée par le boom pétrolier des années 1970, par la guerre des années 1980 et par la spéculation immobilière des années 1990, m'apparut soudain très belle. J'allais être en retard au vernissage. Les autres étaient sûrement déjà en train de peler de petits concombres et de vider le panier de pistaches. Le peintre avait peut-être sorti son jerrycan d'alcool de datte, il avait le meilleur fournisseur arménien de la ville qui portait d'ailleurs le même prénom que moi. Je revis ces soirées à danser sur des tapis persans, les fauteuils kitsch poussés contre les murs, ces cocktails écœurants de jus de grenade et de vodka artisanale qui faisait si mal à la tête, ces fins de nuit à écouter un convive qui avait sorti une guitare pendant que sa femme entonnait des chants révolutionnaires dont je ne comprenais pas les paroles, juste la nostalgie.

Il n'y avait aucune bonne nouvelle dans l'actualité. Les étudiants avaient été écrasés par les bassidjis. Les journaux réformateurs fermaient les uns après les autres. Akbar Gandji, l'auteur d'un feuilleton haletant sur les meurtres des intellectuels, passait en prison son trentième jour de grève de la faim. Toutes les cellules autour de la sienne, dans la prison d'Evin, étaient pleines de journalistes. L'ancien ministre de l'Intérieur Abdullah Nouri avait écopé de cinq ans de réclusion. Le président réformateur Mohamad Khatami avait été réélu mais il se savait condamné par avance à l'échec et avait d'ailleurs pleuré le jour où il avait annoncé sa candidature. Son allié Saïd Hodjarian avait pris une balle dans la tête. L'assassin se baladait librement à Shar-e Rey, le bastion conservateur au sud de Téhéran. Des jeunes qui avaient écrit une pièce de théâtre satyrique sur le douzième imam, celui dont les chiites attendent le retour, risquaient la peine de mort pour blasphème. A Mashad, un tueur en série avait liquidé seize prostituées et la population demandait son pardon, pour service rendu à la ville sainte.

Pas beaucoup de bonnes nouvelles non plus dans les 2 500 années précédentes. Les Iraniens, peuple raffiné et intelligent mais peu porté sur les armes, tenaient le rôle des victimes permanentes et je me sentais plein d'empathie pour eux. A intervalles réguliers, leurs accomplissements remarquables et leurs âges d'or avaient été anéantis par des envahisseurs aussi incultes que sanguinaires. Les Mongols, au XIIe siècle, avaient annihilé la dynastie savante des Seljukides. Les Afghans, portés par un gigantesque troupeau d'éléphants, avaient rasé Ispahan en 1721. Bien avant eux, au VIIe siècle, les Arabes avaient presque éradiqué la première religion monothéiste sur terre, celle des zoroastriens, dont les valeurs étaient un hymne à la nature et à la paix. Alexandre le Grand était peut-être plus instruit, mais cela ne l'avait pas empêché de détruire Persépolis, la merveille achéménide, dans l'orgie d'un grand incendie. Plus près de nous, la révolution constitutionnelle de 1905 avait été noyée dans le sang alors qu'elle portait une promesse de démocratie pour tout l'Orient. Lors de la Seconde Guerre mondiale, Anglais et Soviétiques s'étaient partagé froidement le territoire iranien avec un avantage aux premiers, qui avaient raflé la partie sud où ils exploitaient sans scrupule ni partage le pétrole iranien depuis un demi-siècle. Et quand Mossadegh se dressa en 1951 pour nationaliser le pétrole, dans un geste d'une incroyable modernité, la CIA fomenta un coup d'Etat en distribuant des valises de dollars à des journalistes, des officiers et des voyous.

A raison de quelques mètres par minute, j'étais enfin arrivé au niveau de l'accident qui avait bloqué l'autoroute. Il y avait des tôles froissées, mais les conducteurs des deux Paykan échangeaient des politesses, la main sur le cœur. Mon chauffeur avait tourné la cassette.

Ecoute, compagnon de voyage, mon histoire si triste
De quel pays es-tu, de quel ciel es-tu descendu ?
Prends-moi avec toi, oui toi, mon seul soutien
Que se passera-t-il si notre voyage n'a pas de fin ?
Si l'arrivée n'est que le jour de ma mort ?

J'allais quitter l'Iran six mois plus tard, sans pouvoir d'ici là rien écrire de très intéressant. Je passais mon temps à filmer chaque coin de rue, sachant que Téhéran allait me manquer, et à refaire le monde avec des amis. Je fis aussi un long voyage en Afghanistan et tombai amoureux, à Dubaï, de la femme que j'allais suivre en Europe et épouser deux ans plus tard. Lorsque, au début juin 2002, j'annonçai à la Guidance islamique que je partais pour de bon, le barbu sympathique crut d'abord à une plaisanterie. Puis il me reprocha de l'avoir prévenu trop tard pour que le ministère puisse organiser une réception en mon honneur. Le matin du départ, alors que je chargeais la voiture que j'allais conduire en une semaine jusqu'à Genève, un taxi s'arrêta à ma hauteur et me remit un cadeau de la Guidance. C'était un tableau en marqueterie qui représentait un aigle fier sur une branche, pour lequel il y avait encore une petite place sur le siège du passager. Dans l'appartement vide, il restait un bol plein de pièces de monnaie dans lequel je vidais mes poches. Je le pris jusqu'à la place Vanak, avisai le plus misérable des mendiants accroupi sur le trottoir, engageai une conversation badine et versai la monnaie dans son écuelle. Le vieil homme me regarda sans comprendre, puis prononça des paroles de bénédiction pour la femme qui m'avait mis au monde et pour tous mes ancêtres. J'expliquai que c'était la moindre des choses, en quittant ce pays merveilleux.

« Vous êtes trop noble, dit-il. Ce sont vos yeux qui le voient beau.

— N'ayez pas mal à la main », répondis-je en usant des formules de politesse habituelles.

Il sourit, récita quelques vers de Hafez puis me tendit de ses deux mains jointes le croûton de pain qui lui servait de pitance. « Marche sur mes yeux », dit-il.

La main sur le cœur, je déclarai ne pas pouvoir accepter son offrande.

« Que Dieu vous garde, dit-il.

— Que Dieu vous garde », dis-je.

Je ne sais plus à quel moment j'ai commencé à soupçonner que les Iraniens étaient peut-être plus heureux qu'ils ne le laissaient croire. En d'autres termes, que le sentiment de bonheur que j'avais éprouvé sur place trouvait sans doute son origine dans un contentement iranien aussi surprenant que profondément dissimulé. Cela faisait trois ans que j'étais parti et cette impression ne faisait que croître, sous le coup de la nostalgie... ou de l'amertume : toutes mes demandes de visa pour y retourner étaient désormais refusées.

Au printemps 2005, j'avais rendez-vous avec Paolo Woods à Paris pour réfléchir à un livre que nous avions envie de faire ensemble sur l'Iran. L'ironie voulait que nous nous fussions rencontrés à Téhéran à l'automne 1999 et que nous eussions depuis travaillé en commun le texte et l'image dans une quinzaine de pays – mais pas en Iran. Pour nos reportages et nos deux livres précédents, sur le pétrole et les deux guerres de George Bush[7], nous avions parlé persan et assisté à des cérémonies religieuses chiites un peu partout dans les montagnes afghanes ou le désert irakien, dans le Caucase ou le golfe Persique, sans mettre les pieds à Téhéran. Il nous fallait maintenant une idée pour raconter le pays qui nous attirait irrésistiblement et qui serait peut-être la prochaine cible de la Maison-Blanche.

Nous étions d'accord pour lutter contre les clichés qui noircissent le tableau iranien depuis la Révolution. C'est Paolo qui réussit finalement à cristalliser nos envies : « Et si on faisait une série de portraits d'Iraniens heureux ? » proposa-t-il. Une semaine plus tard, le synopsis était chez l'éditeur qui en considéra le titre avec perplexité : *Iran Felix*, « L'Iran heureux ». Convaincus de l'originalité de notre approche, et de sa pertinence, nous voulions démontrer que l'Iran ne se résumait pas à une clique d'ayatollahs moyenâgeux qui écrasaient un peuple pur et aspirant à la liberté. Nous voulions décrire un pays insulaire qui fonctionnait plutôt bien en dehors du rythme effréné de nos économies globalisées. Nous voulions prouver que la plupart des Iraniens avaient tout à perdre à une nouvelle révolution et que les Américains, une fois de plus, faisaient fausse route lorsqu'ils rêvaient de *regime change*. Nous voulions présenter des gens menant une existence ordinaire et agréable, qui s'étaient accommodés du système, voire en profitaient, prolongeant de ce fait sa durée de vie. Bref, montrer que l'Iran n'était pas la Corée du nord, même si ces deux pays faisaient partie avec l'Irak de Saddam de l'« Axe du Mal » montré du doigt par George Bush, et que les choses étaient plus compliquées que ne le disaient à la fois le régime et l'opposition en exil péremptoirement. Au fond, s'inspirer de l'attitude d'Omar Khayam :

Dans une main le Livre, le verre dans l'autre main,
Je suis tantôt pour le permis, tantôt pour l'interdit :
Ainsi, sous la solide voûte lapis-lazuli
Nous ne sommes parfaitement ni avec Dieu ni sans Dieu...

Pourtant, même portés par un projet en apparence aussi positif, il fut difficile d'obtenir des visas. Mes demandes furent refusées et c'est Paolo, moins connu sur place, qui commença seul le travail en mai 2005. En plus de la couverture des élections présidentielles, qui allaient voir triompher Mahmoud Ahmadinejad, il partit à la recherche d'Iraniens heureux. Et en trouva un certain nombre ! Notre hypothèse semblait se confirmer à chacune de ses rencontres. Je regrettais bien sûr de devoir suivre les opérations à distance, mais il n'était pas inintéressant, après tout, de commencer pour une fois la recherche par des images. Nous voulions la plus forte intégration possible de nos deux approches afin de ne pas reléguer ses photos au rôle d'illustration de mes propos, ni mes textes à celui de simples légendes de ses images.

Pour ne pas prendre de risque, Paolo commença par les bassidjis, dont nous étions certains qu'ils appréciaient la tournure des événements. Ce corps de volontaires islamiques avait servi de chair à canon lorsque l'Iran fut envahi par l'Irak en 1980. Après la guerre, ils se transformèrent en gardiens de l'ordre islamique, procédant à l'arrestation des couples non mariés qui se tenaient la main dans la rue ou débarquant dans les soirées privées pour renifler s'il n'y avait pas de l'alcool au fond des verres. Durant les huit années de présidence de Mohamad Khatami (1997-2005), les bassidjis avaient été méprisés par les réformateurs et utilisés par les conservateurs pour réprimer les étudiants en révolte. L'élection de Mahmoud Ahmadinejad en juin 2005, à laquelle ils avaient largement contribué, leur avait permis de redresser la tête. Dans leurs bastions du sud de la capitale, ils incarnaient les enfants prodiges des ayatollahs et vivaient dans un monde idéal, aux frais du régime et au rythme des célébrations religieuses. Sans aucun doute, ils étaient heureux. D'une part, leur niveau de vie et leur considération sociale avaient progressé grâce au nouveau président. D'autre part, ils évoluaient dans un système de pensée cohérent, où les ennemis et les amis étaient clairement désignés et où chaque actualité (invasion américaine de l'Irak, attentat-suicide en Palestine, etc.) confirmait l'analyse de leur imam du vendredi et de toute la propagande du régime.

Ce bonheur-là était connu d'avance. Pour désamorcer les critiques qui n'allaient pas manquer de nous accabler, Paolo alla donc fouiller de l'autre côté de l'échiquier social, chez les artistes. A première vue, ils se plaignaient bien sûr des misères que leur faisait subir la censure. Les cinéastes racontaient ainsi volontiers que l'homme chargé par la Guidance islamique d'autoriser ou non la diffusion de leur film était... aveugle. Il se concentrait sur la bande-son et se faisait raconter les images par un assistant. Et encore, l'aveugle avait-il, avec le temps, développé un goût assez personnel pour le cinéma de qualité, si bien que lorsqu'il prit sa retraite en 2007, le « clairvoyant » qui le remplaça se montra beaucoup plus sévère. Il fallait néanmoins admettre que le cinéma iranien était florissant, que les galeries ne désemplissaient pas, que la musique underground ou officielle attirait les foules, que le théâtre était un enjeu majeur et que le secteur de l'édition se portait à merveille, qu'il s'agisse de traductions ou d'auteurs iraniens. Tant pis si l'on nous accusait de cynisme ou alors de tirer les grosses ficelles déjà utilisées pour décrire la vitalité de la création artistique en URSS, où les chefs-d'œuvre étaient innombrables sous Staline ou Brejnev mais singulièrement rares depuis l'effondrement de l'empire soviétique. Car il fallait bien admettre aussi que les artistes iraniens n'étaient pas insensibles au rôle historique que leur conférait leur lutte contre la censure ni à la considération que leur portait l'Occident (depuis, l'art iranien est d'ailleurs devenu le dernier must, de biennale en biennale, à Venise,

Cologne et Abu Dhabi). Nous étions prêts à prendre le risque de le dire : alors que l'art en Occident se cherche parfois une raison d'être, la République islamique avait l'avantage paradoxal de conférer à la création artistique la qualité d'une activité cruciale, vitale, nécessaire ; les artistes que rencontra Paolo en mai puis en novembre 2005 en étaient à la fois conscients et heureux.

Au fond, nous nous retrouvions à reprendre le discours des iranologues, la dialectique des clichés et de la réalité, celle-là même qui me faisait sourire lors de mon premier séjour. Nous aussi, désormais, pouvions répondre avec aisance, en une minute trente, qu'il fallait se méfier des apparences :

« L'Iran censure ses artistes, c'est intolérable ! rugissait le plus grand nombre.

— Il ne faut pas se fier aux apparences, répondaient Serge et Paolo. La censure laisse passer des œuvres majeures et fouette l'imagination des artistes, qui doivent jouer au chat et à la souris et s'en sortent très bien. Vous avez vu *Le Cercle*, le dernier film de Jafar Panahi ? »

« En Iran, ce sont les parents qui choisissent les épouses et les maris de leurs enfants, c'est moyenâgeux ! protestait le peuple.

— Il ne faut pas se fier aux apparences, répondions-nous. Les mariages arrangés ne sont pas tous malheureux, loin de là ! D'ailleurs, ils étaient monnaie courante en Europe il n'y a pas si longtemps. Et que dire des agences matrimoniales qui cherchent votre partenaire par ordinateur ? En Europe, on est aujourd'hui libre de choisir, mais un mariage sur deux finit par un divorce... »

Grâce à ses dons surnaturels, la Guidance dut sentir que j'avais franchi une étape intellectuelle décisive. Comme pour saluer mon accès de sagesse, elle m'accorda en décembre 2006 mon premier visa depuis quatre ans. Ce qui me frappa immédiatement, sur place, ce fut l'argent. Le pays que j'avais quitté en 2002 était assez égalitaire. La parcimonie des ressources faisait que ceux qui n'en manquaient pas restaient discrets. Quatre ans plus tard, l'explosion des prix du baril avait déversé une pluie de pétrodollars sur Téhéran, faisant tomber le tabou de la richesse et le strict contrôle des importations. Alors que le président ultra-conservateur Mahmoud Ahmadinejad avait fait campagne en 2005 sur le thème de la redistribution des biens, de nouvelles boutiques Dolce Gabbana, Versace ou Dior ouvraient dans les beaux quartiers, tout comme des agences de voyages aux destinations inédites. Sur les routes, les berlines allemandes et les jeeps japonaises avaient remplacé une partie des Paykan délabrées qui constituaient l'essentiel du parc automobile à l'époque où j'habitais là-bas. La spéculation immobilière battait son plein et les jardins de Shemiran, au nord de la capitale, étaient crevés de tours clinquantes de quarante étages ou de tours en chantier qui promettaient de l'être. Le scénario était presque chinois : le régime laissait les riches s'enrichir, à condition qu'ils ne se mêlent pas de politique. Et les quelques privilégiés que nous avons rencontrés à Téhéran avec Paolo en cette fin 2006 semblaient se satisfaire pleinement de ce partage des tâches. La récente libéralisation des changes leur permettait de transformer leurs millions de toumans en dollars sans passer par le marché noir, et d'aller les dépenser en vacances à Dubaï, en Turquie ou en Malaisie.

Pour faire bonne mesure, nous allâmes aussi voir les pauvres dans les quartiers sud de Téhéran : on ne pouvait pas dire qu'ils étaient particulièrement malheureux. Le président, dont les caisses s'étaient remplies par la magie des prix pétroliers, avait tout augmenté : les salaires des fonctionnaires, les retraites, les pensions des mutilés de guerre ou des veuves. Il avait aussi maintenu les subventions massives pour les biens de première nécessité.

Et pourtant, le bonheur qui nous intéressait le plus n'était pas lié au bien-être matériel, mais plutôt au sentiment rassurant qu'avaient les Iraniens que nous croisions de vivre dans un pays qui leur ressemblait, dans une culture préservée au fil des siècles, dans une nation humiliée par l'histoire mais qui redressait la tête et clamait ses droits, y compris celui de produire de l'énergie nucléaire. Il régnait ainsi en Iran un équilibre inattendu entre son peuple et son régime, presque une harmonie, laquelle passait inaperçue dans le flot quotidien des déclarations incendiaires du président ou les tribulations du Conseil de sécurité pour parvenir à lui imposer de nouvelles sanctions.

Où étaient passés les étudiants révoltés que j'avais connus en 1999 et qui se disaient prêts au sacrifice suprême pour la liberté ? Ceux dont j'avais gardé les coordonnées s'étaient mariés et paraissaient désormais plus préoccupés de payer les traites de leur appartement que de verser leur sang dans un combat inégal contre le régime. D'autres avaient émigré aux Etats-Unis ou au Canada et me demandaient désormais d'être leur ami sur Facebook. Je découvris aussi l'apparition d'une nouvelle catégorie de jeunes, les faux insoumis. Ils pestaient contre les mollahs mais se complaisaient dans l'affirmation de leur identité rebelle tout en habitant confortablement chez leurs parents. Ils écoutaient du rap à la cave et pratiquaient le ski chaque week-end, ainsi que toutes sortes de sports urbains avec les tee-shirts des marques les plus à la mode en Occident (cf. p. 308). Au fond, ils détenaient ce trésor qui manquait à la jeunesse occidentale depuis 1968 : un système rigide contre lequel combattre, ou plutôt contre lequel adopter une posture de combattant. Ils sentaient aussi de façon plus ou moins consciente que l'économie iranienne rentière et léthargique les soustrayait à la compétition sans merci qui sévissait dans les études et au travail des pays plus ouverts.

Personne, évidemment, ne se déclarait heureux de prime abord. Lorsque nous expliquions le sujet de nos recherches, la première réaction était souvent : « Le bonheur ? Cela n'existe pas dans ce pays ! » Nous devions alors argumenter longuement, expliquer qu'il ne fallait pas confondre le bonheur avec le degré de satisfaction vis-à-vis du régime. A notre grand soulagement, il est arrivé que certains interlocuteurs rappellent le lendemain pour dire : « J'ai bien réfléchi à votre idée de bonheur iranien… finalement, je suis d'accord. » Et d'invoquer alors les raisons pour lesquelles ils se sentaient en harmonie dans leur pays, qu'ils souhaitaient ne jamais avoir à quitter : la chaleur des relations personnelles et familiales, le respect pour des valeurs surannées en Occident comme la religion, la beauté et la poésie, voire tout simplement la cuisine, à leur avis irremplaçable.

S'il est difficile pour un Iranien de s'avouer heureux, c'est sans doute à cause du chiisme, qui valorise plus les larmes, la souffrance et la défaite que la joie primesautière. Mais cette religion, historiquement taillée sur mesure pour la Perse, est en vérité elle-même source de bonheur. La douleur n'est-elle pas sœur de l'extase ? A la mosquée de l'Imamzadeh Saleh, au nord de Téhéran, nous nous sommes inquiétés pour un homme qui pleurait à chaudes larmes. « Qu'est-ce qui vous fait tant souffrir ? lui avons nous demandé.

— Je ne souffre pas, répondit-il. Je remercie Dieu de m'avoir écouté. Puis-je vous inviter chez moi à partager ma joie ? »

Pour approfondir les rapports qu'entretiennent le bonheur et l'islam, nous avons pris un vol pour Mashad. La seconde ville d'Iran, avec 3 millions d'habitants, ne devrait être qu'un long sanglot, un torrent de larmes. Son nom signifie « lieu du martyr ». C'est là que Reza, le 8e imam des chiites, sans doute le plus proche des Iraniens, aurait été empoisonné en 818 de notre ère au moyen d'une grappe de raisin par le calife Al-Mamoun. A l'époque, la bourgade s'appelait Sanabad. Non seulement elle a changé de nom en raison du crime odieux commis dans ses murs, mais elle a surtout placé la dépouille de Reza en son cœur et construit chaque rue de façon que toutes convergent vers les coupoles dorées du tombeau.

La contrition et l'humilité observées ici semblent avoir été sans limites. On raconte qu'après une belle victoire militaire, Shah Abbas le Grand (1571-1629) fit à pied le voyage de sa capitale Ispahan à Mashad (1 400 kilomètres), afin d'être certain de souffrir le plus possible, et qu'arrivé aux portes de la ville, il se fit passer une corde autour du cou et traîner par un esclave jusqu'au mausolée de Reza pour s'y coucher dans la poussière.

Voilà pourtant que ce lieu nimbé par le deuil ressemble aujourd'hui à un immense Disneyland chiite, visité par 20 millions de pèlerins chaque année (contre seulement 12 millions de touristes à Paris). Oui, Mashad est la capitale des plaisirs iraniens ! On y mange les meilleures épaules de mouton chez Chandiz, on y achète les souvenirs les plus kitsch, on s'y fait photographier dans les décors les plus extravagants et surtout on s'y adonne sans retenue à l'amour tarifé. Car celui-ci est encadré par une disposition de la jurisprudence chiite, le *sigheh*, un mariage temporaire dont la durée est déterminée à l'avance, renouvelable ou pas et qui peut s'étendre d'une heure à quatre-vingt-dix-neuf ans. Dans l'idéal, le *sigheh* est certifié par un mollah qui appose sa signature au bas du contrat. Mais on peut aussi se passer de mollah : il suffit que la femme prononce l'expression arabe *ankahtoka li* (je suis d'accord pour coucher avec toi), suivie de la durée et du montant, puis de procéder au paiement, pour que le *sigheh* soit valable. Afin de mettre les pèlerins en relation avec leurs épouses temporaires, la ville est sillonnée par des entremetteurs qui cumulent le plus souvent les fonctions de chauffeur de taxi avec celles de fournisseurs d'alcool et de drogue. Ce sont eux, d'ailleurs, que nous avons pris pour guides. Pendant toute une semaine, qui restera dans ma mémoire comme le séjour le plus étrangement comique que j'aie fait en Iran, nous avons suivi ces chauffeurs-maquereaux, qui commettaient mille péchés mais craignaient Dieu comme personne (cf. p. 192).

Nous avions obtenu, pour ce voyage, un visa de dix jours. Mais la Guidance islamique, rassurée que le sujet de notre livre soit le bonheur, nous avait promis une prolongation au moins équivalente à la durée initiale. Si bien que nous prîmes notre temps et décidâmes de rentrer de Mashad en voiture plutôt qu'en avion – et encore, non pas par l'itinéraire le plus direct mais par la route du désert, celle de Tabas où nous avons passé la nuit. Le monde a découvert l'existence de cette ville quand elle fut entièrement détruite par un tremblement de terre en septembre 1978, mais c'est deux ans et demi plus tard qu'elle entra définitivement dans les livres d'histoire, lorsqu'en avril 1980 trois hélicoptères américains s'écrasèrent à proximité. Ils avaient décollé d'un porte-avions au large de Karachi, étaient remontés discrètement le long de la frontière pakistanaise et tentaient d'aller secourir les otages de l'ambassade américaine à Téhéran. L'opération était d'une folle audace et tourna court quand se leva une grosse tempête de sable, bientôt qualifiée d'intervention divine par l'ayatollah Khomeiny. Le lendemain matin, nous participâmes à la prière du vendredi de Tabas. L'ayatollah qui prêchait ce jour-là semblait avoir pour obsession les chevilles des jeunes filles. La presque totalité de son discours fut consacrée à la nécessité de porter des chaussettes en plein désert, afin de pas stimuler la libido des jeunes garçons dont la République islamique a besoin pour d'autres tâches.

Dans la ville suivante, Khur, un ami ingénieur nous avait conseillé de visiter un grand chantier d'extraction de potassium à ciel ouvert, qui témoignait des efforts iraniens de diversification économique. Comme c'était sur la route, nous nous présentâmes au bureau de la compagnie minière. Un employé fit une copie de nos documents d'identité et appela Téhéran pour savoir quel sort nous réserver. Il nous servit le thé et attendit la réponse en bavardant aimablement avec nous pendant plus d'une heure. Lorsque le téléphone retentit enfin, l'expression de son visage changea brusquement. Il raccrocha et nous enjoignit de déguerpir immédiatement.

La mésaventure nous laissa maussades et désœuvrés dans une maison de thé de la petite ville. Farid, notre traducteur, jugea bon de nous accabler encore davantage. Beau gosse que de multiples conquêtes ne cessaient de solliciter par téléphone, il se réjouissait de rentrer à Téhéran et ne goûtait guère ce détour par le désert. « Qu'est-ce qui vous a pris de venir jusqu'ici ? dit-il. Vous cherchez le bonheur en Iran, mais il n'y en a pas. Et encore moins dans ce bled où tout le monde s'ennuie. Regardez-les ! Ils ont soi-disant le plus beau projet de potassium de tout le pays, mais ils se traînent comme des rats ! » Par défi, nous engageâmes la discussion avec le garçon.

« Qui est l'homme le plus heureux de Khur ? lui demandâmes-nous.

— C'est Mohsen X, répondit-il du tact au tac. Il est riche, et il est poète ! »

Quelques minutes plus tard, nous étions au domicile de Mohsen X, un patron dont l'entreprise de terrassement, qui avait vivoté jusque-là en asphaltant quelques routes, prospérait depuis qu'elle avait remporté l'appel d'offres pour creuser les sept bassins longs de cinq kilomètres chacun où l'eau, en s'évaporant, devait permettre l'extraction du potassium. Par chance, il n'avait pas entendu parler de notre premier contact rugueux avec la compagnie minière. Il nous présenta ses quinze bulldozers flambant neufs puis nous convia à un festin pour la récitation de ses œuvres. Mohsen X avait une stature de colosse et le visage d'un héros de la Perse antique, avec ses cheveux blancs tirés en arrière, ses épais sourcils et son bouc touffu, blanc lui aussi. Il commença par préparer une pipe d'opium, un plaisir que ni Paolo ni moi n'avions encore eu l'occasion de goûter, puis s'assit en tailleur au centre d'un grand tapis pendant que l'un de ses neveux attisait les braises et faisait circuler la pipe.

La déclamation de sa première épopée prit plus d'une heure. En vers finement ciselés, elle racontait l'histoire d'un Iranien qui s'était établi à l'étranger et en avait oublié Dieu et les imams. Il commit tellement de péchés de chair qu'une fois mort et enterré, il entendit une voix dans son cercueil. Effrayé, il se pissa dessus.

« Qui est venu troubler mon sommeil éternel ?

— Espèce de fils de p... tu crois pouvoir dormir ? Tu as voulu m'échapper en quittant l'Iran, mais tu as trop abusé des plaisirs terrestres. Maintenant, je te tiens. »

Arrivé en enfer, l'homme fut jugé et condamné à se faire couler de l'asphalte brûlant dans le derrière. Un jour qu'il n'en pouvait plus de son châtiment, et incommodé par le boucan de ses compatriotes iraniens qui, pour leur part, festoyaient en enfer, il alla leur poser la question qui le tourmentait.

« Vous avez été punis comme moi. Comment se fait-il que l'asphalte n'ait pas brûlé vos intestins ? Hassan, Hossein, comment faites-vous pour être heureux, quel est votre secret ?

— C'est très simple, mon frère, je vais te raconter l'histoire de l'Iran et des Iraniens. Quand l'asphalte est fondu, brûlant, il n'y a pas d'entonnoir. Quand ils trouvent l'entonnoir, l'asphalte s'est déjà durci. Et quand il y a à la fois de l'asphalte fondu et un entonnoir, le mec chargé de le couler est parti faire sa prière. Voilà, mon frère, l'histoire de ce pays. Ceux qui y meurent sans avoir cédé aux sirènes pernicieuses de l'étranger accèdent à l'enfer libres des douleurs dont tu souffres.

Sa seconde épopée, son œuvre majeure en vérité, nous mena au-delà de minuit. L'opium avait fait son effet et j'étais étendu sur des coussins, léger comme une plume, de sorte que les notes que je pris sont illisibles et très lacunaires. Le texte s'appelait « Ali sans souci », ou encore « Ali sans zizi ». C'était l'histoire d'un homme qui péchait et forniquait sans cesse, jusqu'au jour où sa propre femme tomba malade. Pour la sauver, il lui fallut amputer sa verge, et c'est alors qu'il découvrit le bonheur.

« Voilà, conclut Mohsen X. Pour vivre heureux il faut vivre sans zizi ! »

Farid, notre traducteur, était persuadé du contraire et s'inquiéta de notre retour à Téhéran. On appela un taxi. Il y avait 600 kilomètres jusqu'à la capitale, nous y serions au matin. Toujours d'humeur légère et riant sous cape, je m'installai à l'arrière de la Paykan. Dans ces circonstances particulières, elle ressemblait à un carrosse céleste. Puis j'échangeai quelques mots avec le chauffeur. Avant de prendre le volant, il avait enfourné deux paquets de cigarettes dans sa poche, avalé un thé sucré brûlant et répété trois fois « Au nom de Dieu ».

« On dirait que la population vit vraiment mieux à Khur depuis ce projet de potassium, dis-je.

— Quel projet de potassium ?

— Mais voyons, les grands bassins pour l'évaporation de l'eau !

— Ah, vous voulez dire l'usine nucléaire ? Les bassins, en surface, c'est juste pour cacher tout ce qu'ils ont construit dessous pour faire du yellow cake. »

Je me promis de vérifier si le site de Khur avait été identifié comme suspect par l'Agence internationale de l'énergie atomique ou par les services de renseignements occidentaux, et sombrai dans un profond sommeil[8]. Ali sans zizi revint dans mes rêves, il dansait et jouait de sa flûte au milieu d'une ronde de bulldozers.

Le réveil, dans la capitale, fut brutal. La Guidance islamique avait changé d'avis pour nos visas. La prolongation était refusée et nous avions déjà dépassé la durée du séjour initial. Pour éviter une arrestation par la police des étrangers, nous devions franchir la douane de l'aéroport le soir même, avant minuit. Impossible de savoir si cette décision était le prix à payer pour notre fréquentation des maquereaux de Mashad ou la conséquence funeste de notre intérêt pour l'extraction de potassium à ciel ouvert. C'était en tout cas une catastrophe pour notre projet sur l'Iran heureux. Nous n'avions pas la moitié de la matière du livre et voilà qu'il fallait le mettre de côté pour une durée indéterminée.

Plus de deux ans s'écoulèrent sans nouvelles de la Guidance. Paolo et moi nous consolâmes en sillonnant l'Afrique avec Michel Beuret à la poursuite de ses nouveaux colons chinois[9]. Mais nous continuions à espérer la levée d'un malentendu et envoyâmes à Téhéran plusieurs nouvelles versions de notre synopsis de livre sur le bonheur en Iran. Jusqu'au jour où, peu avant Noël 2008, nous reçûmes ce message :

Honorables Messieurs Michel et Woods,

Cela nous fait plaisir de recevoir de vos nouvelles. Nous avons un nouveau directeur général et lui avons dit que vous aimez l'Iran beaucoup. Vous devriez demander un visa pour l'anniversaire du triomphe de la Révolution.

Votre mouton sacrificiel, etc.

Cette fois, plus de gaudriole à Mashad ni de potassium dans le désert. Nous portâmes au nouveau directeur de la Guidance islamique l'assortiment complet des chocolats suisses en vente dans les aéroports et assistâmes consciencieusement aux cérémonies du trentième anniversaire de la Révolution, le 11 février 2009. Quelques jours plus tard, nous allâmes à Qom pour Arbaïn, la fête religieuse qui célèbre le quarantième jour de la décapitation de l'imam Hossein par les sunnites en 680 après Jésus-Christ (cf. p. 228). Nous passâmes aussi un temps considérable au mausolée de l'imam Khomeiny, au sud de Téhéran, et fîmes une visite respectueuse sur les tombes de martyrs au cimetière voisin de Behest-e Zahra (cf. p. 244 et 248).

L'ambiance était encore pire qu'à la fin 2006. L'intérêt pour la politique des jeunes que nous rencontrions était proche de zéro (cf. p. 170). Il semblait régner un individualisme généralisé propre à faciliter la réélection de Mahmoud Ahmadinejad à la présidentielle prévue en juin. Mais au moins, cela confortait notre thèse : personne ne songeait à une seconde révolution. Et l'article que nous publiâmes au retour, « Jours tranquilles en République islamique », était sincère même s'il est aujourd'hui pénible de le relire : « La majorité des Iraniennes et des Iraniens semblent s'être accommodés du système, soit parce qu'ils en profitent, soit parce qu'ils s'y sont creusé leur espace de liberté [...]. La vague réformatrice qui portait le président Khatami semble s'être doucement brisée sur le sable. »

La Guidance, en tout cas, avait dû apprécier. Car nous reçûmes trois mois plus tard l'autorisation de nous rendre à nouveau en Iran, pour couvrir l'élection présidentielle. Béni soit ce visa. Et béni soit le nouveau directeur de la Guidance qui nous reçut très cordialement en déclarant qu'il se réjouissait de se voir adresser un exemplaire dédicacé de notre livre sur le bonheur iranien, dès qu'il serait publié. Car ce séjour allait être le plus important de tous ceux que j'ai faits depuis 1998. Il va sans dire que les événements allaient contredire certaines de nos hypothèses et nous obliger à changer le titre du livre. Devant l'ampleur et la vitalité de la vague de protestation, devant la maturité politique des Iraniens que je rencontrai dans les foules vertes de l'opposition, je compris que j'attendais inconsciemment, depuis dix ans, cette heure de vérité. Que je m'étais forgé des convictions à force de ne pas comprendre pourquoi un peuple si raffiné se laissait casser du sucre sur le dos par un système aussi fruste et brutal. Il m'était arrivé de penser que les Iraniens méritaient leur régime – que Dieu me le pardonne.

Voici le journal que je tins durant ces quelques jours historiques.

Téhéran, 3 juin. Nous retournons voir l'ayatollah Bagher Khosrowshahi dans son séminaire religieux du bazar (cf. p. 256). Il refuse de dire pour qui il votera mais a changé d'avis sur Ahmadinejad, qu'il critique désormais sévèrement. Il parle d'une politique économique inconsistante, du poids de l'inflation et d'absence d'investissements sérieux dans les infrastructures. Ensuite, K. nous fait tourner dans le bazar à la recherche de tapis qui représentent des femmes nues. On en trouve une quantité, pour des prix allant de 1 000 à 3 000 dollars, mais un seul marchand accepte de nous laisser les photographier, et encore, pas dans sa boutique. Dans les allées couvertes, une bonne partie des vitrines affichent des posters de Moussavi. Interview du chef de la campagne Ahmadinejad pour le bazar, qui est aussi vendeur de tapis. Il est nerveux et dit que ses collègues bazaris qui soutiennent l'opposition sont victimes de la propagande sioniste.

Le soir, nous assistons au débat télévisé Moussavi-Ahmadinejad chez des amis. C'est la première fois depuis trente ans de République islamique que les candidats s'affrontent en direct, devant 50 millions de téléspectateurs. Il y a une vingtaine de personnes dans la chambre, captivées par la TV. Le débat tangue. Ahmadinejad se montre très agressif. Les cris d'indignation fusent dans l'appartement lorsqu'il exhibe un document illisible censé prouver que la femme de Moussavi, professeur de sciences politiques, aurait triché pour entrer à l'université. Il accuse tous ses prédécesseurs de corruption et met Moussavi au défi d'avouer la provenance des fonds de sa campagne – alors que lui-même puise sans ciller dans les caisses de l'Etat, opportunément remplies par des années de pétrole cher. Le visage de Moussavi trahit une légère surprise. Il réplique : « Avec votre politique étrangère, vous avez humilié la dignité des Iraniens. » Et de dénoncer « l'aventurisme, l'instabilité, l'extrémisme, l'exhibitionnisme, la superstition » du président sortant. Vraiment, je n'aurais pas trouvé mieux que ces cinq mots.

En sortant, nous marchons jusqu'à l'avenue Vali-Asr. Ils sont quelques centaines devant le portail de la TV nationale, à attendre leur héros Ahmadinejad à sa sortie du débat télévisé (mais il a dû emprunter une autre porte). Ils chantent à la façon des supporters de foot, mais se frappent la poitrine comme lors des cérémonies de l'Ashoura. Ils viennent du sud de la capitale, leurs motos sont garées en contrebas. Ils sont bien organisés et équipés : des caméras vidéo dernier cri, une sono montée sur un pick-up, de grands drapeaux. Ils crient victoire avec plus d'une semaine d'avance et semblent surtout savourer leur présence dans le nord de Téhéran, chasse gardée des classes moyennes et supérieures qui soutiennent Moussavi. Ces nuits dernières, des manifestations spontanées de soutien au candidat de l'opposition sont apparues dans les beaux quartiers si bien qu'eux, les gars du Sud, les « vrais croyants », ont été convoqués pour ne pas laisser le champ libre aux « ennemis ». Lesquels, justement, sont de l'autre côté de la rue, avec leurs rubans verts, continuellement dispersés par la police et arrosés d'insultes.

Bousher, 4 juin. Pas de place dans les avions pour Shiraz, alors nous prenons un vol vers Bousher puis un taxi pour un trajet de quatre heures. C'est la plus belle route d'Iran, celle que décrivent Gobineau et Loti, c'est par là que les légations étrangères entraient jadis pour se rendre à Téhéran si elles voulaient éviter de traverser la Turquie. On passe du niveau de la mer au plateau iranien à 1 200 mètres en grimpant au milieu des torrents et des caravansérails en ruine. Le chauffeur votera Ahmadinejad, mais il regrette les tensions provoquées avec le reste du monde. Il ne voit pas l'intérêt de rayer Israël de la carte. Il est le patron de sa compagnie de taxis ; ses meilleurs clients sont les Gardiens de la Révolution stationnés à Bousher pour protéger la centrale nucléaire.

Shiraz, 5 juin. Excursion à Behest-e Gomshode, deux heures de route, où les Shirazi vont pique-niquer le vendredi. On mange un melon avec une famille sur un ponton de bois suspendu au-dessus de l'eau. Le père votera Ahmadinejad mais sa femme et ses filles se moquent de lui et montrent leurs rubans verts au poignet. Toutes les familles alentour sont pour Moussavi. Au retour, repas dans un restaurant libanais, très difficile à atteindre à cause des dix kilomètres d'embouteillage sur l'immense avenue qui sort de Shiraz vers le nord-ouest. Ou plutôt de manifestation. La plupart sont des partisans de Moussavi. Ils défilent en voiture, comme effrayés par leur propre courage, afin de rester protégés par la carrosserie tout en faisant campagne. Ils agitent des posters par les fenêtres, klaxonnent, poussent parfois la témérité jusqu'à monter le volume de leur stéréo. Il n'empêche, d'après le garçon du restaurant, rien de tel ne s'est produit à Shiraz depuis trente ans ! Jusqu'à maintenant, je croyais qu'Ahmadinejad allait gagner sans problème. Je commence à douter.

Shiraz, 6 juin. Nous faisons l'interview d'un Pasdar (Gardien de la Révolution) dans un parc, tout en mangeant de la glace au safran qu'il a absolument tenu à nous offrir (cf. p. 270). Il chante les louanges d'Ahmadinejad, le héros que tous les opprimés de la terre attendaient, celui qui a démasqué le mensonge de l'Holocauste. Il nous reconduit à l'hôtel dans sa jeep pleine de posters du président. On passe devant un magasin qui vend des DVD de films occidentaux. « Dès que les élections seront terminées, on fermera cette boutique, dit-il. C'est comme ça que l'ennemi s'infiltre chez nous. »

Téhéran, 8 juin. Hier, après un aller-retour à Persépolis, nous avons pris un vol Shiraz-Téhéran. L'avion était en retard. Cela nous a laissé le temps de contempler la mosaïque gigantesque de photos lumineuses dans la salle d'attente, où sont représentées certaines merveilles du monde : les gratte-ciel de Kuala Lumpur et les pyramides d'Egypte, le Mont Saint-Michel, le Taj Mahal et la foire internationale de Guandong. L'ouvrage est schizophrène. D'un côté, il témoigne du désir iranien d'ouverture au monde : la vue d'une simple avenue de Shiraz figure à côté des Champ-Elysées. De l'autre, il sent le renfermé. Il n'y a aucune image des Etats-Unis et les erreurs absurdes dans les légendes montrent que les commanditaires de l'œuvre ne connaissent pas le monde dont ils prétendent faire partie. Un port fluvial, au pied de hautes montagnes, est qualifié de « plage d'Amsterdam ». Un paquebot à l'ancrage à Singapour est décrit comme étant le *Titanic*.

Arrivés enfin à Téhéran, passé minuit, le chauffeur de taxi qui nous conduit de l'aéroport à l'hôtel écoute du rap iranien. Je ne comprends pas toutes les paroles. Il est question de bâtards au pouvoir qui font des promesses sans les tenir. A la hauteur de la place Palestine, on tombe sur une manifestation nocturne de partisans de Moussavi qui crient « Mort au dictateur ». La police se tient tout autour, sans broncher. Le taxi est bloqué, nous descendons pour nous mêler à la foule. Ce sont des étudiants des dortoirs d'Amir Abad, ceux dont l'attaque par les bassidjis en 1999 avait fait plusieurs morts et déclenché une semaine d'émeutes. C'est bien sûr la génération d'après, mais je lis sur leurs visage la même détermination. La marche se termine vers quatre heures du matin par un retour aux dortoirs.

Téhéran, 9 juin. Dans l'après-midi, gros rassemblement pour Moussavi près de la place Vali-Asr. Il y a du vert partout, sur les tee-shirts, les foulards, les casquettes, les drapeaux, les rubans. La foule crie : « Gouvernement de patates, j'en veux pas, j'en veux pas. » Ahmadinejad a en effet distribué récemment des pommes de terre dans certains quartiers pauvres pour gagner des électeurs. De temps à autre, des supporters d'Ahmadinejad passent en moto et se font huer. Le soir, le maire de Téhéran, Mohsen Qalibaf, un conservateur modéré, convie la presse internationale à un dîner en l'honneur de son nouveau projet : la rue des Arts. Dans une allée du parc Mellat (Nation), il a disposé une cinquantaine d'artistes qui « créent » en direct. Il y a un mime maladroit coiffé d'un haut-de-forme, des femmes qui illustrent des poèmes de Hafez avec des miniatures, des pseudo-nomades qui font du tissage, plusieurs calligraphes et bijoutiers, un peintre qui met la dernière touche à un portrait géant de Khomeiny au coucher de soleil. Dans un coin, près du bassin, cinq femmes en tchador animent une petit théâtre de marionnettes (dont les cheveux ne sont pas voilés). Elles minaudent pour imiter les voix d'enfants et d'animaux, donnant à l'ensemble un effet comique dont elles ne semblent pas conscientes. Mohsen Qalibaf s'est fait remplacer au dernier moment par son adjoint qui lit un discours insipide, mais c'est le geste qui est intéressant. Le personnage prend ses distances vis-à-vis d'Ahmadinejad et fait face à la presse étrangère. Aurait-il gardé ses ambitions présidentielles ? En sortant du dîner, on retrouve F. sur l'avenue Vali-Asr. Comme chaque soir, la campagne verte bat son plein dans les rues de Téhéran et ressemble à une fête au milieu d'un gros embouteillage. Slogan principal : « Ahmadi bye bye. » On marche deux heures sans cesser de croiser des partisans de l'opposition en délire.

Téhéran, 10 juin. Officiellement, la campagne doit se terminer à minuit. Mais comment faire disparaître cette foule verte des supporters de Moussavi, jeunes et vieux, hommes et femmes, qui a envahi les rues de la capitale ? On dirait un carnaval. Dans la circulation apoplectique et joyeuse, traversée par des motos au klaxon bloqué, parfois en équilibre sur la roue arrière, certains ouvrent prestement le coffre de leur voiture, mettent la stéréo à fond et dansent quelques minutes, applaudis par les badauds sur les trottoirs. Les couples se tiennent par la main, certains foulards sont tombés très bas sur la nuque, des adolescents fraternisent avec des vieillards, des familles entières se joignent à la foule. Partout, des ballons verts, des posters de Moussavi, des rubans verts, des tee-shirts verts et même des tchadors verts. Cette nuit et toutes celles qui ont précédé, c'est la frustration sociale qui s'est transformée en vague verte pour porter le candidat de l'opposition. Par les fenêtres d'une Paykan, deux petites filles chantent « Une semaine, deux semaines que Mahmoud [Ahmadinejad] n'a pas pris de douche. » Le phénomène, parti des quartiers riches du Nord, semble avoir gagné la presque totalité de la capitale.

Téhéran, 12 juin. Jour du vote dans le jardin de Reza et Fereshteh, qui font *open house*. Les amis arrivent au fil de l'après-midi, l'œil triomphant et l'index marqué par l'encre de ceux qui ont voté. Tous racontent les heures d'attente devant les bureaux de vote. Tous ont voté Mir-Hossein Moussavi. Tout se passe comme si un nouvel Iran était en train de naître, et qu'on le célébrait déjà en trinquant au jus de grenade. Mais dans la soirée, un appel de F. met brusquement un terme à l'euphorie du jardin. Elle pleure. « Je suis au quartier général de Moussavi, dit-elle entre deux sanglots. Nous avons été attaqués par des bassidjis. Ils ont cassé les ordinateurs à coups de gourdin, ils ont arrêté nos responsables. La police a posé des scellés pour fermer le centre. Il se passe quelque chose de grave, c'est un coup d'Etat. » Après minuit, nous essayons de rejoindre F. à la rédaction du journal de Moussavi, *Qalam-e Sabz*, rue Zartocht. Trop tard. Les bassidjis ont aussi attaqué l'endroit quelques minutes plus tôt. On sent encore les gaz lacrymogènes. F. se cache dans une ruelle adjacente. Elle est terrorisée, finit par retrouver sa voiture et conduit sans savoir où aller. On croise des convois militaires et des motards qui célèbrent la victoire d'Ahmadinejad. F. ne comprend pas.

« Moussavi a donné une conférence de presse à vingt-trois heures. Il a dit avoir reçu en fin d'après-midi un téléphone du ministère de l'Intérieur pour lui annoncer qu'il avait gagné, mais qu'il ne fallait pas le dire jusqu'au lendemain. C'était peut-être une ruse ? »

Téhéran, 13 juin. Une énigme parmi tant d'autres, en cette journée de stupeur et de désespoir. Un homme est apparu sur la façade du ministère de l'Intérieur, au seizième ou dix-septième étage de ce bâtiment gigantesque et incongru, de style cubisto-soviétique. Il se tient le dos au mur, comme crucifié. Est-ce une tentative de suicide dans le ministère qui vient de procéder au « décompte » si contesté des bulletins de vote ? Ou juste un réparateur de climatisation égaré ? Je prends une photo mais un colonel de gendarmerie saisit immédiatement mon appareil pour la détruire, en disant : « C'est un fou ». Les forces de l'ordre sont massivement présentes, après avoir dispersé une manifestation le matin même et arrêté une vingtaine de personnes. Des femmes en pleurs supplient encore – et en vain – les policiers de leur dire dans quel commissariat, quelle prison leur frère, leur conjoint a été embarqué. Mais ceux-là sont plutôt occupés à charger les passants par intermittence et à frapper ceux qui ne couraient pas assez vite, si bien qu'il était difficile de compter sereinement à quel étage se tenait cet homme, vêtu d'une chemise blanche, les bras écartés, comme prêt à sauter de l'immeuble ayant englouti les bulletins de vote et les espoirs de centaines de milliers de Téhéranais. « C'est un partisan de Moussavi, il va se suicider », ont crié des manifestants en déroute, certains le visage en sang. Juste avant de devoir prendre les jambes à mon cou, j'ai le temps de voir des bras se tendre des fenêtres alentour pour ramener cet homme à l'intérieur.

Une conférence de presse des candidats de l'opposition est annoncée en début d'après-midi à la rédaction du journal *Etelaat*. Des dizaines de journalistes iraniens et étrangers battent le pavé. Mais elle semble avoir été annulée et les policiers présents dispersent les journalistes au pas de charge. Il faut décidément courir beaucoup dans cet Iran post-électoral. Une manifestation est prévue plus tard à la place Vanak. Paolo va la couvrir pendant que je vais au rendez-vous fixé avec un chirurgien esthétique qui tombe bien mal (cf. p. 322).

Personne ne croit à la victoire d'Ahmadinejad. Moussavi est invisible. Des rumeurs font état de sa mise en résidence surveillée. Violents combats quand je rejoins Paolo place Vanak. Dans la foule, un homme tient son attaché-case d'une main et lance des cailloux sur la police de l'autre. Quand arrivent les gaz lacrymogènes, il trébuche sur un manifestant blessé et s'écroule. Ce n'est pas pratique de courir avec un attaché-case. Nous le retrouvons dans une petite rue, adossé à une voiture. Il fait brûler du papier journal sous son nez : c'est la méthode locale pour dissiper l'effet des gaz. Il est agent de change et père de deux fillettes. « Le régime montre enfin son vrai visage, dit-il. C'est une dictature brutale, qui a confisqué les richesses et l'avenir de l'Iran. Ils ont gaspillé l'argent du pétrole pour engraisser des bassidjis qui aujourd'hui nous bastonnent sans pitié afin de conserver leurs privilèges. »

Le soir, nous traversons la ville ponctuée de foyers de révolte, apercevons trois autobus en flammes, passons devant des escadrons de manifestants au visage masqué d'un foulard vert qui crient « Moussavi, Moussavi ! », croisons un convoi d'au moins trente camions des forces anti-émeutes, harnachées comme des RobotCop, et trouvons refuge chez Afchin, un ami graphiste du quartier d'Abbas Abad. Il est surexcité. « Je viens de ramener ma mère. Elle a soixante et onze ans. Je l'ai trouvée à deux rues d'ici, en train de mettre le feu à des poubelles. » Sur le toit des immeubles du voisinage, les habitants hurlent « Mort à la dictature » ou « Allah O Akbar », comme aux grandes heures de la révolution. « Ah, l'odeur des poubelles qui brûlent, c'est le parfum de la liberté ! » dit encore Afchin. Et puis il nous raconte des blagues. « Pourquoi Ahmadinejad porte-t-il une raie dans les cheveux ? Pour séparer les poux mâles des poux femelles. »

Téhéran, 14 juin. Ahmadinejad tient son premier meeting de victoire place Vali-Asr. Il traite ses opposants de « détritus » et de mauvais perdants, les comparant à des hooligans après un match de foot. Lorsque la foule se disperse, nous nous approchons d'un groupe de bassidjis en contrebas de la place, pour discuter. Leurs motos sont garées le long du *djoub* (ruisseau et égout à ciel ouvert) ; elles sont équipées d'un étui spécial pour la matraque avec laquelle ils frappent les manifestants. L'un d'eux nous insulte immédiatement, nous traite d'espions et de suppôts du Grand Satan. Un autre s'interpose, calme le jeu et nous donne son numéro de téléphone. Il s'appelle Sadjad (cf. p. 340).

Téhéran, 15 juin. Je n'ai jamais vu autant de monde dans les rues de Téhéran. Un million, deux millions ? La marche est partie de la place Enquelab (Révolution) en direction de la place Azadi (Liberté) – tout un programme. En juillet 1999, lors des manifestations étudiantes sur l'avenue Enquelab, je me souviens des gens qui regardaient passer ces 20 000 jeunes sans bouger de leur fenêtre. Pourquoi ne descendent-ils pas les rejoindre ? me demandais-je. Parce qu'ils ont peur ou parce qu'ils n'ont pas vraiment envie de changer un système dont ils se sont accommodés ? Aujourd'hui, il n'y a personne aux fenêtres, tout le monde est dans la rue. Des mères de famille, des étudiants, des parents et des grands-parents, des jeunes diplômés, des employés tout juste sortis du bureau, des couples se tenant par la main, des ingénieurs, des médecins, des commerçants du bazar, des invalides de guerre en chaise roulante, des jeunes filles aux cheveux décolorés et aux grosses lunettes de soleil, des grand-mères plantureuses dans leur tchador, des comptables, des employés de banque…

Les slogans politiques, en Iran, mériteraient une anthologie. Ils sont parfois aussi bien tournés qu'un vers de Rumi, ils s'inventent du jour au lendemain pour réagir à l'actualité et semblent instantanément assimilés par la foule qui les chante à l'unisson. Ce lundi, j'en enregistre une trentaine, dont voici un florilège auquel la traduction ne rend pas justice :

Alors, petit dictateur, où sont tes 24 millions d'électeurs ?
Hé, l'athlète atomique, va te coucher, tu es fatigué !
Ahmadi, tu as volé notre vote, tu es l'ennemi du pays !
Bassidjis, honte à vous, où êtes-vous, où est votre bâton ?
Ahmadi, ce week-end, tu seras de retour chez toi !
Bassidjis, honte à vous, rendez-nous l'argent du pétrole !
Petit dictateur, tu es fini !
Ahmadi, tu as vu la lumière verte[10] *mais tu n'as pas vu notre vote !*
Qui a voté pour ce singe ?

De retour à l'hôtel, nous découvrons que notre chambre a été fouillée, un disque dur avec les photos de Paolo a disparu. Va-t-il retrouver ses images sur Internet, dans un bureau des services secrets ou ne pas le retrouver du tout ? L'autre jour, un ami journaliste m'a appris que cet hôtel, le Marmar, juste en dessus de la place Ferdowsi, avait été le quartier général du groupe de Saïd Emami, le vice-ministre des Renseignements qui dirigeaient les escadrons de la mort. Je me souviens d'avoir lu à l'époque dans les révélations de la presse sur l'affaire des « meurtres en série » que certains intellectuels avaient été torturés dans un hôtel avant d'être jetés dans un *djoub* avec une balle dans la tête. Saïd Emami et le futur président Mahmoud Ahmadinejad auraient aussi trempé dans l'assassinat du leader kurde Ghassemlou à Vienne en juillet 1989.

Téhéran, 16 juin. On mange un poulet dans un fast-food près du théâtre municipal. Dans la rue, les partisans d'Ahmadinejad se rassemblent pour leur seconde manifestation de la semaine. Soudain, une jeune fille essoufflée fait irruption. Elle vient d'échapper à une rafle et troque son foulard vert contre un noir, pour tromper ses possibles poursuivants. « Je distribuais des tracts près de l'université Amir Kabir pour la manifestation pro-Moussavi de cet après-midi, ils m'ont attrapée, des étudiants sont venus m'aider, j'ai réussi à me dégager et à m'enfuir. » Elle dévore son poulet grillé, qu'elle paie avec un billet de 5 000 toumans (3,65 euros), lequel est griffonné de vert. « Ça ? C'est notre nouveau mode de communication. Comme ils ont interdit les SMS et fermé nos blogs, on écrit nos messages sur les coupures. » Dans la capitale qui retient son souffle, l'argent et les manifestants sont les seuls éléments en libre circulation. Voilà le poème reproduit sur ce billet :

Le détritus, c'est toi
La passion, c'est moi,
L'amant désespéré, c'est moi,
La cruauté, c'est toi,
L'aveuglement, c'est toi,
Je suis téméraire et je suis impétueux,
L'Iran est à moi.

C'est la journée des deux manifestations. Ceux de Moussavi se sont donné rendez-vous place Vanak à dix-sept heures, ceux d'Ahmadinejad ont conflué place Vali-Asr à quinze heures. Contrairement à ce que font croire certains reportages occidentaux, le président sortant a tout de même beaucoup de fidèles, qui ne sont pas tous bassidjis. Il y a des patriotes, qui estiment que sa conduite énergique du dossier nucléaire, les menaces qu'il profère à l'encontre d'Israël et la pagaille qu'il sème en Occident rendent justice à l'Iran humilié depuis trop longtemps sur la scène internationale. Il y a des fonctionnaires séduits par les hausses de salaire (mais qui oublient que l'inflation a flambé plus encore). Il y a les provinciaux qui l'ont vu se déplacer de village en village en distribuant de l'argent et des promesses durant ses quatre ans de mandat. Ce n'est donc pas le tyran contre son peuple, comme en 1979. C'est une foule contre l'autre, même si les deux foules ne sont pas semblables. Celle d'Ahmadinejad, mobilisée à deux reprises à Téhéran depuis sa « victoire », conviée par des appels répétés à la TV, est transportée en autobus gouvernementaux. Celle de Moussavi apparaît comme par génération spontanée, chaque fois plus nombreuse. Surtout, elle représente les forces vives du pays : intellectuels, ingénieurs, étudiants, artistes, industriels ainsi qu'une grande partie des commerçants. Comment ces classes moyennes et supérieures, dont le pays a tant besoin pour son développement, vont-elles réagir à la répression de jour en jour plus implacable ?

Alors que nous essayons de passer d'une manifestation à l'autre, assis à l'arrière de motos-taxis, un groupe de bassidjis nous arrête sur Vali-Asr, à la hauteur de Zartocht. Ils veulent frapper mais finissent par nous remettre entre les mains d'un officier de police. Nos accréditations ont été révoquées ce matin. On passe deux heures sous surveillance. Nos appareils sont confisqués. Retour piteux à l'hôtel, où nous attend pourtant une bonne surprise. Sadjad, le bassidj croisé dimanche, nous rend finalement visite. Pour se faire pardonner l'agressivité de ses camarades, il nous offre un gros bouquet de fleurs et une bouteille de parfum. Pas sûr qu'un soldat chinois engagé en 1989 dans la répression de Tiananmen aurait fait pareilles offrandes ! On apprend que son propre frère est un partisan de Moussavi. On insiste pour les rencontrer tous les deux ensemble, il finit par accepter... Rendez-vous jeudi soir.

Téhéran, 17 juin. Récupération du matériel dans un poste de police. Après nous avoir menacés de la prison si nous continuons à faire notre travail, l'officier veut connaître le prix des iPhone en Europe et aux Etats-Unis. Il est soulagé d'apprendre que le dernier modèle a la fonction vidéo mais se demande quand Apple fera un Smartphone « multitasking », c'est-à-dire capable de lancer plusieurs applications en même temps. Cela se termine par un thé sucré. « L'Iran a une mauvaise image à l'étranger, dit-il. J'espère que vous direz la vérité. »

Nouvelle marche verte, entre Haft-e Tir et l'université. On se tient au milieu de la foule, pour ne pas être repérés. La Guidance nous a interdit de quitter l'hôtel. Mais puisque nous sommes les seuls journalistes au Marmar, elle n'a pas jugé bon d'envoyer un vigile comme pour les grands hôtels où sont confinés la plupart des autres envoyés spéciaux. Les manifestants autour de nous croyaient que tous les journalistes étrangers avaient quitté le pays, alors ils sont enchantés de notre présence, nous nourrissent de biscuits et de jus de fruits. L'heure de la marche est facile à deviner : compter trente minutes après l'extinction du réseau de téléphone portable. Quant au lieu, toute la ville est au courant. Non pas grâce à Twitter, Facebook et autres technologies californiennes dont les fondateurs se gargarisent désormais d'être capables de faire tomber une dictature, mais par la plus ancienne et orientale des méthodes : le bouche à oreille. L'histoire jugera, mais c'est peut-être en coupant les téléphones que le régime a uni ses opposants, obligeant les Iraniens à se parler alors qu'ils étaient jusque-là réfugiés dans la recherche d'un certain bonheur individuel. Dans les taxis collectifs et les épiceries de quartier, dans la marche de la veille ou en criant, le soir, d'un toit de maison à l'autre, la population se donne le mot, se donne du courage et découvre l'étendue de sa force.

Combien de personnes comptait cette troisième « marche verte » ? J'ai dénombré environ 200 personnes par tranches de dix mètres de l'avenue Karimkhan-e Zand, qui est assez large. Multiplié par quatre kilomètres de foule compacte, cela fait près de 80 000 manifestants. Alors que nous cherchons une moto-taxi pour rentrer à l'hôtel, nous avisons une femme avec une pancarte plus grande que les autres. En Iran, la poésie est une arme. C'était le texte de Hamid Mossadegh (1939-1998) :

Si je ne deviens pas nous
Si tu ne deviens pas nous
Tu seras toi
Peut-être pourrions-nous
Attiser de nouveau
La flamme de la solidarité en Orient
Peut-être pourrions-nous
Dénoncer les malhonnêtes !
Si je me lève
Si tu te lèves
Tout le monde se lèvera
Si je m'assois
Si tu t'assois
Qui se lèvera ?

Comme chaque nuit, j'écris dans le lobby de l'hôtel l'article de la journée pour *Le Monde,* qui ne sera pas signé pour ralentir les recherches de la Guidance. Les autres occupants sont tous au lit, principalement des pilotes ukrainiens employés par les compagnies intérieures iraniennes et des mutilés de guerre formant l'équipe nationale de ping-pong handicap. Le veilleur de nuit me porte gracieusement du thé, des pistaches et des *shirini* (pâtisseries), avec le sentiment de contribuer à faire savoir au monde entier ce qui se passe dans son pays. Il y a pire, comme conditions de travail.

Téhéran, 18 juin. On dirait que le mouvement vert ne nous a pas encore convaincus d'abandonner complètement notre projet sur le bonheur. Il nous restait un petit chapitre à faire sur le mariage. Dans la capitale comme en état de siège, avec ses rues désertes, ses boutiques fermées et ses convois militaires, nous avons trouvé à l'est un centre de mariage qui fonctionne encore à plein régime (cf. p. 174). Les mariages iraniens coûtent trop cher pour être annulés à la première révolution. Et comme le directeur allait lui aussi à la manif, il nous a libérés juste à temps.

C'est sans doute la plus grande marche verte après celle de lundi. Partie de la place Khomeiny, elle est montée quatre kilomètres jusqu'à Ferdowsi. Là, j'ai aperçu les cheveux et la barbe blanche de Moussavi, acclamé comme une rock star.

Sadjad, le bassidj, a tenu promesse. Il nous attend le soir au métro de Shar-e Rey. Avant d'aller dîner avec son frère et son père (cf. p. 340), il nous conduit chez un marchand du bazar de Shar-e Rey, un sage connu pour son interprétation du *fall*, l'art divinatoire basé sur les poèmes de Hafez. Sadjad veut nous prouver la pluralité de la société iranienne, et sa propre ouverture d'esprit. Il a pourtant de la peine à garder son calme pendant que parle le bazari. « La République islamique est un échec terrible, dit le vieux. Nous avons un siècle de retard sur l'Europe. Voire plus. Chez vous, après l'affaire de Galilée, vous avez écarté l'Eglise de la vie publique et vous avez pu progresser. Nous, on ne fait que commencer. Notre belle religion est encore interprétée de façon fasciste. Mais nous sommes de plus en plus nombreux à penser que les mollahs doivent quitter le pouvoir. Se mettre dans un coin, se contenter de dire ce qui est bien ou mal, ce qui est pur et impur. Ahmadinejad est en train de diviser notre société comme jamais. Cela pourrait lui être fatal. La grande erreur du Shah était d'avoir humilié les deux oppositions de l'époque, les rouges et les noirs, les communistes et les religieux. Ahmadinejad vient de faire la même chose, en traitant ses adversaires de "détritus". J'ai participé à la Révolution, en première ligne. J'ai été arrêté, mon corps était noir des coups que j'ai reçus. Aujourd'hui, je suis vraiment désolé de l'avoir fait, je m'excuse auprès des jeunes de ce pays d'avoir aidé à mettre en place un régime aussi détestable. » En sortant, Sadjad hausse les épaules. « Qu'est-ce qu'il ne faut pas entendre », dit-il.

Téhéran, 19 juin. Les rues fermées par des cordons de policiers à un kilomètre à la ronde, les autobus qui déchargent des grappes de fidèles et les milliers de microphones psalmodiant quelques sourates entrecoupées du bruitage assourdissant des réglages de la sono, c'est la routine de la prière du vendredi à Téhéran. Et pourtant, plusieurs indices montrent que celle-ci sera exceptionnelle. Il y a tant d'autobus aux alentours de l'université que l'on peine à les compter. Et cette ferveur inhabituelle. Aujourd'hui, c'est le Rahbar (Guide suprême) en personne qui mène la prière. Le moins qu'on puisse dire, c'est qu'il est très attendu après une folle semaine.

Certains fidèles arrivent en peloton serré, criant « Rahbar Khamenei » tout en se frappant la poitrine du plat de la main, comme lors des cérémonies de l'Ashoura. A quelques dizaines de mètres de l'entrée de l'université, des commerçants écoulent leurs stocks de drapeaux iraniens rouge, blanc, vert. Les clients en sont pour leurs frais : ces accessoires seront confisqués à l'entrée par un service d'ordre impitoyable, qui vise aussi tout ce qui est vert, la couleur de l'opposition. Voici un brave croyant qui a emballé son tapis de prière dans un sac de plastique vert. Confisqué ! Voici un sympathisant de la cause palestinienne venu avec un kefieh vert et blanc. Confisqué ! Soucieuse d'éviter tout affrontement avec les milices des bassidjis massivement présentes, l'opposition a renoncé à une manifestation prévue en face de l'université à la sortie de la prière.

S'il est une chose remarquable, ce vendredi, c'est la prescience des fidèles de l'ayatollah Khamenei. Alors que le monde entier est suspendu aux lèvres du Guide suprême pour savoir de quel côté va pencher le mystérieux premier personnage de l'Etat, eux le savent déjà : « Il va soutenir Ahmadinejad et dire que les marches vertes sont illégales », affirme un marchand du bazar de Tadjrish, sans lever la tête de son chapelet de prière. Tout indique que certaines mosquées ont été informées à l'avance que la Grande-Bretagne serait le principal pays occidental pris à partie par le Rahbar, afin qu'elles puissent préparer leurs pancartes antibritanniques.

Mieux : des journaux sont distribués gratuitement autour de l'université, dont le comité éditorial semble lié directement à la « maison du Guide ». Ils font office de sous-titrage du discours, mêmes idées mais sans ambiguïté. Tous sont fiers de dévoiler un complot « ourdi de longue date par les ennemis de l'Iran », qui consistait à faire descendre des gens dans la rue après l'annonce des résultats et à renverser le régime. On y lit que l'ancien président Khatami aurait effectué cette semaine un voyage secret en Egypte pour y rencontrer des officiels américains qui lui auraient remis des moyens de communication cryptés ainsi que des conseils pour mener à bien une insurrection urbaine. On y apprend aussi que les cerveaux de la campagne de Mir-Hossein Moussavi ont heureusement été arrêtés le jour même du vote dans leur « tanière » (en persan, ce mot, utilisé intentionnellement, signifie aussi « bordel ») et que du matériel a été saisi là : des satellites afin de coordonner l'émeute, des armes blanches et d'autres outils de combat de rue.

De fait, les fidèles n'ont pas affiché la moindre surprise au fur et à mesure que l'ayatollah Khamenei dévoilait ses positions. Et ils n'ont pas semblé remarquer la nervosité du Guide, son air contrarié tout au long de la cérémonie, ses gestes plus brusques que d'habitude. Seule sa dernière phrase a semblé sortir d'un scénario connu à l'avance : « Tout ce qui me reste, cette vie sans valeur, ce corps incomplet[11] et cette petite réputation que j'ai acquise dans le pays, je suis prêt à le sacrifier pour la révolution et pour l'islam. » A tant de modestie, les milliers de spectateurs ont répondu par un long sanglot. Mais ils se sont vite ressaisis. Mahmoud Ahmadinejad, leur héros, a quitté les lieux à bord d'un gros 4x4. Il a émergé un instant du toit ouvrant, en agitant les bras, et ce fut un tonnerre d'acclamations. Certains de ses partisans se sont alors jetés sous sa voiture dans l'espoir d'en embrasser les pneumatiques.

Genève, 20 juin. J'ai dû quitter Téhéran dans la nuit, à l'échéance du visa. Paolo a deux jours de plus, il est un des derniers à demeurer sur place et travaille pour *Newsweek*. Les téléphones sont restés coupés toute la journée. Ai fini par le joindre ce soir, à l'hôtel. Il a couru d'une manifestation à l'autre et a testé la méthode du papier journal pour dissiper les effets des lacrymogènes. Les bassidjis et les Gardiens de la Révolution ont tiré à balles réelles. La TV a fait état de dix morts, la radio de dix-neuf. Cela fera hésiter les étudiants, mais pas tous. Cela coupera peut-être l'élan des marches vertes. Sentiment de tristesse et d'impuissance à l'idée d'abandonner les amis iraniens à leur sort. Ce matin, en escale à Amsterdam, j'ai pu joindre F. quelques secondes. « Je ne peux pas parler, a-t-elle chuchoté. Je suis en état d'arrestation. » Je me console en pensant que rien ne sera plus comme avant.

*
* *

Tout se passe comme si le régime avait violé un pacte tacite et réciproque de non-agression avec la population. Jusqu'au 12 juin, le gouvernement gouvernait et la population se débrouillait. Chacun s'occupait de ses affaires. Mais par la violence de sa campagne électorale et la fraude sans doute massive, Ahmadinejad a rompu l'équilibre fragile qui régissait la vie en Iran depuis la mort de l'ayatollah Khomeiny. Alors une chose inouïe s'est produite, du 13 au 18 juin. Tout un peuple a découvert qu'il existait, et nous l'avons découvert simultanément. Il a montré ses capacités de discipline et d'organisation. Il a aussi montré ses ressources d'humour et le bonheur qu'il avait à défier le pouvoir, même s'il a eu aussi ses martyrs, comme cette jeune femme de vingt-six ans, Neda Agha-Soltan, que l'on a vue mourir en direct sur Internet. La foule a compris sa force et la menace qu'elle représente pour le régime. Entre l'adhésion hésitante à un système théocratique qui prétend s'appuyer sur des élections et la franche opposition, elle a choisi son camp et attend son heure.

Plus que l'explosion de colère juste après le vote, c'est la persistance et le courage du « mouvement vert » dans les mois qui suivirent qui furent stupéfiants. Entre l'été 2009 et le printemps 2010, les « Verts » ont saisi la moindre occasion pour redescendre dans la rue. Et le calendrier de la République est ainsi fait qu'il se passe toujours quelque chose, des célébrations révolutionnaires, des fêtes religieuses chiites ou musulmanes en général, voire d'origine zoroastrienne. Le 28 juin 2009 (7 Tir) était l'anniversaire de l'attentat de 1981 qui a décimé près de 80 cadres de la République islamique. Alireza Beheshti, le fils d'un des grands révolutionnaires mort ce jour-là, a présidé la cérémonie en commémorant aussi les victimes des émeutes post-électorales. Il sortait tout juste de prison et n'allait pas tarder à y retourner. A cette occasion, plus de 5 000 personnes se sont rassemblées dans une mosquée de Téhéran, sous intense surveillance policière. Trois semaines plus tard, c'était la « Journée de Jérusalem », où le régime tente chaque année de mobiliser la population contre l'« entité sioniste » (Israël). Les Verts en ont profité pour organiser ce jour-là leur plus grande manifestation depuis le 17 juillet. Le président Ahmadinejad, qui devait faire un discours à l'université de Téhéran, a dû y renoncer en raison de la présence hostile de milliers d'étudiants que la police n'a pas réussi à disperser. Dans le même temps, un peu partout en ville, les bassidjis ont fini de se rendre impopulaires en crevant les pneus et en cassant les pare-brise de voitures qui leur avaient semblé klaxonner pour Moussavi.

Chaque 4 novembre, le régime a l'habitude de battre le rappel de ses partisans cette fois contre les Etats-Unis, car c'est l'anniversaire de la prise d'otages à l'ambassade américaine. Les Verts se sont approprié l'édition 2009 avec une présence massive dans les rues de Téhéran, mais aussi de toutes les autres grandes villes, Shiraz, Racht, Mashad, Tabriz ou Ispahan. Mais cela n'était rien en comparaison du 7 décembre, journée nationale des étudiants qui commémore un massacre à l'université commis par le Shah en 1953. Des centaines de milliers d'étudiants ont investi leurs universités dans tout le pays. Les heurts avec les bassidjis et les forces de l'ordre furent violents et l'on dénombra plus de 200 arrestations.

Le seul événement imprévu du calendrier fut la mort (de vieillesse) du grand ayatollah Montazeri le 19 décembre. Ce personnage, qui avait occupé les plus hautes fonctions sous la Révolution avant d'être placé en résidence surveillée (cf. p. 276), avait apporté un soutien résolu au mouvement vert. Ses funérailles, le 21, furent l'occasion d'un immense rassemblement à Qom et dans sa ville natale de Nadjafabad. Il eût été, évidemment, malvenu pour le régime de réprimer une foule en deuil et le Guide suprême a même dû se fendre d'une parole de condoléance. Il n'empêche, ces funérailles ont permis au mouvement vert d'affirmer également sa dimension religieuse, même s'il s'agit d'une interprétation plus tolérante de l'islam. D'autant qu'une semaine plus tard tombait l'Ashoura, la commémoration du massacre de l'imam Hossein par les sunnites en 860 de notre ère. Ce jour-là, les croyants sont exhortés à marcher en procession dans toutes les rues du pays. Les Verts n'allaient évidemment pas s'en priver, d'autant que cela leur donnait l'occasion de scander le prénom de leur leader, *Mir-Hossein* (Moussavi), qui rimait avec le slogan de l'Ashoura : *Ya-Hossein* (Vive Hossein). Les bassidjis ont dû s'en prendre à la foule malgré le caractère sacré de l'événement. Au moins 300 personnes furent arrêtées. On releva entre dix et quinze morts, dont Ali, le neveu du leader Moussavi, assassiné froidement alors qu'il sortait de chez lui pour se rendre aux cérémonies. Tuer des croyants le jour de deuil de l'Ashoura eut évidemment une portée symbolique désastreuse pour le régime, comme cela avait été le cas pour le Shah à la fin 1978, lorsque l'Ashoura vit culminer l'agitation révolutionnaire quelques semaines avant sa chute.

Chaque fois, la foule a saisi la balle au bond et répondu présent, comme si elle était prête et n'attendait que ça. Chaque fois, comme aucun journaliste n'était autorisé à le faire, elle a organisé spontanément la couverture médiatique de l'événement avec des textes, des photos et des vidéos qui s'égrenaient au fil des minutes sur Internet. Un manifestant de novembre portait cette pancarte : « Vous pouvez museler la presse étrangère, mais pas nous enlever nos téléphones. Nous serons tous des reporters ! » Et pour maintenir à la fois le contact et la pression sur le régime entre chacune de ses apparitions, elle est montée presque tous les soirs sur les toits pour crier « Mort au dictateur » et « Dieu est grand », deux slogans recyclés de la révolution islamique. Le mouvement vert, qui conteste la forme dictatoriale actuelle du régime mais pas l'héritage révolutionnaire, a d'ailleurs puisé dans le discours et l'iconographie de 1979. Si bien qu'à l'approche de l'anniversaire de la Révolution le 11 février 2010, la télévision nationale a reçu la consigne de ne pas diffuser les images d'archives habituelles de foules en colère contre le Shah, parce qu'il y avait trop de ressemblances avec les vidéos très récentes des Verts disponibles partout sur Internet.

Devant ces développements qu'il n'avait pas anticipés, le régime a eu recours à une répression de plus en plus brutale, laquelle s'est le plus souvent retournée contre lui. Une partie des manifestants arrêtés en juin ont été transférés à Kahrizak, un centre de détention spécial au sud de Téhéran, près du mausolée de l'imam Khomeiny. Là, au moins trois détenus sont morts sous les coups et la torture, et de nombreux autres ont été violés. Les premières informations ont filtré en juillet et ont poussé Mir-Hossein Moussavi à faire une déclaration assez inhabituelle par sa force critique : « Comment se fait-il que les dirigeants de notre pays ne pleurent pas, ne versent pas la moindre larme devant ces tragédies [les mauvais traitements]. Ne peuvent-ils pas le voir ? Le sentir ? Ces choses noircissent notre pays, noircissent nos cœurs. Si nous restons silencieux, cela va nous détruire et nous mener en enfer. » De fait, quelques jours plus tard, son compagnon de l'opposition Mehdi Karoubi livrait les premières preuves des horreurs de Kahrizak. Tous deux furent aidés par le fait que parmi les morts en détention se trouvait Mohsen Ruholamini, le fils d'un politicien conservateur, lequel s'est mis à réclamer justice.

Un jeune médecin de vingt-six ans, Ramin Pourandarjani, semble avoir joué un rôle important. L'autopsie qu'il a pratiquée sur les cadavres de Kahrizak confirmait que la mort était due à un excès de coups qui avaient laissé de sévères blessures sur les corps. Les autorités prétendaient jusque-là que les prisonniers étaient morts durant leur sommeil. Elles furent contraintes de mener une enquête et de fermer Kahrizak à la fin juillet en procédant à l'arrestation de trois gardiens. Mais l'affaire risquait de remonter bien plus haut, si bien qu'en octobre, le médecin qui en savait trop fut empoisonné à son domicile. Là encore, on laissa entendre qu'il s'agissait d'un accident de voiture, puis d'un suicide ou encore d'une crise cardiaque. Le Parlement, qui avait désigné une commission d'enquête, était pourtant en train de remonter jusqu'au procureur de Téhéran, Saïd Mortazavi, ancien juge impitoyable du tribunal de la presse. Quelques jours avant la publication du rapport, le président Ahmadinejad nomma le procureur au poste de conseiller spécial pour le trafic de drogue, afin de le protéger contre de possibles poursuites. Cela entama encore un peu plus sa légitimité.

De fait, le régime a donné depuis le vote l'impression de ne plus savoir comment réaffirmer son pouvoir. Les vieilles recettes ne marchaient plus, comme ce procès de masse, qui a débuté en août, contre 120 accusés, dont les aveux, évidemment extorqués sous la torture, étaient diffusés chaque soir à la télévision. De même, personne ne prit au sérieux les aveux de deux prétendus monarchistes qui furent pendus en janvier 2010 dans l'espoir de dissuader l'opposition de sortir dans la rue lors des célébrations du trente et unième anniversaire de la Révolution, le 11 février.

Durant tous ces mois, le camp du président a tenté d'intimider les deux leaders de l'opposition, en assassinant des membres de leur famille, en attaquant à plusieurs reprises leurs véhicules à coups de pierres et de matraques, et en brandissant sans cesse la menace de leur arrestation. Là encore, cela produisit l'effet inverse, renforçant chaque jour la carrure de Karoubi et de Moussavi, lequel allait déclarer, le 1er janvier, sur sa page Facebook, qu'il était de fait prêt à mourir pour sa juste cause. Même Mohamad Khatami, qui avait perdu la faveur de ses électeurs durant ses deux mandats de président impuissant, sembla retrouver à la fois du courage et de la popularité grâce à la maladresse du régime. Le 26 décembre, à la veille de l'Ashoura, il faisait un discours dans l'ancienne résidence de l'ayatollah Khomeiny, au nord de Téhéran. Il fut attaqué par un groupe de bassidjis qui brisèrent les portes et les fenêtre de cette sainte demeure.

Bien sûr, les forces de l'ordre ne sont pas stupides. Au fil des mois, elles ont appris à se déployer de façon plus efficace afin d'empêcher les manifestations. Ainsi, le 11 février 2010, jour anniversaire de la Révolution, a été considéré comme une victoire du régime parce que les Verts n'ont pas réussi à se mobiliser en nombre. Moussavi, Karoubi et leurs épouses ont été contraints à faire demi-tour, parfois avec violence, et leurs partisans ont été contenus en amont des lieux de rassemblement. Les autorités ont également réussi à éviter le cercle vicieux des funérailles : comme chaque mort se célèbre après trois, sept et quarante jours, cela crée autant d'occasions de se rassembler et si à chaque fois il y a d'autres morts, cela crée un engrenage qui, en 1978 et 1979, avait débouché sur la Révolution. Ainsi, les familles des morts du mois de juin ont été soumises à une pression intense pour qu'elles n'organisent pas de funérailles, si toutefois elles avaient récupéré le corps de leur fils ou de leur frère à la morgue. Car des dizaines de cadavres ont été enterrés la nuit, dans des tombes anonymes du grand cimetière de Behest-e Zahra (cf. p. 247).

Il n'empêche, l'élection aux forceps du président, les violences et l'impasse politique qui se sont ensuivies ont accentué les divisions à l'intérieur du camp conservateur. Le 24 juin, 185 des 290 députés, dont beaucoup de conservateurs, ont refusé de participer à la cérémonie d'investiture de Mahmoud Ahmadinejad. Deux jours plus tôt, un général des Gardiens de la Révolution Ali Fazli a été arrêté pour avoir désobéi aux ordres d'utiliser la force contre les manifestants. Certains bassidjis ont fait défection et ont offert leur témoignage aux médias, tout comme quelques gardes du corps du Guide suprême. Deux diplomates iraniens ont abandonné leur fonction et demandé l'asile à leur pays d'accueil, l'un en Norvège et l'autre au Japon, estimant qu'ils ne pouvaient plus servir un régime devenu aussi violent. Ce n'est pas encore l'hémorragie et ces cas isolés ne sont pas une menace pour le pouvoir. En revanche, dès l'automne 2009, des rumeurs persistantes ont fait état de négociations entre certains chefs de file des conservateurs et les leaders du mouvement vert, sur le thème : si vous reconnaissez l'autorité du Guide suprême, nous vous débarrasserons d'Ahmadinejad. De plus, les conservateurs modérés ont intensifié leurs attaques contre des proches du président, et notamment son conseiller spécial Esfandiar Rahim Mashai, qui serait sous le coup d'une enquête pour prise illégale d'intérêts et trafic d'influence. Car si vraiment c'est un coup d'Etat qui s'est produit en juin, porté par un petit cercle politique, religieux et militaire autour du président, les conservateurs traditionnels ont tout autant à y perdre que l'opposition.

De fait, même si Mahmoud Ahmadinejad devait se maintenir à son poste pour la durée de son mandat (quatre ans), le bilan post-électoral est accablant pour le régime. En premier lieu, il a créé une opposition énergique, alors qu'elle n'existait plus depuis la déception engendrée par le président précédent, Mohamad Khatami. Ensuite, il lui a donné deux leaders crédibles, alors que lui-même perdait de sa crédibilité en faisant usage de violence et creusait les divisions au sein du clan au pouvoir. Pour finir, il se retrouve à la tête d'un pays plus difficile à gérer, dont l'économie a été ralentie voire paralysée dans certains secteurs par la crise politique et où les intellectuels, les ingénieurs, les médecins, etc. ont encore moins de raisons qu'avant de soutenir le régime.

Ce dernier n'a évidemment pas de souci à se faire à court terme pour son maintien au pouvoir : il a montré à quel point il tenait bien en main les forces de répression. Et la pression qu'il exerce en permanence sur les leaders verts les a pour l'instant empêchés de se structurer vraiment, de communiquer pleinement avec leurs partisans et d'inventer une autre forme d'action que de simples manifestations de rues, méthode qui connaît un essoufflement depuis l'échec du 11 février.

Or pour envisager ce qui pourrait se passer à moyen terme, il faut sans doute, au-delà du rapport de forces actuel, considérer l'état d'esprit qui prévaut de chaque côté. Et c'est là que les Verts reprennent l'avantage. Car c'est bien une mentalité d'assiégé qui domine chez les partisans du régime, qui voient des conspirateurs partout. En témoignent les récits de ceux qui sont passés par la case prison, comme Maziar Bahari[12], documentariste et correspondant à Téhéran de l'hebdomadaire américain *Newsweek*. Arrêté le 21 juin, il est soumis à d'innombrables interrogatoires à Evin ; le journaliste découvre peu à peu la psychose qui semble enfermer dans une cage mentale le cerveau de son interrogateur, lequel est aussi son tortionnaire. Ceux qui le détiennent et interrogent Maziar Bahari, ainsi que tous les autres détenus arrêtés en juin, ne sont pas des agents du ministère des Renseignements, qui font ce travail depuis 1979. Ils appartiennent à un nouveau service de renseignements créé par les Gardiens de la Révolution, le corps d'élite de l'armée, et sont obsédés par les théories du complot.

Pour eux, tout étranger est un espion. Maziar a participé à une émission satyrique très célèbre aux Etats-Unis, le *Daily Show* de Jon Steward. Un pseudo-reporter lui a posé des questions absurdes, grossièrement déguisé en espion. Les gardiens de Maziar sont les seuls à n'avoir pas compris la plaisanterie et pensent détenir avec cette émission une preuve accablante. Ils sont également convaincus que toutes les relations homme-femme en Occident sont de nature sexuelle, que chaque fête mixte est une orgie, et que leur prisonnier a couché avec toutes les femmes qui s'affichent comme ses amies sur sa page Facebook.

L'interrogateur de Maziar fait aussi une fixation sur le New Jersey, comme si cet Etat américain un peu méprisé par les New-Yorkais voisins était le cœur du mal sur terre.

« Vous êtes allé au New Jersey, n'est-ce pas, monsieur Bahari ?

— Ce n'est pas un endroit particulièrement beau.

— Ça m'est égal. C'est un endroit sans Dieu, comme celui que vous voulez créer dans notre pays. [...] Vous avez prévu d'éradiquer la pure religion de Mohamed dans ce pays et de le remplacer par un islam américain. Un islam du New Jersey. [...] Ne me dites pas que vous n'avez pas un réseau secret américain. Un réseau du New Jersey. »

La force des Verts, de l'autre côté, c'est de puiser ses racines dans l'âme et l'identité iraniennes, en déployant des trésors d'imagination, de poésie et d'humour, tout en faisant un usage inédit d'Internet et de ses réseaux sociaux. Lorsque le 7 décembre 2009, les forces de l'ordre ont arrêté pour la troisième fois de l'année le leader étudiant Majid Tavakoli alors qu'il venait de tenir un discours musclé à l'université Amir Kabir, les médias officiels ont diffusé sa photo déguisé en femme voilée, prétendant qu'il avait ainsi cherché à échapper à la police. Cette tentative de le ridiculiser s'est immédiatement retournée contre le régime : des centaines d'hommes iraniens ont modifié leur profil Facebook pour apparaître couverts d'un voile ou d'un tchador en proclamant : « Nous sommes tous des Majid Tavakoli. »

Deux jours plus tard, une très belle jeune femme, Hila Sedighi, a pris la parole devant une assemblée de parents et grands-parents d'étudiants emprisonnés. Avec une ardeur incroyable, la main sur le cœur et les yeux tantôt fermés, tantôt levés au ciel, elle a déclamé un poème de sa composition pour ses camarades en prison. Sa lecture a provoqué un tonnerre d'applaudissements et la séquence, sur Internet, a été visionnée par des centaines de milliers d'internautes :

Dans cet automne pluvieux
J'ai gardé mes soucis en moi
Et ce sont les nuages qui ont pleuré
A l'école, le son tranchant de la cloche punit les sourires
De notre jeunesse innocente ruinée par la haine et les accusations
O camarade de classe, ta chaise est vide
Il n'y a que moi et toutes ces fleurs mourantes
C'est l'automne et c'est moi qui suis en train de pleuvoir
Qu'est-il advenu de nos rêves ? Sont-ils tous perdus ?
Nous étions à la recherche de la lumière
Vous et moi sommes la génération du chagrin
Nos ailes ont été brisées
Nous sommes les prisonniers de ce rapace
Celui qui vous a tués sous mes propres yeux.

Sur l'issue de ce bras de fer entre les agents obscurs et paranoïaques d'un ordre islamico-militaire suranné et une société civile inventive et ouverte au monde, chacun peut y aller de ses pronostics. On peut aussi compliquer l'équation en y ajoutant les inconnues d'éventuelles frappes israéliennes sur les sites nucléaires iraniens ou une intervention américaine. Pour ma part, je fais le pari qu'un peuple qui a subi tant de vicissitudes et d'invasions au cours de sa longue histoire tout en réussissant à préserver son génie propre finira par triompher.

C'est d'ailleurs ce génie iranien que nous avons voulu capter à travers les photos, les récits et les rencontres qui composent la seconde partie de ce livre ; un génie qui mêle finement les apparences et la réalité. Comme disait Oscar Wilde, le vrai mystère du monde, c'est le visible. En racontant le mystère iranien, nous avons essayé de saisir les gens comme ils étaient, et nous avons écouté ce qu'ils avaient à dire. Notre galerie d'une cinquantaine de portraits et de situations s'est construite durant plusieurs voyages, sur plusieurs années. Entre les riches marchands et les jeunes rebelles, entre les bassidjis et les partisans des réformes, les gens du pouvoir et les autres, on y trouvera difficilement une unicité de vues, même si certains dorment sous le même toit (cf. p. 352), mais chaque fois un point de vue spécifique qui, une fois assemblées les pièces du grand puzzle iranien, raconte le pays d'aujourd'hui et son destin national.

Grange Gaby, mars 2010

Post-scriptum

J'ai enfin reçu des nouvelles de F., quelques jours après avoir terminé cette préface :

Serge, mon cher, on m'a interdit de t'écrire mais je m'en fiche. Je dois écrire. Et je dois dire que cela fait soixante et un jours que je suis libre, libre ! Evin restera comme une ombre sur ma vie [...]. Je n'arrive pas à me décider. Je ne supporte pas l'idée de partir et de ne plus revoir mon pays. Je crois que tu peux me comprendre. [...] Serge, je ne souhaite de mal à personne, même pas à mes interrogateurs d'Evin. J'aimerais qu'ils comprennent que le monde est plus grand que ce qu'ils pensent, qu'ils changent de lunettes. Je le leur ai dit, mais... Peut-être tu penses que je suis folle, et peut-être le suis-je [...]. Je suis fatiguée de mes larmes. Je déteste mes larmes. Mais elles ne font pas attention à moi et coulent sans crier gare. [...] Je ne peux parler à personne. J'étais seule avec Dieu dans ma cellule, je lui ai tant parlé. Serge, j'ai besoin d'aide. Je n'ai pas le courage de dire adieu à l'Iran. [...] J'attends mon procès. Peut-être ils vont me dire : c'est OK, tu es libre ! Peut-être pas, on verra. Je consulte un médecin, qui a réduit les médicaments, quatre pilules par jour alors qu'à la prison, ils m'en donnaient dix. J'ai commencé à souffrir du cœur. Mon pauvre cœur, je le plains, il est fatigué de moi. [...] Ne te fais pas de souci, je vais bien. Je voulais juste te parler, à ma façon.

LE TAROUF

Ce matin, nous sommes partis skier, mais une coulée de neige sale avait coupé dans la nuit la route menant à la station de Dizin, au-dessus de Téhéran. Nous avons attendu une heure dans la voiture que le bulldozer des cantonniers finisse de dégager le passage. Ils travaillaient depuis les premières lueurs de l'aube. Sitôt leur travail accompli, ils ont sacrifié un mouton pour remercier Allah. J'avais remarqué l'animal, attaché à la jeep du responsable de la route, et je m'étais demandé ce qu'il pouvait bien faire ici, seul et en pleine neige. A vrai dire, la vision de ce mouton en sang sur la chaussée m'en a rappelé une autre. C'était huit ans plus tôt, alors que j'habitais Téhéran et que je souhaitais ardemment que le jury parisien d'un prix journalistique couronne mon travail. J'avais interrogé un ami, mollah de son état.

« Comment font les Iraniens pour influencer le destin ?

— C'est simple. Promets, si Allah t'écoute (que son nom soit sanctifié), de sacrifier un mouton dans ma mosquée pour les pauvres du quartier. »

Quelques semaines plus tard, le sort me fut favorable et, le vendredi, de bonne heure, je suis allé payer ma dette au Tout-Puissant. Le mollah, en grande tenue, attendait devant sa mosquée du sud de Téhéran, là où la métropole de 12 millions d'âmes se dissout dans la chaleur sèche du désert.

En fait de mosquée, c'était plutôt une sorte de garage, sans coupole ni minaret, à l'image de ce quartier pauvre peuplé de familles récemment arrivées des lointaines provinces de la

Un mouton a été sacrifié pour célébrer le nettoyage de la route de Dizin après une avalanche.

République islamique. Un plan de reconstruction était en cours, qui prévoyait une salle de sport au sous-sol, la mosquée au rez-de-chaussée et des classes d'anglais et d'informatique au premier étage, le tout entouré de boutiques rutilantes. « Il faut mettre la mosquée au cœur de la vie si on veut que les gens viennent prier », disait l'ami mollah, qui rêvait de prendre la direction de ce grand complexe sportivo-commercialo-religieux. J'avais déjà modestement participé au projet avec une petite offrande quelques mois auparavant pour une autre dette divine, lorsque j'avais échappé de justesse à une mesure d'expulsion des censeurs du ministère de la Guidance islamique.

Mais l'heure était au mouton. Nous voilà bientôt entassés dans un taxi, à la recherche de l'animal. « Combien tu veux mettre ? » demanda le type qui en élevait une trentaine au fond d'un dépôt de cageots et de radiateurs, où travaillaient au noir un nombre similaire d'Afghans émaciés. Je sortis de ma poche une liasse de « khomeinys », des billets verdâtres qui valent chacun quatre-vingts centimes d'euro. Il compta l'argent, jeta un coup d'œil expert à ses bêtes et saisit un mouton pas trop moche, qui me regarda d'un air préoccupé. Cinquante kilos, aussitôt enfournés dans le coffre du taxi.

Retour à la mosquée. On offrit de l'eau au mouton, pour se montrer moins cruels que les sunnites qui, en 680 après Jésus-Christ, dans la plaine de Kerbala, ont décapité l'imam Hossein et ses soixante-dix guerriers sans même les autoriser à boire, après dix jours de siège et de sécheresse. Quand le boucher arriva enfin, avec ses deux couteaux qui brillaient au soleil, il orienta l'animal vers La Mecque et lui trancha la gorge d'un coup sec. Quelques convulsions plus tard, la vie quittait mon mouton. Le boucher fit rapidement une entaille dans une patte arrière, dans laquelle il souffla de toutes ses forces pour gonfler l'animal comme un ballon. La peau se décolla : la découpe pouvait commencer.

Les pattes et la tête allèrent au concierge de la mosquée, qui en ferait sans doute du *kalé patché*, un plat très apprécié en Iran pour rompre le jeûne en période de Ramadan. La peau servit à payer le boucher. Le cœur et le foie furent pour moi, dans un sac de plastique noir sanguinolent. Les côtes et les gigots furent divisés en quarante parties : dix pour les volontaires de la mosquée et trente pour les familles les plus pauvres du quartier qui en feraient de l'*ab-goucht*, une sorte de pot-au-feu très gras, mélange de viande, de pois chiches et de légumes que l'on passe au pilon pour le rouler en boulettes dans des morceaux de pain.

La mission était accomplie. Restaient, avant de prendre congé, les politesses persanes d'usage, un langage fleuri que les Iraniens appellent *tarouf*, et qui a de lointaines origines féodales.

« *Khasté nabachi* (ne sois pas fatigué), dis-je au boucher.

— *Khaech mikonam* (je t'en prie), répondit-il.

— *Dastet tala* (que ta main soit en or), répliquai-je.

— *Mokhlasset am* (je suis ton serviteur), dit-il.

— *Dastetoun dard nakoné* (que ta main ne souffre pas), répondis-je.

— *Saretoun dard nakoné* (que ta tête ne souffre pas non plus), dit-il.

— *Rouyé mahetan ra miboosim* (j'embrasse votre visage de lune), dis-je.

— *Ekhtiar darin* (c'est vous qui avez le pouvoir), dit-il.
— *Pahtoun ra mibossam* (j'embrasse vos pieds), insistai-je.
— *Nokaret am* (je suis ton esclave), dit-il.
— *Qadamet ro cheschm* (marche sur mes yeux), répondis-je.
— *Savarin* (vous êtes au-dessus de ma tête), rétorqua-t-il.
— *Tchamanet am* (et moi, je suis ta pelouse), dis-je.
— *Qhorbané shoma* (je me sacrifierais pour toi), conclut-il.
— Merci, mais le mouton suffira. »

L'ÉCOLE DU RIRE

« En étudiant sérieusement la question, dit Hamid-Reza Mohtashemi, directeur de l'Ecole du rire de Téhéran, j'ai découvert qu'un nourrisson rit trois cents fois par jour. Une fois adulte, à supposer qu'il vive dans vos pays développés, il ne rira plus que douze à treize fois par jour. En Iran, notre coefficient est un peu inférieur : six à sept fois par jour. Cela s'explique par des incidents historiques, comme les invasions que nous avons subies, et par la peur d'événements imprévus, comme les tremblements de terre. Et encore, je ne fais pas la moyenne annuelle pour éviter d'inclure dans le calcul les fêtes religieuses et les deux mois de deuil pour notre imam Hossein (que son nom soit béni), durant lesquels il ne faut pas rire.

Une classe de l'Ecole du Rire de Téhéran, pendant les travaux pratiques.

« Grâce à la profondeur de mes recherches, j'ai découvert que les Iraniens, dont les racines sont très anciennes, n'étaient pas hostiles au rire par nature. Aux époques sassanide et achéménide[13], ils riaient beaucoup.

« J'ai ainsi compris qu'il y avait un vrai potentiel, mais il me fallait encore trouver la bonne technique. Cela m'a pris des années de travail. Je me suis inspiré des travaux du docteur indien Madan Kataria[14]. J'ai également étudié les ouvrages de Paolo Coelho et de Tony Robbins[15] et maintenant, je dispose d'une méthode unique, ayant vraiment fait ses preuves.

« Surtout, il ne s'agit pas de se moquer de qui que ce soit, des gens d'Ispahan qui sont avares, de ceux de Racht qui sont cocus, de ceux de Tabriz qui sont simples d'esprit. J'apprends à mes élèves à rire sans raison, car je veux l'unité parmi tous les habitants de la terre pour que nous partagions le rire et le bonheur.

« Ma méthode fonctionne avec les Iraniens, parce qu'elle nécessite un certain background culturel. Mais je vais l'adapter aux Kurdes, aux Turcs et peut-être aux Thaïlandais, afin d'ouvrir des filiales internationales de mon école. Vous savez, de nombreuses universités dans le monde ont voulu m'offrir un diplôme quand elles ont découvert les résultats extraordinaires auxquels j'étais parvenu. J'ai refusé, parce que ma spécialité n'entre pas dans leurs catégories académiques. A la limite, j'accepterais un doctorat en technique de la vie. Pour moi, le rire révèle l'humain au sommet de son potentiel. Pour bien rire, il faut avoir tout étudié, le marketing et l'économie, la religion et l'art de se débrouiller dans les relations familiales.

« Bien sûr, je ne fais pas cela pour l'argent. Mon but, c'est de rendre les Iraniens heureux. Je veux dire les rendre conscients qu'ils sont heureux, puisque nous sommes déjà un peuple naturellement tourné vers le bonheur, un peuple de nature aimable et amicale, qui regarde le reste du monde à travers leur amour de la religion.

« En France, vous avez de jolis bâtiments, les meilleurs parfums du monde et de bons hôtels. Vous voyez, je sais tout. Mais l'Iran a beaucoup de choses à dire. Nous avons Avicenne, nous avons inventé les droits de l'homme il y a 2 500 ans (cf. p. 149), et aussi l'homéopathie.

« Dans mon école, l'enseignement est organisé en quatorze étapes sur quarante semaines, à raison de trois heures par semaine. Pour des raisons de place, je ne prends pas plus de trente-cinq élèves par classe, mais je donne aussi des cours semi-privés et des séminaires de masse, qui rassemblent parfois plusieurs milliers de personnes dans un stade. Le cursus de base coûte 250 000 toumans [188 euros] mais il vaut mieux le compléter en prenant un abonnement à mon magazine *Comment vivre*, tiré à 40 000 exemplaires, ainsi qu'en achetant mes DVD et mes livres. Récemment, j'ai traduit Tony Robbins en persan. Disons que je me suis fait aider, car je ne parle pas anglais. Je n'ai pas réussi à le joindre pour lui demander l'autorisation, mais je suis certain qu'il est d'accord de participer au bonheur des Iraniens.

« Chaque session commence par un cours sur les sources du bonheur et du rire. Et puis on passe aux exercices pratiques. Après quelques semaines, mes élèves peuvent rire au niveau suprême, pendant deux ou trois minutes et sans se moquer de qui que ce soit. Je leur donne aussi des conseils pratiques, comme d'ouvrir les rideaux de leurs appartements pour laisser entrer la lumière. Je leur fais répéter sans cesse ces trois phrases : "Dieu est toujours avec moi" ; "Chaque jour sera meilleur que la veille" ; "Aujourd'hui va être une super journée".

« On fait des tests psychologiques sur nos étudiants à la fin de nos sessions. Les résultats sont confidentiels, parce que je suis tenu au secret médical. Mais je peux vous en dévoiler les grandes lignes. La confiance en soi augmente chaque semaine. Les élèves bénéficient rapidement d'un sommeil plus paisible et leur métabolisme s'améliore. Bref, leur niveau de bonheur augmente globalement. Nous avons aussi 100 % de réussite dans le sauvetage des mariages. Les parents connaissent bien leurs enfants et sont les mieux placés pour leur trouver un mari ou une épouse. Mais certains les marient trop jeunes, avant que leurs enfants n'aient compris certaines choses de la vie. S'ils viennent apprendre à rire dans mon école, ils ne divorceront pas.

« Vous savez, la religion compte pour une grande partie dans notre bonheur. Il faut connaître le chemin vers Dieu pour être heureux. Ainsi, respecter le Ramadan procure un bonheur unique au monde, par exemple quand vient l'*azzam* (crépuscule) et que l'on peut rompre le jeûne. L'islam est une religion heureuse. Le Prophète (que Son nom soit sanctifié) nous a appris à aimer les gens joyeux et sympathiques et à rejeter ceux qui sont déprimés ou en colère. Et nous, Iraniens, avons des raisons supplémentaires d'être heureux, grâce à nos imams que nous aimons tant. Et surtout grâce à notre cher Reza (que la paix soit sur lui) et son mausolée à Mashad.

« Nous ne rions pas pendant le deuil de l'Ashoura, en raison de notre immense respect pour l'imam Hossein (béni soit son nom). Cela s'est passé il y a 1 150 ans, mais quand je pense à lui, à son martyre sublime, j'en ai les larmes aux yeux. Tiens, j'y pense, j'ai oublié de vous dire que je peux aussi faire pleurer mes élèves. C'est le même mécanisme. Mais bon, pour pleurer, ils n'ont pas besoin de prendre des cours. »

LE BAZAR

Ah, l'insondable mystère de la politique iranienne ! Ses ayatollahs dont les plus puissants n'apparaissent jamais en pleine lumière, ses héros révolutionnaires que la Révolution a emprisonnés, ses preneurs d'otages repentis, ses opportunistes, ses courtisans étrangers, ses rentiers, ses ministres trop réformateurs qui finissent derrière les barreaux, ses multiples conseils et assemblées aux pouvoirs aussi flous que déterminants, ses juges qui se moquent de leurs accusés avant de les envoyer à la potence, ses escadrons de la mort, ses rumeurs et ses théories du complot, sa langue de bois des sermons du vendredi. Tout cela formait durant mes années comme correspondant de presse à Téhéran un joli théâtre d'ombres persanes. On voyait bien passer quelques silhouettes sur l'écran mais on ne pouvait distinguer ni la couleur de leur turban (noir pour les descendants du Prophète, blanc pour les autres) ni l'identité exacte de ceux qui parvenaient à approcher le trône du Guide suprême.

Pour commenter la pièce et en prédire les épisodes suivants, on avait vu fleurir une escouade d'experts et de consultants, qui facturaient très cher sa glose incertaine aux diplomates et investisseurs étrangers. Je me souviens de l'un d'eux, appelons-le Siavosh, dont le seul truc, l'unique talent consistait à secouer la tête chaque fois qu'une tendance semblait se dessiner, et à murmurer : « Non, non, le bazar ne laissera jamais faire cela. » Il articulait ensuite quelques noms comme « Khamouchi », « Asgaroladi » ou « Rafighdoust » et

Hassan, 59 ans, marchand de tapis, décore une allée du bazar de Téhéran pour célébrer la naissance de l'imam Mahdi, en 869 de notre ère.

évoquait des rencontres entre ces personnages dont il était le seul à avoir connaissance, voire qu'ils auraient eues avec le Rahbar (le Guide suprême). Son interlocuteur repartait alors plus perplexe que jamais et s'en allait consulter le « Who's Who » de la République islamique, édité justement par l'une de ces officines aux tarifs mirobolants.

Ali Naghi Khamouchi était le président de la très puissante Chambre de commerce. Il aurait apparemment, pour des intérêts purement commerciaux, convaincu le Guide suprême de renouer les relations diplomatiques avec l'Egypte, l'Arabie Saoudite et la Grande-Bretagne. Assadollah Asgaroladi, frère de l'ancien ministre du Commerce Habibollah Asgaroladi, était exportateur de pistache et de caviar et se serait considérablement enrichi grâce aux licences d'importation de sucre et de fournitures domestiques. Mohsen Rafighdoust était un marchand du bazar des fruits et légumes qui avait passé les quelques années précédant la Révolution à faire la navette entre les prisons du Shah, l'arrière-cour des mosquées et les réunions secrètes de l'Association de la coalition islamique. Son coup de génie consiste à s'être emparé, le 1er février 1979, du volant de la grosse voiture américaine qui allait conduire l'ayatollah Khomeiny de l'aéroport de Téhéran, où il venait d'arriver, jusqu'au cimetière de Behest-e Zahra pour son premier grand discours. Plein de gratitude, l'ayatollah allait nommer ce chauffeur providentiel chef de sa garde personnelle, puis ministre des Gardiens de la Révolution avant de lui confier la gigantesque Fondation des Déshérités, qui avait recueilli une grande partie des biens confisqués à la Révolution et contrôlait 40 à 45 % de l'économie non pétrolière du pays. La gestion de

Mohsen Rafighdoust fut tellement désastreuse qu'à son départ, en 1999, 80 % des sociétés de la fondation étaient déficitaires. Son frère, Morteza Rafighdoust, a été impliqué en 1995 avec un associé dans le scandale de la banque Saderat où 400 millions de dollars ont été détournés. L'associé fut condamné à mort alors que le frère Rafighdoust n'a écopé que d'une peine de prison. Encore, sitôt arrivé à Evin, il fut nommé responsable de l'approvisionnement du pénitencier et pouvait être vu chaque jour en train de faire ses courses dans les échoppes du bazar.

Pour comprendre toute la profondeur des analyses de notre expert Siavosh, il fallait alors aller faire un petit tour au cœur de l'économie iranienne. Sur les plans de Téhéran, le bazar est un quartier du centre-ville dont la surface n'excède pas un kilomètre carré, entre la gare et le Parlement. Quand on y pénètre par l'une des entrées encombrées de vendeurs de jus de fruit, c'est un entrelacs de ruelles couvertes où se bousculent dans la pénombre des clients et des porteurs de marchandises desservant des milliers d'échoppes étincelantes ou poussiéreuses. Les allées sont ponctuées de mosquées, parce que les tiroirs-caisses et les turbans ont toujours fait bon ménage. Les secteurs sont mal délimités et de plus en plus mélangés. Il y a celui des tapis, des bijoutiers, du cuivre, des cordonniers, de la vaisselle, des épices, des fruits ou des tissus. L'ensemble n'a pas la grâce des voûtes de faïence des bazars d'Ispahan ou d'Istanbul mais il a pour lui la puissance brutale de son chiffre d'affaires : le bazar de Téhéran serait l'espace commercial le plus important du Moyen-Orient. Et pourtant, il ne s'agit là que du bazar visible, la partie émergée de l'iceberg.

Le bazar invisible, lui, est constitué par des réseaux commerciaux, politiques et religieux qui exercent une influence profonde sur le pays, et cela depuis deux siècles. En février 1829, c'est une émeute menée par les marchands du bazar qui a conduit au massacre de l'ambassadeur russe, l'écrivain Alexandre Griboïedov, et des quarante-trois autres membres de son ambassade. Il leur était reproché d'avoir abrité un eunuque arménien et deux concubines qui s'étaient évadés des harems du Shah. En 1906, le bazar joua un rôle déterminant au sein du mouvement constitutionnaliste, parce que les concessions perses aux puissances occidentales avaient placé les bazaris en position de faiblesse face à la concurrence inégale des commerçants étrangers : les Britanniques avaient obtenu le monopole du tabac, les douanes du royaume étaient tenues par des Belges, etc. En 1951, lorsque le Premier ministre Mohamad Mossadegh nationalisa le pétrole, le bazar lui apporta d'abord son soutien, avant de participer à son renversement lors du coup d'Etat fomenté en août 1953 par la CIA. Retournant sa veste dans les années 1960, le bazar conclut avec les religieux de la mouvance khomeinyste une alliance décisive contre le Shah et sa « révolution blanche » qui, à part le vote pour les femmes et la réforme agraire, ne cessait de construire des supermarchés pour affaiblir le commerce traditionnel. Si bien que le 1er février 1979, ce sont les marchands du bazar qui prirent financièrement en charge le vol spécial d'un Boeing d'Air France pour ramener l'ayatollah Khomeiny à Téhéran.

Leur engagement du « bon » côté de l'histoire amena les marchands du bazar à considérer la révolution islamique comme un investissement, dont ils espéraient tirer des profits astronomiques pour les siècles à venir. Et de fait, cela commença très bien pour eux. A peine installé au pouvoir, Khomeiny déclara : « La République islamique doit préserver le bazar de toutes ses forces, et le bazar, en retour, doit aider le gouvernement. » Durant les années de guerre, les sanctions et le verrouillage économique leur permirent de fixer les prix des importations et de tuer dans l'œuf toute concurrence, toute tentative de production locale. Leur association corporative, l'Association de la coalition islamique, liée aux ayatollahs conservateurs, parvint à déterminer les grandes lignes de la politique économique de la République islamique.

Je n'ai pas revu Siavosh depuis longtemps. Certaines rumeurs disent qu'il aurait, fortune faite, choisi de se retirer quelque part sur la côte française de l'Atlantique. Et surtout, je ne sais pas s'il a fait évoluer sa grille de lecture ou s'il continue de professer la toute-puissance des marchands. Quelques indices montrent en effet que l'unité du bazar s'est lézardée depuis l'arrivée au pouvoir du président Mahmoud Ahmadinejad et que son soutien au régime n'est plus sans faille. D'abord, il faut noter qu'en 2005, le bazar avait, face à Ahmadinejad, son propre candidat, Ali Larijani, qui fut défait de façon humiliante. De plus, la politique inflationniste (30 % par an) et chaotique de ce nouveau gouvernement très dépensier n'a pas tardé à se répercuter sur le pouvoir d'achat des Iraniens et le chiffre d'affaires des marchands.

De fait, durant tout le premier mandat d'Ahmadinejad, le prix du mètre carré des échoppes du bazar n'a cessé de baisser, ce qui n'a pas mis les marchands dans les meilleures dispositions. Le président n'en a eu cure, il avait d'autres amis :

les Gardiens de la Révolution qu'il a dotés d'importantes compétences économiques, y compris dans le domaine des importations et de la grande distribution. En politique étrangère, l'aventurisme de Mahmoud Ahmadinejad lui a aliéné bon nombre de partenaires commerciaux. A l'automne 2005, le président voulut infliger des sanctions commerciales à la Corée du Sud, à la Chine et au Royaume-Uni pour les punir d'avoir voté la saisine du Conseil de sécurité des Nations unies à propos du programme nucléaire iranien. Il a fallu que les bazaris mobilisent toutes leurs forces pour faire reporter ces sanctions qui les auraient pénalisés bien davantage que les trois puissances économiques en question. En octobre 2008, la goutte qui fit déborder le vase fut le projet d'instauration d'une taxe sur la valeur ajoutée. Les bazaris sont alors entrés en grève à Téhéran mais aussi à Tabriz, Mashad ou Ispahan, un mouvement qui vint rappeler qu'en 1979, ce sont les fermetures des bazars qui avaient aidé à la chute de la monarchie.

Neuf mois plus tard, un bon tiers des échoppes du bazar de Téhéran portaient les affiches du candidat de l'opposition, Mir-Hossein Moussavi. Elles furent punies trois jours après le vote. Le matin du 15 juin 2009, une meute de bassidjis fit une descente dans les allées couvertes pour saccager les enseignes qui avaient arboré la couleur verte. L'après-midi, l'ensemble du bazar ferma ses portes en signe de protestation. La mesure passa inaperçue dans une capitale traversée à ce moment par les plus grosses manifestations depuis la révolution islamique de 1979. Mais le fait est là : certains marchands ont désormais rejoint le mouvement vert. D'autres soutiennent la droite traditionnelle qui tente de se débarrasser d'Ahmadinejad sans remettre en question l'autorité du Guide suprême. Et même si le bazar dans son ensemble a perdu un peu de poids sur la scène iranienne, le bras de fer, lui, ne peut que s'intensifier.

SANAZ ET MYRIAM

Sanaz a toujours rêvé d'être dentiste et l'est devenue, grâce aux encouragements de ses parents. Elle a trente-deux ans, un mari mais pas encore d'enfants, parce qu'elle veut se donner le temps de démarrer sa carrière et de voyager un peu. Ses revenus lui permettent en effet de partir chaque année en vacances en Espagne ou en Thaïlande, mais elle revient chaque fois avec plaisir, car elle adore la vie en Iran, surtout pour la douceur des relations humaines et familiales.

Maryam est peintre, et enseigne aussi l'art et l'histoire de l'art dans un lycée de Téhéran. A trente-deux ans, elle est divorcée, mère d'une fillette en bas âge et habite seule. « Nous sommes six frères et sœurs. A la mort de mon père, deux frères ont repris son commerce d'équipements électriques. Depuis, nous nous retrouvons tous presque chaque jour ici, chez ma mère. Nous sommes une famille très soudée. »

Sanaz possède depuis six ans son propre cabinet dentaire, dans une maison du quartier de Jalaliyé, à l'ouest du parc

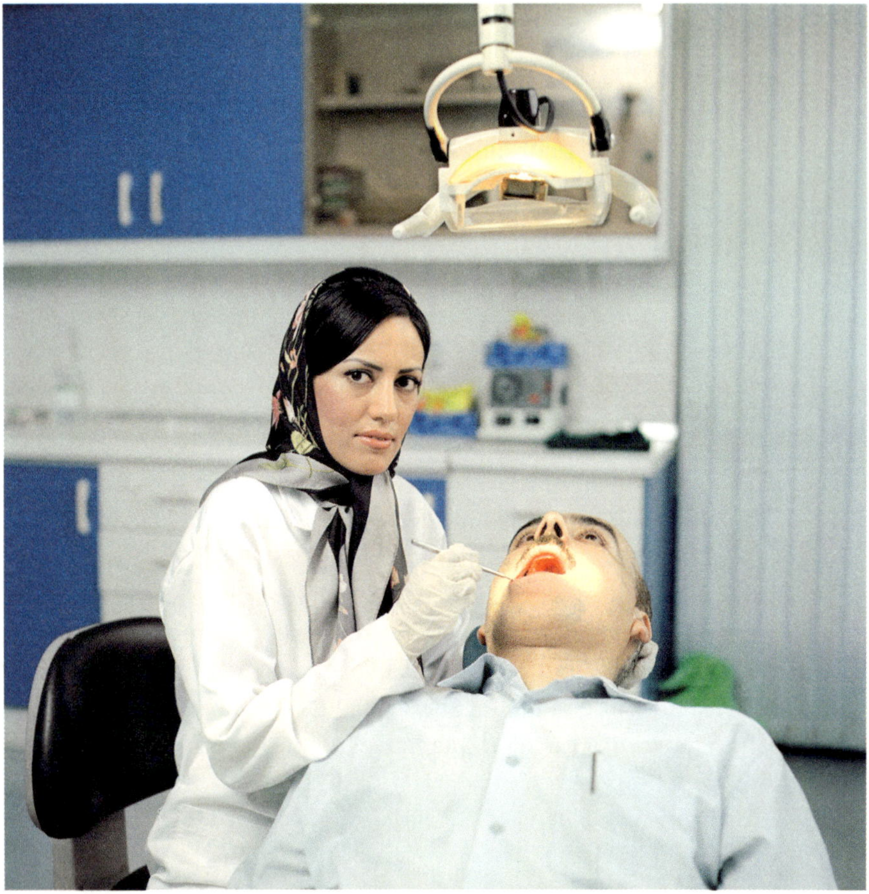

Sanaz, 32 ans, est dentiste dans le quartier de Jalaliyé à Téhéran.

Maryam, 33 ans, ici chez sa mère, enseigne la peinture dans un lycée de Téhéran.

Laleh, où sont installés d'autres médecins et notamment des dermatologues avec qui elle partage son secrétariat. Elle y reçoit des patients des deux sexes. Ses installations sont modernes, mais elle va investir prochainement une centaine de milliers de dollars pour disposer du dernier cri de la technologie dentaire allemande. Elle ne comprend pas vraiment l'intérêt que nous lui portons. « Je ne suis pas la seule et je n'ai rien de spécial, se défend-elle. Il y a plus de femmes que d'hommes à la faculté de médecine de l'université de Téhéran. »

Maryam n'a que des étudiantes, de quatorze à dix-huit ans. « Les filles d'aujourd'hui sont plus futées que celles de ma génération, dit-elle. Elle savent ce qu'elles veulent et obtiennent le respect de leurs droits. » Elle autorise ses élèves à retirer leur foulard en classe et fait poser les modèles en tee-shirt et pantalon, au lieu du manteau de rigueur.

Sanaz reconnaît que l'Etat ne facilite pas la vie des femmes, mais estime que les familles peuvent largement compenser ces difficultés, en soutenant leurs filles pour qu'elles étudient et découvrent le monde, et en leur offrant un espace de liberté. « La loi islamique n'est pas en notre faveur, dit-elle, mais il y a beaucoup d'opportunités à saisir pour les femmes – regardez-moi ! »

Voilà donc certaines des dispositions du code civil iranien qui encadrent la vie des femmes :

Article 907 : Si une personne décède et ne laisse qu'un enfant, celui-ci hérite de la totalité, qu'il s'agisse d'un fils ou d'une fille [...]. S'il y a plusieurs enfants, des fils et des filles, chaque fils reçoit le double de chaque fille.

Article 1041 : Le mariage avant l'âge de la puberté est interdit, sauf s'il est décidé par le père ou le tuteur et si les intérêts de la personne sous tutelle sont respectés.

Article 1105 : Dans la relation matrimoniale, le statut de chef de famille revient exclusivement au mari.

Article 1106 : Dans les mariages permanents, le coût de l'entretien de la femme revient au mari.

Article 1107 : Le coût de l'entretien comprend l'habitation, les habits, la nourriture, l'ameublement dans une proportion raisonnable et la fourniture d'un domestique si la femme était habituée à en avoir un ou si elle en a besoin.

Article 1108 : Si une femme refuse de remplir ses devoirs conjugaux sans excuse valable, elle n'a plus droit au coût de l'entretien.

Article 1117 : Le mari peut interdire à l'épouse toute profession ou occupation allant à l'encontre des intérêts de la famille ou de sa dignité, ou de celle de son épouse.

Article 1122 : Les défauts suivants chez un homme donnent droit à la femme d'annuler le mariage : 1. Castration. 2. Impotence. 3. Amputation de l'organe sexuel au point que le mari soit incapable de mener son devoir conjugal.

Article 1123 : Les défauts suivants chez une femme donnent droit à l'homme d'annuler le mariage : 1. Protrusion de l'utérus. 2. Lèpre noire. 3. Lèpre. 4. Connexion entre les passages vaginaux et anaux. 5. Paralysie. 6. Cécité des deux yeux.

Article 1133 : L'homme peut divorcer de sa femme quand il le désire.

Article 1169 : La mère a la garde des fils jusqu'à l'âge de deux ans. Après cet âge, la garde revient au père et dans le cas d'une fille, la garde revient à la mère jusqu'à sept ans.

Article 1170 : Si la mère devient folle ou épouse un autre homme durant sa période de garde, la garde revient au père.

Article 1210 : L'âge de la puberté est de quinze ans lunaires [14 ans et 6 mois] pour les garçons et de neuf ans lunaires [huit ans et 9 mois] pour les filles.

Ces dispositions, complétées par beaucoup d'autres contenues dans le code pénal ainsi que par un ensemble de lois votées par le Parlement au début de la Révolution, notamment celle qui impose aux femmes d'obtenir la permission de leur mari pour voyager, obligent les femmes comme Sanaz et Maryam à évoluer en marge du système légal de leur pays. Ce fonctionnement schizophrénique n'est possible que dans certains milieux socioculturels homogènes, si les parents et les maris acceptent eux aussi cette vie parallèle et s'ils évitent tout conflit ou événement imprévu afin de ne pas se retrouver confrontés à la justice. En d'autres termes, cela fonctionne si la famille se substitue à l'Etat. Pour certains juristes comme Shirin Ebadi ou Mehrangiz Kar, cette logique d'accommodation et de dissimulation n'est pas acceptable : elles considèrent que l'effort doit porter sur la modification de certains textes de lois afin que tout le monde puisse en profiter et que les droits des femmes soient pris en considération. Afin qu'elles cessent d'être traitées comme des opposantes politiques et persécutées comme telles. Jusqu'à maintenant, seuls des aménagements mineurs ont été obtenus, comme l'assouplissement de la garde des enfants par le père en cas de divorce. La punition pour une femme mal ou pas voilée a aussi été modifiée : au lieu de soixante-quatorze coups de fouet, une loi de 1997 prévoit une amende et une peine de prison de dix jours à deux mois.

Les efforts des juristes progressistes et des organisations des droits de l'homme ciblent en priorité les textes d'inspiration islamique qui établissent que les femmes valent la moitié des hommes. C'est le cas pour l'héritage (cf. ci-dessus article 907), mais aussi pour la qualité de témoin devant la justice : il faut deux témoignages de femmes pour un témoignage d'homme. Enfin, la traduction la plus crue de la valeur différente des unes et des autres est le *díyé* (prix du sang). C'est la somme qui compense la perte d'un individu, qu'il s'agisse d'un meurtre ou d'un accident. Le prix du sang pour un homme est aujourd'hui d'environ 20 000 euros. Il est calculé en fonction de l'inflation pour correspondre aux critères coraniques : 100 chameaux, 200 vaches ou 1 000 moutons. Celui d'une femme, fixé par l'article 300 du code pénal, vaut la moitié. Cela conduit à des situations alambiquées. D'abord, parce que le prix du sang s'applique aussi à la perte des différentes parties du corps, qui ont chacune une valeur différente. Si un homme perd ses parties génitales, ne serait-ce que partiellement, c'est le prix du sang intégral qui s'applique (article 478 du code pénal), ce qui permet de conclure que le testicule d'un d'homme vaut plus que la vie d'une femme.

En cas de meurtre, la famille de la victime peut choisir : soit elle se contente du prix du sang, soit elle exige l'application de la loi du talion, c'est-à-dire la vie du meurtrier. Si l'assassin est un homme et la victime une femme, la famille de cette dernière, si elle veut user de son droit à la punition du meurtrier, doit égaliser les comptes et verser à l'autre famille la moitié du prix de son sang, c'est-à-dire environ 10 000 euros. Pour les familles pauvres, c'est une somme difficile à réunir, ce qui les conduit souvent à renoncer à demander justice. Autre exemple : si un automobiliste perd le contrôle de son véhicule et, pour éviter de finir lui-même dans un mur, doit choisir entre faucher un piéton mâle ou un piéton femelle, il a tout intérêt à écraser la femme car cela lui coûtera moitié moins cher. Shirin Ebadi, comme avocate, s'est saisie de plusieurs cas de ce genre, afin de démontrer (en vain, pour l'instant) l'absurdité de cette différence de valeur, en insistant sur le fait que cela contredit d'autres dispositions légales iraniennes comme le droit de vote : la voix d'une femme a le même poids que celle d'un homme. Il est également reconnu que le travail d'une femme a la même valeur que le travail d'un homme : les soins dentaires facturés par Sanaz ne sont pas inférieurs à ceux qu'aurait effectués un dentiste mâle.

LA PAYKAN

Le voyageur occidental qui débarque à l'aéroport de Téhéran et appelle un taxi s'engouffre, sans le savoir, dans une véritable encyclopédie de l'économie iranienne. C'est bien vrai : les tôles froissées, le moteur poussif, les poignées arrachées et les banquettes fatiguées de la Paykan qui l'emporte en direction de son hôtel racontent, mieux que des dizaines de rapports d'experts, les dysfonctionnements d'un système étatisé lors de la révolution de 1979.

Chaque vendredi, la famille de Vahid, 15 ans, prend sa Paykan pour aller pique-niquer à la montagne. Elle emporte un tapis, du riz, un khoresh (ragoût) et le samovar.

La Paykan, dont le nom signifie « arc », inspiré par les bas-reliefs de Persépolis, c'est la voiture nationale, la Trabant persane. Sauf qu'il s'agit d'un modèle apparu en 1966 sur les routes de Grande-Bretagne. Dès l'année suivante, il est assemblé en Iran avec une part croissante de pièces manufacturées sur place et atteint au début des années 2000 son pic de production de 130 000 exemplaires par an.

Prenez cette odeur d'essence qui flotte en permanence. Cela n'a pas d'importance : à trois euros le plein, c'est sans doute l'essence la moins chère au monde. Une aubaine pour les Paykan qui en consomment jusqu'à 30 litres pour cent kilomètres mais un désastre pour le gouvernement qui consacre un dixième de son budget à subventionner le carburant afin de maintenir la paix sociale. En raison des faibles capacités nationales de raffinage, il doit en importer pour 4 milliards de dollars par an. Cela fait de l'Iran le second importateur mondial d'essence alors qu'il est aussi le second détenteur des réserves pétrolières de la planète.

En brûlant tout ce pétrole, Téhéran est l'une des villes les plus polluées de la planète. Pour notre voyageur occidental, dont les bronches vont désormais s'enrichir d'un demi-gramme de plomb par jour, c'est le moment de s'intéresser au prix de la guimbarde qui vibre de tous ses boulons dans sa montée vers les quartiers du nord où logent les plus fortunés des 12 millions d'habitants de la métropole. Oui, il a bien compris la réponse du chauffeur : 86 millions de rials (6 500 euros), à peu près le prix hors taxe d'une Renault Clio. Comment le gouvernement justifie-t-il un prix pareil alors que les coûts sont dix fois inférieurs à ceux de l'Europe, et surtout comment font les Iraniens pour s'en procurer une alors que le salaire moyen est de 150 euros par mois ?

Jusqu'à l'arrêt de sa production, en 2005, la Paykan était une valeur de placement. Avec cette particularité : plus elle était vieille et plus elle valait cher, parce qu'elle contenait plus de pièces détachées britanniques qu'iraniennes. A chaque « Décade de l'aurore », l'anniversaire de la révolution islamique célébré du 1er au 11 février, on pouvait déposer 40 millions de rials (3 000 euros), attendre deux ans durant lesquels était servi un taux d'intérêt de 18 % (vu l'interdiction de l'intérêt par le Coran, cela s'appelait « compensation de l'inflation ») et payer encore 20 millions de rials (1 500 euros) à la réception du véhicule. Il suffisait à ce moment de revendre sa Paykan au marché noir pour empocher un bénéfice allant jusqu'à 15 millions de rials.

« La Paykan, c'est plus qu'une voiture, soupirait alors un haut responsable du ministère de l'Industrie désirant garder l'anonymat. C'est une banque, c'est un indicateur économique comme le prix de l'or. Et c'est un désastre. Une malédiction. Nous avons calculé que, si le gouvernement offrait une voiture neuve à tous les propriétaires de Paykan, il retrouverait son argent en trois ans grâce aux économies sur la consommation de pétrole. » La rancune du fonctionnaire à l'égard de la voiture qui le transporte chaque jour dans les embouteillages de la capitale semblait sans limites. « L'Iran est coupé du monde depuis vingt-cinq ans. Voilà pourquoi nous produisons des Paykan. Mais nous ne sommes pas les seuls. Dans ce pays, les banques, la télévision, les cadres de l'administration, les douanes, les fondations révolutionnaires, tout le monde travaille comme des Paykan. »

Avec une liste d'attente de deux ans, il fut délicat de cesser la production. Les Peugeot 405 et 206 assemblées localement ont pourtant progressivement pris le dessus, ainsi que les Pride du coréen Kia sans oublier la Samand (Etalon), nouvelle voiture qui n'a de national que le nom et l'assemblage. Le design est britannique, le châssis français, la ligne de production coréenne et les robots allemands. Le gouvernement en est pourtant si fier qu'il en donne et en exporte à l'étranger, surtout en Asie centrale et en Afrique.

Il reste heureusement plusieurs millions de Paykan sur les routes iraniennes, assez pour alimenter un immense répertoire de blagues dont voici quelques exemples.

QUESTION : Que contiennent les deux dernières pages du manuel de l'utilisateur d'une Paykan ?

RÉPONSE : L'horaire des bus.

QUESTION : Comment faire accélérer une Paykan de 0 à 100 km/h en moins de quinze secondes ?

RÉPONSE : Pousse-la d'une falaise.

QUESTION : Pourquoi la vitre arrière des Paykan est-elle chauffée ?

RÉPONSE : Pour tenir chaud aux mains quand on la pousse.

QUESTION : Que dit-on quand on voit une Paykan au sommet d'une colline ?

RÉPONSE : C'est un mirage !

QUESTION : Que dit-on quand on voit deux Paykan au sommet d'une colline ?
RÉPONSE : C'est un miracle !

QUESTION : Comment doubler la valeur d'une Paykan ?
RÉPONSE : Fais le plein.

QUESTION : Comment accélérer en Paykan dans une descente ?
RÉPONSE : Coupe le moteur.

LA BOURGEOISIE

Le lendemain de mon arrivée à Téhéran, en décembre 1998, je fus invité à un dîner par la famille d'un ami iranien de Genève. On s'étonnait de mon intérêt pour l'Iran et l'on sollicitait de ma part une analyse complète de la situation alors que j'étais en ville depuis moins de vingt-quatre heures. Le lendemain, l'un des amis de ce couple m'invita à son tour. Je n'allais pas refuser ces premiers contacts, la nourriture était délicieuse, la villa somptueuse et j'étais sincèrement émerveillé par l'hospitalité iranienne. J'avais passé les deux années précédentes comme correspondant à Zurich, où les invitations étaient rares et où ma présence ne revêtait aucune espèce d'importance pour la population locale. Le troisième soir, je fus encore invité et ainsi de suite durant les trois ou quatre premières semaines. Or la satisfaction que je tirais de cette vie sociale intense diminua petit à petit et je commençai à refuser certains dîners, prétextant une surcharge de travail.

A plusieurs reprises, j'eus l'impression de n'être qu'un élément décoratif participant au prestige de mes hôtes, qui ne manquaient jamais d'inviter d'autres amis pour exhiber leurs liens avec l'Occident et établir la preuve de leur modernité. Certains passaient même la soirée à énumérer les invités illustres qui s'étaient assis avant moi à leur table : le numéro trois de l'ambassade d'Allemagne, un attaché de l'ambassade de France – « Chérie comment s'appelle-t-il déjà ? », le numéro deux de l'ambassade d'Italie et sa charmante épouse, voire l'ambassadeur de Grèce en personne. Tous ces couples

Shieda, 37 ans, skie presque tous les week-ends en hiver.
Les pistes ne sont qu'à une heure au nord de Téhéran.

bourgeois, oisifs pour la plupart, c'est-à-dire tirant leur subsistance de biens immobiliers acquis avant la Révolution lorsque les salaires ressemblaient encore à quelque chose, ou de terrains ayant pris de la valeur depuis, avaient à cœur de prouver à quel point l'Iran était un pays merveilleux, à l'exact opposé de sa réputation terroriste en Occident. Sauf que la discussion n'allait jamais très loin, ces bonnes familles ayant rarement voyagé dans leur propre pays et me suppliant sans cesse de ne pas mettre les pieds dans les quartiers du sud de Téhéran, ce territoire épouvantable rempli de pauvres et de fanatiques. Il me fallait plutôt aller skier avec eux à Dizin ou à Shemshak, où ils possédaient de beaux chalets, ou alors passer Nowrouz, le nouvel an de l'équinoxe du printemps, au bord de la mer Caspienne où ils avaient gardé une villa et des réserves de vodka de contrebande.

Ces familles, qui semblaient innombrables dans les quartiers chics du nord de la capitale, ne lisaient pas les journaux et se désintéressaient de la vie publique. Elles s'estimaient mises de côté par le régime théocratique mais étaient pleinement satisfaites de leur vie dans une bulle de luxe et de désœuvrement. Seul comptait l'argent, et elles n'en manquaient pas. Je les ai souvent entendues se féliciter que leurs économies, dans les banques iraniennes, rapportent 18 % d'intérêts par an et que les rendements à la bourse de Téhéran fussent excellents. Certains avaient fait une carrière de médecin ou d'ingénieur à Londres, à Los Angeles ou à Paris mais étaient rentrés malgré leur détestation du régime, parce que leur niveau de vie à Téhéran, avec une retraite occidentale, était incomparable : domesticité nombreuse, chauffeur personnel, tapis meilleur marché qu'en Californie, abonnement dans le meilleur club de fitness, chirurgie esthétique à prix abordables, piscine intérieure dans leur demeure protégée par de hauts murs et activités sociales.

Je commençais aussi à comprendre la signification du terme « occidentalite », utilisé par la propagande du régime pour dénoncer une maladie affectant les jeunes et certaines classes sociales et consistant à trop aimer l'Occident au détriment de ses propres valeurs. Leurs appartements ne contenaient bien souvent qu'un seul objet iranien : le tapis. La vaisselle était anglaise, les sofas américains, la décoration murale avait été confiée aux peintres les plus kitsch de Montmartre et la télévision diffusait des chaînes étrangères. Or les syndromes d'un complexe d'infériorité (tout ce qui était local était méprisé) se transformaient quelques secondes plus tard en syndromes d'un immense complexe de supériorité (l'Iran avait inventé la musique, la cuisine, la poésie, le cinéma). Ce double malaise identitaire allait finir par m'apparaître comme une bonne définition de la bourgeoisie iranienne. Je me mis à fréquenter d'autres classes sociales, parlant moins bien l'anglais et n'ayant pas forcément d'alcool dissimulé dans des bouteilles de Parsi-Cola. Et je fis, dans des familles plus modestes ou certains milieux artistiques, des rencontres extraordinaires d'où naquirent des amitiés toujours vivaces, dix ans plus tard.

LES THÉORIES DU COMPLOT

Le plus désagréable, dans les soirées des beaux quartiers de Téhéran, était de se heurter sans cesse aux théories du complot. La plupart de mes hôtes avaient participé activement à la Révolution. Une dame élégante me dit même qu'elle n'était pas retournée, depuis, dans les quartiers populaires proches du bazar de Téhéran. Mais comme le régime qui en était issu ne leur convenait pas, ils avaient à cœur de m'expliquer que cette Révolution avait été, en vérité, l'œuvre obscure de puissances étrangères, celles-là mêmes dont ces bourgeois tentaient d'imiter le mode de vie et se vantaient d'en fréquenter les diplomates. J'ai ainsi eu droit, des dizaines de soirées d'affilée, aux théories les plus savantes et alambiquées :

– La Révolution était l'œuvre de la Grande-Bretagne qui ne supportait pas la mainmise des Etats-Unis sur un pays qu'elle n'avait jamais renoncé à dominer. Preuve en était l'alliance secrète et ancienne entre le clergé chiite et les services de renseignements britanniques, ainsi que la couverture de la Révolution par la BBC, qui avait d'ailleurs largement ouvert ses antennes à l'ayatollah Khomeiny pour lui faciliter la tâche. Peu importait que les relations entre Londres et Téhéran fussent exécrables, ce n'était qu'une ruse pour dissimuler leur coopération secrète.

– La Révolution était l'œuvre des Etats-Unis, qui ne supportaient pas de voir l'Iran du Shah devenir une grande puissance, tellement moderne et dynamique qu'elle pourrait un jour se passer de la tutelle américaine. Pour lui faire payer son

Reza et Amin ont un magasin de tapis à l'est de Téhéran.
Ils sont spécialisés dans les tapis tablo, que l'on accroche au mur plutôt que de marcher dessus.

arrogance, il fallait ramener ce pays-là au Moyen Age et le maintenir sous le joug d'une caste de mollahs sortis de leurs séminaires crasseux et sachant à peine conduire.

– Les réformateurs de la mouvance du président Khatami n'étaient qu'un écran de fumée, des marionnettes pilotées par le régime afin de faire croire à une alternative pour mieux se maintenir au pouvoir. Preuve en était que plusieurs des proches de Khatami avaient participé à la prise d'otages de l'ambassade américaine en novembre 1979.

– Les attentats du 11 septembre 2001 avaient été fabriqués de toute pièce par la CIA afin de justifier l'encerclement de l'Iran en Afghanistan et en Irak.

– Ahmadinejad était un personnage détestable, mais sur la question de l'Holocauste, il avait raison. Voilà ce que j'ai entendu plus d'une fois : « Je suis ingénieur, je sais de quoi je parle. Il est techniquement impossible, même pour les Allemands, de tuer 6 millions de personnes en si peu de temps avec des installations si rudimentaires. »

Bien sûr, toute remise en question de ces « vérités » était inutile. Lorsque je proposai d'autres interprétations, je me fis traiter de naïf et d'imbécile. Je suscitai même parfois une certaine méfiance, comme si je faisais moi aussi partie de la conspiration en essayant de prouver qu'elle n'existait pas.

Dans les taxis collectifs, il n'était pas rare d'entendre le chauffeur pester contre les embouteillages, en estimant qu'il s'agissait non pas du résultat d'une planification urbaine calamiteuse mais d'un complot très réussi du Mossad ou de la CIA dont les agents infiltrés provoquaient des bouchons afin de peser sur le moral des Iraniens et de ralentir leur ascension vers le progrès et l'indépendance.

C'était là un phénomène stupéfiant : malgré tout ce que l'on a pu dire et écrire du fossé qui séparerait les autorités iraniennes de leurs administrés, les uns et les autres partageaient une commune obsession du complot et tombaient même d'accord sur l'identité des coupables : les sionistes, les Américains et surtout les Anglais. Cela n'était pas un phénomène imputable à la réclusion de l'Iran depuis la révolution islamique. En approfondissant le sujet[16], je découvris que l'Iran était considéré comme le pays au monde le plus fertile en matière de théories du complot et que le Shah était lui-même atteint au plus haut degré de cette phobie conspiratrice. Victime en 1949 d'une tentative d'assassinat, il était convaincu que c'était l'œuvre des services secrets britanniques, parce que la fiancée de l'assassin était la fille d'un jardinier de l'ambassade du Royaume-Uni. Lorsque Khomeiny émergea comme le leader de l'opposition, le souverain considéra qu'il était impossible à un vieux mollah comme lui de prendre tant d'importance sans l'aide du Mossad ou de la CIA. Il estima un jour que les femmes voilées qui défilaient dans la rue contre lui étaient en vérité des hommes déguisés, membres du parti communiste. Il était tout simplement incapable d'admettre son impopularité : les manifestations monstres qui s'étendaient jusqu'aux portes de son palais étaient à l'évidence un complot soviétique, américain ou alors l'œuvre des grandes compagnies pétrolières.

L'ayatollah Khomeiny, lui, devait savoir que sa popularité et son succès n'étaient pas le fruit de quelque menée obscure des services britanniques. Cela ne l'empêcha pas, sitôt installé au pouvoir, de se montrer encore plus adepte des théories du complot que son prédécesseur, si une telle chose était possible. Il voyait derrière chacun des obstacles sur son chemin des « conspirations sataniques » ourdies par ses ennemis soviétiques, britanniques et surtout américains (Washington, cette hyène assoiffée de sang, avait-il l'habitude de dire[17]).

De ce fait, dans chaque discours et dans chaque prière du vendredi depuis trente ans, le vocabulaire politique de la République islamique recourt à des expressions qui ne font plus vraiment partie, en Occident, du cursus de Sciences-Po : *tuteah* (complot), *yasouj* (espion), *khianat* (trahison), *vahasteh* (dépendance), *khatar-e kharedje* (danger étranger), *ummal-e kharedj* (mains étrangères), *nafouz-e biganeh* (influence étrangère), *asrar* (secrets), *arosak* (marionette), *sotum-e panjom* (cinquième colonne), *nokaran-e estemar* (serviteurs de l'impérialisme), *posht-e pardeh* (derrière le rideau), *posht-e sabneh* (derrière la scène).

Lorsque les électeurs iraniens ont commencé à protester contre le résultat du vote du 12 juin 2009, le régime a tout de suite dénoncé la main invisible des ennemis étrangers. Dans son premier sermon, le 19 juin, le Guide suprême Ali Khamenei a traité les puissances occidentales de « loups affamés qui cherchent à nous prendre en embuscade et qui ont tombé leurs masques diplomatiques ».

Quelques jours plus tard, *Vatan Emrouz*, un journal pro-Ahmadinejad, accusa le correspondant de la BBC, Jon Leyne, expulsé d'Iran le 21 juin, d'avoir commandité l'assassinat de Neda, la jeune femme dont la mort par balle, filmée par un manifestant, a fait le tour du monde. Le motif du journaliste anglais était évident : faire de l'audience et discréditer le régime iranien. En janvier 2010, la chaîne iranienne en anglais, Press TV, se fendait d'un long « documentaire » dont l'hypothèse était plus sophistiquée encore. Neda voulait faire semblant de mourir, pour que les forces de l'ordre soient accusées de meurtre. Elle se serait alors aspergée le visage avec du faux sang. Mais ses deux complices, un médecin et son professeur de musique, ont préféré l'étrangler tout en faisant semblant de la sauver, afin que leur machination ait plus d'impact encore.

Il est difficile de mesurer l'effet sur l'opinion publique de ces récents mensonges et manipulations, les sondages d'opinion étant interdits par la loi. Je dirais pour ma part qu'il ne dépasse pas beaucoup le cercle des bassidjis et des Gardiens de la Révolution. Les membres du mouvement vert savent bien qu'ils ne sont pas manipulés par des services secrets étrangers et les autres, ceux qui ne sont pas sympathisants de l'opposition, ou pas politisés, ont toujours préféré leurs propres théories de la conspirations à celles du pouvoir en place. Et de toute façon, le plus déterminant, c'est le degré de sincérité de ceux qui crient au complot. Si le shah avait eu une appréciation plus réaliste de la situation, il aurait peut-être trouvé un moyen d'enrayer la Révolution. De même, si le régime actuel s'obstine à sous-estimer les motivations authentiques du mouvement vert, il sera incapable de ramener le calme dans les rues, de regagner sa légitimité et pourrait un jour le payer cher...

PERSÉPOLIS ET L'HÉRITAGE IRANIEN

Il faut pas mal d'imagination, dans les ruines de Persépolis, pour se représenter ce que fut la splendeur de la capitale impériale détruite par Alexandre le Grand en 330 avant Jésus-Christ. Certaines colonnes ont été remontées hâtivement et les bas-reliefs, bien préservés, sont une merveille. Dommage qu'ils soient couverts d'un atroce toit de tôle. Pour le reste, le paysage est un immense champ de pierres et surtout, les alentours ressemblent à une friche industrielle. Le parking défigure le site, entre un village touristique influencé par l'architecture bulgare des années soviétiques et les restes, tordus et rouillés, des installations du Shah pour la célébration fastueuse des 2 500 ans de l'Empire perse, en 1971[18].

A la révolution, l'ayatollah Khomeiny a exprimé le plus grand dédain pour ce site préislamique, parlant à son sujet « d'idolâtrie » (la destruction des idoles est l'un des commandements du Prophète). Dès lors, son serviteur obligé, l'ayatollah Sadegh Khalkhali, surnommé le « boucher de la Révolution » pour avoir pendu plus de 400 personnes en quelques mois, a engagé une bande de voyous et quelques bulldozers, et aurait rasé Persépolis s'il n'avait été chassé à coups de cailloux par les autochtones[19]. Le premier président iranien à remettre les pieds à Persépolis fut Mohamad Khatami en 2001 pour y tenir un discours nationaliste sur la « persanité » du golfe Persique.

De même, il n'est pas facile, en considérant l'Iran d'aujourd'hui, d'imaginer ce qu'a pu être la grandeur de cette na-

Maziar, 25 ans, est comptable au bureau du site de Persépolis. Il parle avec un ouvrier chargé de la préservation des bas-reliefs achéménides du Ve siècle avant J.-C.

tion. Voilà un pays empêtré dans ses contradictions culturelles, dans son économie léthargique, dans son hostilité larvée contre la majeure partie de la planète. Il souffre de la plus importante fuite de cerveaux au monde[20], avec 150 000 jeunes diplômés qui s'exilent chaque année pour faire carrière à l'étranger et forment d'ailleurs, aux Etats-Unis, la diaspora la plus prospère. Le régime ne fait rien pour freiner le mouvement, parce qu'il n'a aucun poste à proposer à ces jeunes et que ce sont autant de possibles contestataires qui prennent ainsi le large.

La plupart des Iraniens, y compris au sein du gouvernement, sont parfaitement conscients de ne connaître que le pâle reflet de ce que l'Iran a été ou pourrait être. Ils n'en restent pas moins immensément fiers de leur pays et se laissent parfois aller à vous confier que l'Iran a tout inventé, la littérature, la musique, la cuisine, la science. C'est évidemment une exagération, même s'il faut reconnaître à l'Iran (ou à la Perse, son nom d'avant 1935) un génie tout à fait particulier. Voilà donc un inventaire rapide des contributions majeures de l'Iran à l'humanité, inspiré de celui dressé par Jason Elliott[21], à commencer par des personnalités extraordinaires aux talents éclectiques, dont le rayonnement fut universel.

– Ibn Sina, le « prince des savants », connu en Occident sous le nom d'Avicenne, dont le *canon de la médecine* est devenu l'ouvrage médical le plus lu au monde, est l'auteur de la plus vaste encyclopédie écrite par un seul homme jusqu'à la fin du Moyen Age. On lui doit 450 traités dont 230 ont survécu, sur la linguistique, la grammaire, la phonétique, le mysticisme, la théologie, la poésie, la logique, les mathématiques, la métaphysique et la cosmologie.

– Nasroudine Tusi est l'un des astronomes les plus influents du Moyen Age, mais il a aussi écrit, en persan, en arabe et en turc, sur l'éthique, la psychologie, la médecine psychosomatique.

– Al Farabi, philosophe, a traduit et interprété les textes de Platon et d'Aristote.

– Abou Rayhan Birouni, un des plus grands philosophes musulmans, était aussi géographe, historien, naturaliste, physicien et traducteur d'ouvrages sur le mysticisme indien.

– Omar Khayam, grand poète, fut aussi un des plus grands mathématiciens de tous les temps ; on lui doit le calendrier solaire, toujours en vigueur, plus précis que le calendrier grégorien car il évite les années bissextiles grâce à sa synchronisation sur l'équinoxe de printemps. Il a également écrit des traités de mécanique, de géographie et de musique.

– Des dizaines d'autres penseurs moins connus ont laissé des contributions sur la médecine, l'anatomie, l'agriculture, la théorie musicale, l'hydrologie, la botanique, l'ophtalmologie[22].

Outre ces personnages éminents, l'Iran a donné au monde toute une série d'inventions :

– les premiers modèles d'administration internationale,

– le chèque bancaire,

– le premier service postal[23],

– le texte considéré comme la première charte des droits de l'homme, gravé sur le fameux Cylindre de Cyrus et qui consacre la liberté de culte au moment où ce dernier conquiert Babylone et libère les esclaves juifs[24],

– le premier observatoire astronomique,

– la première machine à calculer,

– la fraction décimale, l'algorithme, la trigonométrie et l'algèbre,

– le calendrier solaire,

– l'astrolabe et le théodolite,

– les tables ilkhaniennes, qui permettent de calculer la position des planètes,

– le premier modèle d'horloge mécanique,

– les premières batteries électriques, des jarres datant de l'Empire parthe (247 avant J.-C. à 224 ap. J.-C.), découvertes en 1936 près de Bagdad et qui émettaient 2 volts chacune,

– les moulins à vent et à eau,

– la cotte de maille,

– la franc-maçonnerie, dont la forme primitive aurait été l'ordre des mages zoroastriens,

– les tapis et les miniatures,

– les carreaux vernis, la porcelaine et la faïence,

– la rose domestique et la tulipe,

– la carotte et le raisin de Shiraz,

– la tradition de la couronne royale,

– le motif cachemire,

– l'architecture du Taj Mahal,

– le bonnet phrygien,

– l'eschatologie chrétienne, l'idée d'un paradis et d'un enfer, ainsi que l'usage du vin pour des offices divins,

– les rois mages, la date de Noël et la tradition du sapin,

– les *Mille et une nuits*,

– les échecs et le polo, certains parlent aussi du tennis...

TÉHÉRAN, VILLE GÉNÉRIQUE

À Téhéran, on souffre de la pollution : 5 tonnes de plomb dans l'air par jour, au moins 4 600 morts par an. On souffre des embouteillages : 2 millions de voitures sur des routes prévues pour dix fois moins. On souffre du manque d'espace : il faudrait construire 60 000 nouveaux appartements chaque mois pour juguler la crise du logement, et le manque d'appartements est le frein principal pour le mariage de 10 millions de jeunes obligés de rester chez leurs parents. On souffre du bruit : à cause des bouchons, les chantiers ne peuvent fonctionner que la nuit. On souffre du manque de lumière : la spéculation plante des gratte-ciel à deux mètres des villas, et on souffre de la drogue : 5 tonnes d'opium et dérivés y sont consommées chaque jour.

Or ces malheureux Téhéranais seront sans doute contents d'apprendre qu'ils participent d'un phénomène d'avant-garde : la « cité générique ». Le terme est de Rem Koolhaas, la star néerlandaise de l'architecture contemporaine. Il n'a pas encore mis les pieds à Téhéran mais cela ne saurait tarder : ses étudiants d'Amsterdam et de New York ont commencé à honorer la capitale iranienne de pèlerinages studieux.

Première caractéristique d'une cité générique : s'être « libérée de l'asservissement au centre[25] ». Le centre de Téhéran s'est tellement déplacé en un siècle qu'il a fini par se perdre. Face au bazar avant la Première Guerre mondiale, il grimpe vite jusqu'à la place des Canons (aujourd'hui place Khomeiny) sous Reza Shah, un moderniste autoritaire qui prend le pouvoir en 1921. Lorsque son fils Mohamad Reza, élevé dans la

La silhouette de la tour Milad (435 mètres) domine désormais tout le nord-ouest de Téhéran, dont elle tente de devenir le symbole.

Deux ouvriers d'origine azérie (ouest de l'Iran)
sont occupés aux finitions de la tour Milad à Téhéran.

plus chère école privée de Suisse, reprend les rênes en 1941, le centre se fixe place Ferdowsi, 500 mètres au nord, à proximité des ambassades russe ou britannique et des cafés littéraires. Après le coup d'Etat contre Mossadegh (1953), le centre refait un bond de 500 mètres au nord et se plante pour toute la période délirante des pétrodollars autour de l'ambassade américaine (aujourd'hui appelée le « nid d'espions »), à grands coups de tours de verre et d'acier le long de l'avenue Persépolis (aujourd'hui Ayatollah Taleghani). C'est là que l'a cueilli la Révolution en 1979. Et puis plus rien : le pouvoir se disperse, les centres se multiplient.

Comme pour coller aux définitions de Koolhaas, Téhéran s'est aussi débarrassé de la « camisole de force de l'identité », et c'est là une étrange affaire. Ville orientale à ses débuts, elle est vite défigurée par la fascination de la dynastie Pahlavi pour l'Occident et par l'argent qui coule à flots dans les années 1970. On aurait pu attendre de la révolution islamique et de ses slogans sur la pollution culturelle occidentale qu'elle freine la tendance, mais c'est le contraire qui s'est produit. Comme si l'architecture ne méritait pas autant de contrôle que le voile des femmes ou la télévision par satellite, les autoroutes se sont multipliées pour donner à la capitale iranienne des allures de Los Angeles. Il y a là du pragmatisme mais aussi de l'orgueil : avant que Dubaï ne termine sa tour Khalifa de 828 mètres, Téhéran a mis les bouchées doubles pour sa tour Milad, 435 mètres, sans prendre le temps de se demander à quoi elle pouvait bien servir, à part porter une antenne de télévision.

Comment en est-on arrivé là ? Pour Darab Diba, professeur d'architecture à l'université de Téhéran, tout s'explique par la haine du passé. « L'habitat traditionnel iranien rimait avec réclusion, dit-il. Les demeures étaient formées de différentes cours. Il y avait celle du *biruni* (dehors), pour les hommes et où les visiteurs pouvaient parfois pénétrer. Et le *andarouni* (dedans), pour les femmes. Le patriarche régnait en maître sur l'ensemble. S'il était riche, vieux et respectable, il devenait un *rich-e sefid* (barbe blanche) et pouvait étendre son autorité à tout le quartier. » Rien de romantique dans l'ancienne ville orientale, juste une absence complète de liberté et de confort. « Dans les bonnes familles, poursuit Diba, les enfants étaient étouffés par une profusion de serviteurs et manquaient cruellement d'informations sur l'extérieur, de démocratie et aussi d'hygiène. »

Aujourd'hui, vu les multiples interdits et tabous de la rue, où la tradition, voire la religion ont repris leur droits, l'espace privé est celui de la liberté, où le degré d'occidentalisation dépend du niveau social. La hiérarchie est implacable : au sud de Téhéran, proche du désert, les familles modestes disposent d'une seule pièce où elles dorment et mangent à même le sol. Au nord, les élites révolutionnaires enrichies par les confiscations et la corruption ont repris en bloc les goûts kitschissimes de la bourgeoisie et du dernier Shah : débauche de colonnes, de coupoles et de frontons, marbre jusque dans le garage et mobilier français doré Louis-quelque chose sur tapis persan.

Dans les deux cas, cela donne des intérieurs très soignés, en contraste avec l'espace public, où règne le chaos. Voilà bien le mystère de Téhéran : comment l'addition de beautés privées peut-elle donner autant de laideur collective ? Les réponses sont à chercher dans la guerre perdue d'avance des urbanistes contre la quantité, mais aussi dans cette méfiance qui a toujours existé en Perse entre gouvernants et gouvernés. Jamais la moindre collaboration entre ces deux espèces, mais un rapport de forces permanent. Battus en brèche sur le terrain politique, les gouvernés se sont arrogé deux royaumes : la circulation et la construction.

Sans passé, Téhéran est une ville libre. D'autres que Koolhaas diraient : sauvage. La capitale des jardins, en pente douce sur les flancs de la chaîne de l'Alborz, s'est métamorphosée en métropole agressive en raison de l'explosion démographique (3,5 millions d'habitants en 1979, 12 millions aujourd'hui), de l'absence de plan directeur et de la spéculation. Dans une économie étatisée à outrance, les capitaux fuient l'industrie pour se réfugier dans l'immobilier de luxe.

Les dégâts furent limités jusqu'à la fin des années 1980. Construire plus de quatre étages était interdit, pour des raisons sismiques autant qu'esthétiques. Or à la fin de la guerre contre l'Irak, la municipalité, ruinée, eut besoin d'argent pour payer ses employés, tracer des autoroutes dans le chaos urbain, organiser la collecte des ordures. Elle a commencé à « vendre l'air » : pour chaque étage supplémentaire, il suffisait de payer. Pour Darab Diba, cela revient à vendre le droit des citoyens à voir la lumière et à respirer. « L'incohérence, l'anxiété, le trafic et toutes les pollutions ont atteint un niveau inacceptable, dit-il. Les concepts de qualité spatiale et d'environnement humain ont disparu. »

Dans les villes génériques, poursuit Rem Koolhaas, « les urbanistes se retrouvent comme des joueurs d'échecs qui perdent face à un ordinateur[26] ». A Téhéran, les urbanistes n'ont jamais eu leur mot à dire. Et le plus étrange, c'est que les architectes sont également priés de se taire : ils ne signent que 15 % des plans de tout ce qui se construit. Le reste est l'œuvre des entrepreneurs qui copient, pour plaire aux clients, les magazines de décoration envoyés par la diaspora en Californie.

Le professeur Diba reconnaît pourtant une qualité à la métropole d'après 1979 : celle d'être un peu plus démocratique. « La réalité sociale des Iraniens est mieux représentée aujourd'hui que par la ville féodale des mille familles », dit-il. La hiérarchie entre les pauvres en bas et les riches sur la montagne existe toujours, mais la différence s'est atténuée. Ainsi, durant des décennies, l'eau des torrents de l'Alborz était pure pour les maisons du Nord et leurs grands jardins mais parvenait boueuse et nauséabonde aux quartiers pauvres quinze kilomètres plus bas (quand elle ne les inondait pas). Les marchands d'eau potable arpentaient le Sud avec leurs citernes tirées par des mulets : ils vendaient de l'*ab-e shah* (eau du roi), prélevée non loin de son palais dans la montagne. Aujourd'hui, tout le monde a l'eau courante.

Téhéran, démocratique peut-être, mais sous contrôle. A l'est et à l'ouest, les camps militaires enserrent cette capitale dont on se méfie : elle a déjà engendré une révolution. Dans les journaux, il est parfois question, pour décongestionner Téhéran, de changer une fois de plus de capitale. Retourner à Ispahan, à Qhazvin, ou construire quelque chose en plein désert. « Impossible, estime un politologue iranien. La République islamique garde tous les pouvoirs concentrés à Téhéran, politique, médiatique, économique et militaire, parce qu'elle a encore peur d'être renversée. Changer de capitale, ce serait changer de régime. »

LE TAPIS

Depuis trois millénaires, le tapis est l'expression la plus raffinée de l'art persan. Ses motifs représentent le paradis de l'éternel printemps, symbolisé par un jardin. Un jardin irrigué de bouquets d'essences rares, baigné d'une lumière douce et d'une fraîcheur fertile. Le tapis est le territoire protégé des rêves et de l'abandon, de l'hédonisme sensuel où l'âme prend son envol. Ses représentations de l'arbre de vie, de fleurs ou d'animaux, ainsi que ses motifs géométriques, ont des pouvoirs mystiques qui éloignent les esprits malins.

Le tapis est également l'objet le plus précieux que possèdent les Iraniens. C'est leur cadeau de mariage et le cœur de leur maison. Il garde la chaleur et isole des impuretés du sol. On mange sur le tapis, en déroulant une nappe de coton ou de plastique. On y dort sur les matelas empilés le jour contre un mur. On y boit le thé, on y danse, on y prie. Le tapis doit se voir en entier, il est un espace pur qui organise la vie quotidienne et spirituelle, dont la délimitation avec le monde extérieur est marquée par ses franges et ses bordures.

Symbiose de l'art mystique et de l'art de vivre, le tapis est aussi un géant de l'économie iranienne. De l'élevage des moutons au tissage de la laine en passant par l'élaboration des pigments naturels, sa fabrication, son entretien, son commerce emploient 5 millions d'Iraniens et en font vivre deux fois plus, soit un habitant sur sept. Il représente le second poste des exportations du pays après le pétrole, 420 millions de dollars en 2008.

Un vendeur du bazar de Téhéran présente un modèle particulier, pour clients avertis, qu'une autre boutique a mis discrètement à sa disposition. En laine sur une trame de soie, il compte 90 noeuds asymétriques au cm² et vaut 2 000 euros.

HAFEZ

Avant la Révolution, Lalezar était le quartier des boîtes de nuit et des bordels de Téhéran. M. Ismail moulait alors les enseignes rouges de ces établissements nocturnes. Depuis 1979, le quartier est étrangement resté celui des lumières colorées : c'est là que l'on trouve les accessoires pour installer une piste de danse à la maison, les ultraviolets, les stroboscopes et les sphères couvertes de petits miroirs. Avec pragmatisme, M. Ismail s'est reconverti dans les devantures pour fleuristes et pâtissiers mais on sent, chez lui comme dans les rues environnantes, une certaine nostalgie des années folles. Lorsque nous avons visité son atelier, M. Ismail terminait un néon où l'on pouvait lire *eshq* (amour). Il nous a récité son Hafez par cœur :

J'ai fait ruisseler de mes yeux
sur mon sein cent ruisseaux de larmes
pour arroser les grains d'amour
que je sèmerai dans ton cœur[27].

Nous revenions justement de Shiraz, où les Iraniens ont l'habitude d'aller confier leurs soucis et surtout leurs peines de cœur à Hafez (env. 1310-1380). Le poète repose dans un mausolée fleuri agrémenté d'une charmante maison de thé. Tout est fait pour que les visiteurs songent à leur destin : de vieux sages, parfois derviches, monnayent leur interprétation des vers que vous pouvez tirer au hasard dans une

M. Ismail, 64 ans, moule des néons depuis quarante-cinq ans dans le quartier de Lalezar, à Téhéran. Celui qu'il termine signifie « amour », en persan.

boîte, où qu'un perroquet peut choisir pour vous. La nuit tombait. Une jeune fille élancée déambulait en murmurant autour du tombeau, son recueil de poèmes à la main. Elle portait un manteau bleu très élégant et un ruban vert au poignet, signe de son soutien au candidat de l'opposition Mir-Hossein Moussavi aux prochaines élections. De temps à autre, elle s'approchait du magasin de souvenirs et profitait de la lumière pour lire quelques vers.

« Je viens presque chaque semaine sur la tombe de Hafez, a-t-elle dit. Quand nous sommes anxieux et tristes, nous venons ici. Nous autres Iraniens sommes toujours tristes ! L'endroit est si paisible. Nous croyons beaucoup au *fall* de Hafez. Vous posez une question, ou alors vous faites un vœu et vous ouvrez le livre en laissant Dieu guider votre main. Les meilleures réponses, c'est quand le vœu se fait au moment de l'appel à la prière. Hafez nous aide à prendre les bonnes décisions, il est comme un ami intime, ce qu'il nous dit est vraiment beau. »

Shahnaz avait de ravissants yeux noisette, les lèvres peintes de rose fluo et un foulard de crêpe blanc qui laissait apparaître un grand front poudré et la racine de ses cheveux tirés en arrière. Nous voulions connaître la nature des questions qu'elle était venue poser au grand poète.

« Parfois, Hafez ne donne pas de réponse, juste de l'espoir. La dernière fois que je suis venue, c'était pour lui demander conseil à propos de mon fiancé. Ce sont mes parents qui l'ont choisi. Moi, je n'en voulais pas.

— Et qu'a dit Hafez ?

— Que mon fiancé m'aimait.

— Et vous ?

— Je n'aime pas l'homme avec lequel je suis fiancée. Mais je pense que lorsque les gens sont engagés dans une voie, ils doivent aller jusqu'au bout. Donc je vais l'épouser.

— Pourquoi ne vous êtes vous pas rebellée ?

— Par respect pour ma famille. Si les enfants suivent le conseil des parents, dans 99 % des cas leur mariage se déroulera bien.

— Vous en êtes sûre ?

— Oui. Parce que, en Iran, seulement 5 % des relations amoureuses finissent par un mariage. Et seulement 1 % des mariages d'amour sont réussis.

— Parfois, le fiancé est gentil jusqu'au mariage, puis il change. Vous craignez ce scénario ?

— Etre amoureux, cela peut durer un mois, un an, ou dix ans et après on doit faire notre vie. Ce n'est pas l'amour qui nous pousse à vivre : on doit vivre, c'est tout. Je n'ai pas peur de ce qui se passera après, parce que je sais ce qui va se passer.

— Et qu'est-ce qui va se passer ?

— C'est très personnel. Je connais bien mon fiancé mais je ne veux pas l'aimer.

— Peut-être que l'amour viendra après ?

— Je pense qu'un couple ne doit pas forcément s'aimer pour vivre ensemble.

— Mais alors que faire de cette part d'amour qui est en chacun de nous et dont parle tant Hafez ?

— Cet amour, je pourrai le vivre avec mes futurs enfants.

— Hafez vous a dit que votre fiancé vous aimait, mais lui avez-vous demandé si vous deviez vraiment l'épouser ?

— Je ne suis pas venue consulter Hafez pour avoir l'avis

de quelqu'un d'autre sur cette question. Je voulais juste comprendre ce qui a été décidé pour moi, à savoir épouser cet homme. »

L'HOMOSEXUALITÉ

L'homosexualité est l'un de ces sujets sur lesquels existe malgré tout, en Iran, une adéquation, presque une complicité, entre le régime et la population. D'abord, aux yeux de la loi, c'est un crime majeur que détaillent pas moins de ving-sept articles du code pénal de 1991. Pour les femmes, une relation lesbienne est punie de cent coups de fouet et de mort si elles recommencent trois fois. Pour les hommes, la sodomie est punie de mort, le juge n'ayant à statuer que sur la technique à utiliser pour l'exécution. Le plus souvent, c'est la pendaison, à raison d'une dizaine par an. Il arrive aussi que l'accusation de sodomie soit ajoutée à la liste des crimes d'un dissident politique, afin d'être certain de l'issue du jugement. Ce fut le cas de l'écrivain Ali Akbar Saidi Sirjani (1931-1994) qui n'est cependant pas mort au bout d'une corde mais a été exécuté en prison par son tortionnaire.

Sur le plan politique, l'homosexualité est souvent dénoncée comme une perversion occidentale. Plusieurs historiens soulignent que la colère révolutionnaire, en 1978

Hossein et Mohamad, 24 et 26 ans,
sont venus passer la journée à Behest-e Gomshode (Paradis perdu), à deux heures de Shiraz.

et 1979, a été nourrie par l'idée (fausse) que l'homosexualité était librement pratiquée à la cour du Shah ; rumeur accréditée par une parodie de mariage gay organisée pour rire par des membres du ministère de la Justice d'alors, et que le public a prise au sérieux. Car l'homosexualité est un tabou absolu dans la société. Il n'est pas rare que des parents dénoncent aux autorités leurs propres enfants gays, leur exécution valant mieux à leurs yeux qu'une atteinte à leur honneur. Et cela alors que d'innombrables blagues iraniennes désignent les habitants de Qhazvin, à 120 kilomètres à l'ouest de Téhéran, comme adeptes de la sodomie.

Le 24 septembre 2007, le président Mahmoud Ahmadinejad fut invité par l'université de Columbia à New York pour un « dialogue » avec les étudiants. A la question « Votre gouvernement a infligé des peines très sévères, allant jusqu'à la peine de mort, aux citoyens iraniens qui sont homosexuels. Pourquoi ? », il a répondu : « Nous n'avons pas d'homosexuels comme dans votre pays, je ne sais pas qui vous a parlé de ça. » Sa déclaration a provoqué la stupeur dans le monde entier mais a rassuré nombre de ses compatriotes.

Il se trouve pourtant que ce consensus homophobe entre la population et les autorités iraniennes est fondé sur un immense mensonge historique. Car ce n'est pas l'homosexualité qui a été importée d'Occident, mais l'idée de la punir.

Les responsables de la Guidance islamique, qui fait office de ministère de la Culture, ainsi que de nombreux professeurs de littérature, ont développé toutes sortes d'arguments pour nier les allusions érotiques entre hommes dans la poésie mystique et classique iranienne. Pour l'universitaire Janet Afary, ce bricolage de mauvaise foi ne tient pas face à l'examen historique. Elle montre ainsi, dans son ouvrage *Politiques sexuelles dans l'Iran moderne* [28], que la relation sexuelle entre un maître et son élève était une pratique courante, intégrée dans le protocole hiérarchique qui définissait également les cadeaux que devait faire l'élève au maître et l'enseignement que ce dernier devait dispenser : littéraire, religieux, scientifique mais parfois aussi militaire. Elle relève également que des établissements de prostitution masculine existaient dans tout le pays jusqu'à la moitié du XVIIe siècle, et qu'ils payaient des impôts. Elle brandit l'existence de *sigheh* (mariages temporaires, cf. p. 198) aménagés pour les hommes entre eux, ainsi que pour encadrer des relations lesbiennes.

Tout un genre littéraire existait alors, appelé « miroir pour les princes », constitué de conseils rédigés par les pères pour leurs fils ou par les vizirs pour les sultans. Dans le *Qabous Nameh* (1083), un père dit à son fils : « Entre les femmes et les jeunes garçons, tu ne dois pas limiter tes inclinaisons à l'un ou à l'autre. Il te faut trouver du plaisir de chaque côté sans t'en aliéner aucun. Durant l'été, laisse ton désir pencher pour les jeunes garçons et pendant l'hiver, pour tes épouses. »

Du temps de l'empereur Nasreddine Shah, qui a dirigé la Perse de 1848 à 1896, il était courant que de jeunes garçons fassent aussi partie des harems. Le Shah lui-même avait un favori, Malijak, qui raconte fièrement dans ses Mémoires avec quelle fougue l'empereur aimait à l'embrasser – et la jalousie qu'en concevaient les autres concubines.

Le vent allait tourner au début du XXe siècle avec la révolution constitutionnelle. Le mouvement avait puisé en Occident ses idées de démocratie parlementaire, mais avait aussi adopté les vues très homophobes de Karl Marx. Les pratiques homosexuelles furent alors considérées comme un signe d'arriération orientale et de décadence autocratique. A peine Reza Pahlavi parvint-il à renverser la dynastie Qhadjar en 1925 qu'il déclara l'homosexualité hors la loi et censura dans les journaux et les manuels scolaires de nombreux poèmes classiques contenant des allusions homosexuelles.

La monogamie hétérosexuelle devint alors une preuve de patriotisme et de modernité, inspirée par l'Occident dont le nouveau régime voulait aussi copier les progrès scientifiques et techniques. L'une des figures de proue des nationalistes homophobes dans les années 1930 et 1940 fut un journaliste et historien prolifique, Ahmad Kasravi, fondateur du mouvement Pak Dini (Pureté de la religion). Il mit sur pied un autodafé rituel de livres impurs à chaque solstice d'hiver et alla même jusqu'à affirmer que le culte de la poésie mystique persane était un complot britannique pour écarter l'Iran de sa révolution constitutionnaliste et encourager les pratiques immorales.

Aujourd'hui, l'Occident a évolué sur la question des minorités sexuelles alors que l'Iran semble s'être figé dans un rigorisme aussi récent que cruel, aussi radical que négateur de sa propre identité. De son passé plus tolérant, il ne reste que les blagues. L'une d'elles raconte qu'un dissident est jeté dans une cellule de la prison de Qhazvin.

« Tu as sodomisé qui, ton oncle ? lui demandent les autres détenus.

— Non…
— Alors ton frère, tu as sodomisé ton frère ?
— Non…
— Tu n'as quand même pas sodomisé ton fils ?
— Non, non, vous n'y êtes pas, c'est politique…
— Ah bon, alors c'est le régime qui t'a sodomisé ! »

LA PISCINE

Trois filles et deux frères se sont donné rendez-vous pour une discussion au bord de la piscine. Laquelle est vide comme la plupart des piscines non couvertes de Téhéran, parce que les lois de la République islamique interdisent de montrer son corps en tenue de bain si des voisins peuvent l'apercevoir. Ils ont entre dix-neuf et vingt-quatre ans et leurs parents appartiennent à la classe moyenne-supérieure (ingénieurs, commerçants, dont certains à la retraite).

Vous êtes fiers de votre pays ? Fiers que l'Iran ait lancé le mois dernier un satellite dans l'espace ?

ARZANEH : Pas vraiment.

YASHAR : Ce sont des amis qui m'ont dit, pour le satellite. Le soir où c'est passé à la télé, je regardais jouer le Milan-AC.

ELHAM : J'ai entendu parler du satellite. Mais cela ne m'intéresse pas.

MAHSAN : Si vous avez des questions politiques, mes parents sauront mieux vous répondre.

Vous vous sentez comment à Téhéran, libres ou opprimés ?

MAHSAN : Je n'ai jamais voulu quitter l'Iran. On a toute la liberté que l'on veut. Je vis ici, je me suis habituée.

ELHAM : J'aime aller de temps en temps à l'étranger, à Dubaï, en Turquie, en Malaisie, en Azerbaïdjan et même au Canada. Chaque fois que je reviens, je me sens bien. Il n'y a rien de mieux que l'Iran.

Deux frères et trois amies, dans la villa des parents de l'une d'entre elles, quartier de Saadat Abad, à Téhéran.

Qu'est-ce que vous aimez tant, en Iran ?

ARZANEH : Les relations humaines. Les gens sont attentifs et amicaux. On est très proches les uns des autres.

MAHRIAR : C'est bon marché.

ELHAM : On n'a pas de boîtes de nuit, mais on organise des fêtes fantastiques. On peut vraiment s'amuser. Mon oncle a vécu aux Etats-Unis pendant trente ans. Quand il est revenu, il a dit waouh, il y a rien comme ça là-bas !

YASHAR : J'aime le truc des voitures.

C'est quoi, le truc des voitures ?

YASHAR : Tu roules, par exemple sur l'avenue Jordan. Par la fenêtre, tu donnes ton numéro à une fille dans une autre voiture. Elle te rappelle, tu t'amuses. Tu peux avoir plusieurs histoires en même temps. Si t'as pas de belle voiture, tu vas dans un centre commercial et tu donnes des billets aux filles qui te plaisent. Moi, j'avais une Citroën Xanthia et ça marchait bien. Le seul problème, c'est qu'il est difficile, aujourd'hui, de trouver une fille de seize ans jolie et encore vierge.

C'est important, pour vous, la virginité ?

YASHAR : Pour s'amuser, non, c'est égal. Mais si un jour je me marie, je préférerais que ma femme soit vierge.

Vous avez peur de la police ?

MAHRIAR : Quand on boit de l'alcool, on peut sortir et conduire, mais faut faire attention.

ARZANEH : En vingt ans, je n'ai jamais eu de problème avec la police.

Vous faites le Ramadan ?

MAHSAN : Oui, j'aime bien jeûner. C'est une période joyeuse dans ce pays. J'adore les repas d'*eftar* [rupture du jeûne].

YASHAR : J'ai jeûné quand j'étais plus jeune, plus maintenant. Mais je fais attention à ne pas boire d'alcool durant le Ramadan.

Vous participez aux défilés de l'Ashoura ? Vous vous fouettez le dos ?

ELHAM : Oui, c'est à l'intérieur de nous. On aime défiler pour l'imam Hossein. Mais on ne croit pas au *hedjab*. Remarquez : on n'aime pas non plus les bikinis.

Et les élections, vous y participez ?

ELHAM : Non.

MAHRIAR : On croit en Dieu, mais on a un problème avec ce gouvernement.

MAHSAN : Mon père m'a dit que si je vais voter, je ne pourrai plus revenir à la maison.

LE CENTRE DE MARIAGE

« Vous êtes au bon endroit pour parler du mariage et du bonheur des familles iraniennes, dit M. Mohsen Esmaeli, trente-quatre ans, directeur du complexe de mariage de Tehran Pars. Nous répondons à tous les besoins. Vous pourrez voir ici que les gens en Iran ne sont pas frappés par la pauvreté et qu'ils ne sont pas tristes.

« Pendant trente ans, ce bâtiment fut l'usine de mon père, qui fabriquait des ampoules et des WC. Elle a dû déménager, parce qu'elle polluait. On a commencé les travaux en 2005 et depuis quatre mois, nous offrons le meilleur service de mariage de tout l'est de Téhéran. Nous n'avons même pas besoin de faire de la publicité. Il y a déjà eu trente-cinq mariages ici. Cela semble peu, mais il y a eu beaucoup de jours de deuil et de cérémonies religieuses ces derniers temps. Et en Iran, on ne peut pas se marier n'importe quand. Remarquez, les élections et les grandes manifestations, la semaine dernière, cela n'a pas ralenti les mariages. Chez nous, la nourriture est délicieuse, le service est impeccable. La décoration des tables, c'est du grand luxe. Nous sommes aussi les meilleurs pour couvrir les voitures de fleurs.

« C'est important, les voitures, parce que nous offrons un ascenseur spécial pour les faire monter dans les salles de mariage. On va vous montrer un film de promotion, sur cet écran plasma. Vous voyez ? C'est une Hyundai. Mais on a aussi une Toyota Avensis et une Mercedes. Elle tourne autour du bâtiment, elle entre dans l'ascenseur. On démarre le feu d'artifice, le podium où trônent les fauteuils pour les mariés s'écarte et la

Massoud Pashai, 27 ans, le jour de son mariage au wedding hall *de Tehran Pars.*

voiture fait son entrée dans la salle des femmes. On est au troisième étage ! On écarte le buffet, servi sur des roulettes, et la voiture roule vers la salle des hommes. Le sol est en marbre mais grâce à la musique, on n'entend pas les crissements des pneus. Ce sont des pierres de nos carrières ; j'ai aussi une entreprise de pierres décoratives, Persepolis Stones, à Hambourg, en Allemagne.

« Dans ce film, vous ne voyez pas le visage de la mariée. C'est normal, il y a une atmosphère religieuse dans ce pays. En général, le marié conduit lui-même. Les hommes iraniens aiment conduire ! On doit juste répéter la manœuvre avant le jour J, pour éviter les accidents. Chaque salle a une capacité de 250 places. On a huit salles comme ça, sur quatre étages, pour quatre mariages simultanés. On a aussi une salle VIP. Si votre mariage a plus de 500 invités, alors vous pouvez réserver deux étages, un pour les femmes, un pour les hommes.

« Notre complexe de mariage respecte les lois de la République islamique. Les mariages mixtes sont interdits, sauf si les femmes gardent le foulard et restent assises. Mais vous savez, ce qu'elles veulent c'est montrer leurs cheveux et danser ! Alors il faut les séparer. Si les gens veulent un mariage mixte, ce sera chez eux ou dans un de ces halls de mariage illégaux, en dehors de la ville.

« Il y a des familles qui ne veulent pas de musique, juste des chants religieux. Des chants religieux heureux ! Mais la plupart choisissent de la musique en play-back. S'ils veulent un orchestre, ce n'est pas un problème. On donne un peu d'argent à la police et c'est possible. Dans ce cas, les musiciens sont du côté des hommes, mais la musique est rediffusée chez les femmes par des haut-parleurs sur un écran géant.

« Le prix, ça dépend. Regardez le menu, on peut choisir chaque détail. La nourriture, pour 300 personnes, il faut compter 8 000 dollars. La voiture n'est pas comprise, tout comme la location des salles, les services du mollah ou du photographe. Le mien m'a coûté 1 000 dollars, mais j'étais très content du travail. Si vous voulez aussi des photos du côté des femmes, il faut prendre en supplément une photographe femme. En tout, avec les fleurs et le reste, ça tourne autour des 20 000 dollars. Oui, c'est cher mais nous croyons, ici, que Dieu aide les couples dans leur mariage. Moi-même, juste au moment où j'ai terminé les travaux, j'ai rencontré mon épouse et nous nous sommes mariés ici, il y a un mois. Dieu nous aide !

« Il y a deux étapes dans l'amour et le mariage. Si vous cherchez une vie stable, un foyer stable, il faut d'abord regarder votre épouse de façon rationnelle et voir le contexte, voir sa situation et la vôtre. Une fois que les règles sont établies et que votre raison accepte ces conditions, alors vous avez déjà réussi votre mariage. Et après, vous pouvez éventuellement tomber amoureux.

« Ma femme, je l'ai rencontrée de façon traditionnelle. Mes parents l'ont trouvée pour moi. C'est la meilleure méthode. Plus les familles se ressemblent, moins il y a de problèmes. Si l'un est riche et l'autre pas, si l'un est religieux l'autre pas, le mariage est mal parti. Quand les familles ont choisi, le couple apprend à se connaître. J'ai pu parler plusieurs fois avec ma femme avant le mariage. C'était convenu avec ses parents et les miens, ils savaient à quelle heure avaient lieu les rencontres, dans un parc ou un café. On a parlé de nos idées, de nos familles, de nos personnalités. Et vraiment, je suis très heureux de la femme qu'on m'a trouvée. »

LA LUNE DE MIEL

Contrat de mariage numéro 37423
République islamique d'Iran
Département d'enregistrement des actes notariés et des biens immobiliers

Date de mariage : 19 mai 2009
Date d'enregistrement : 19 mai 2009

Epouse : Mlle Fariba XXX, numéro de carte d'identité nationale 4747, délivrée au district numéro 3 de Téhéran le 1er décembre 1987 sous le numéro de série : A/32-612684, née le 23 novembre 1987, fille d'Ahmad et d'Arous. Profession : étudiante à l'université. Nationalité : iranienne. Religion : musulmane.

Epoux : M. Mohsen XXX, numéro de carte d'identité nationale 56 803, délivrée au district numéro 8 de Téhéran le 28 mars 1981 sous le numéro de série A/32-270165, né le 7 mars 1981, fils d'Ahmad et de Robabeh. Profession : travailleur indépendant. Nationalité : iranienne. Religion : musulmane.

L'époux a-t-il une autre épouse : Non.
Type de mariage : Permanent [29].

Dot : Un exemplaire du saint Coran d'une valeur de 60 000 rials et un lot de miroirs et un bougeoir d'une valeur

Fariba et Mohsen, 22 et 28 ans, lors de leur voyage de noces, dans les jardins Narangestan à Shiraz.

de 500 000 rials et des bijoux pour une valeur de 80 560 000 rials (6 044 euros) et quatre tapis pour une valeur de 127 450 000 rials (9 597 euros) ont été donnés ; par ailleurs, 300 pièces d'or (dont 10 bahar-e azadi[30]) et le montant du coût d'un pèlerinage à La Mecque sont à la charge du mari et payables à la demande de l'épouse[31].

Clauses du contrat de mariage

A) L'épouse déclare que, dans le cas où le divorce ne serait pas demandé par elle et dans le cas où, d'après la cour, le divorce ne serait causé ni par le refus de la femme de s'acquitter de ses devoirs conjugaux, ni par la mauvaise conduite de l'épouse, l'époux devra lui donner la moitié des biens acquis durant la vie maritale ou l'équivalent du montant de ses biens, selon la décision de la cour.

B) L'époux autorise l'épouse, et ce de manière irrévocable, à faire usage de son droit de substitution dans les cas mentionnés ci-dessous, à saisir la justice et à divorcer après avoir choisi son type de divorce.

Cas dans lesquels l'épouse peut demander à la cour la permission de divorcer [32]

1) Refus du mari de payer à l'épouse la pension alimentaire pendant six mois avec impossibilité pour la femme de l'astreindre à s'acquitter de la pension ; non-respect par l'époux des droits inaliénables de l'épouse pendant six mois avec impossibilité pour l'épouse de l'astreindre à les respecter [33].

2) Mauvaise conduite ou vie sociale excessive [34] de la part de l'époux rendant la vie conjugale intolérable pour l'épouse.

3) Développement par le mari d'une maladie incurable qui pourrait représenter un danger pour l'épouse.

4) Démence de l'époux dans un cas où l'annulation du mariage n'est pas autorisée par la religion.

5) Non-respect par l'époux d'une interdiction d'exercer un métier prononcée par la cour et dont l'exercice selon le tribunal nuit à la réputation de l'épouse.

6) Condamnation de l'époux à une peine d'emprisonnement d'au moins cinq ans ou à une amende dont l'impossibilité d'être payée entraîne une peine d'emprisonnement d'au moins cinq ans.

7) Dépendance de l'époux à des produits addictifs dont les effets nuisibles affaiblissent, selon la cour, la vie de famille et rendent impossible pour l'épouse de continuer la vie conjugale.

8) Abandon sans excuse par l'époux du domicile familial. Seule la cour peut décider de ce qui relève d'un abandon du domicile familial et de la justification de cet abandon. Lorsque l'époux abandonne le domicile familial pendant six mois consécutifs sans justification valable, seule la cour est décisionnaire.

9) Condamnation de l'époux pour un crime et exécution de la peine, y compris la condamnation islamique prévue dans le Coran, en cas de crime qui entacherait l'honneur

et le prestige de l'épouse. Seule la cour peut décider si un crime a entaché ou non le prestige et la réputation de l'épouse et si celui-ci est contraire aux principes et à la tradition de la famille.

10) Stérilité ou tout autre handicap physique de l'époux dans le cas où l'épouse, après cinq années de mariage, n'a pas pu enfanter.

11) Dans le cas où l'époux a disparu et où sa trace n'a pas été retrouvée au moins six mois après que l'épouse en a informé la cour.

12) Lorsque l'époux épouse une autre femme sans le consentement de sa première épouse ou si, d'après la décision de la cour, il ne traite pas sa première épouse dignement.

Nota : les époux n'ont pas signé l'article 12 du présent contrat de mariage.

Témoins et références

M. Ahmad XXX, né à Toyserkan, fils de Syd Sadreddin.

M. Mohamad Reza XXX, né à Téhéran, fils d'Ahmad.

M. Ahmad XXX, né à Mehriz, fils de Gholamhossein.

Les époux ont signé le présent contrat en toute connaissance des clauses mentionnées et de son contenu.

Attestant de l'exactitude des informations concernant l'identité des deux parties, je soussigné, agent du registre des mariages, certifie par signature et par sceau le présent mariage.

Ce contrat, conforme à l'inscription au registre des mariages, est transmis à l'épouse selon l'article 14 de la loi matrimoniale. (Signature et sceau sur le registre des mariages)

LE MARIAGE ARRANGÉ HEUREUX

ALI REZA : Quand j'ai eu vingt-six ans, mes parents m'ont dit qu'il fallait me marier. Je leur ai demandé d'attendre, parce que je commençais juste à travailler. J'étais trop jeune pour faire un bon mari. Trois ans plus tard, j'ai cédé. Alors ils m'ont cherché une femme. Ils ont pris des renseignements sur plusieurs familles, de bonnes familles qu'ils connaissaient depuis longtemps. Ils les ont appelées pour organiser un *khastegari*, une rencontre en vue d'un possible mariage. J'en ai vu plusieurs, aucune ne m'a plu.

AKRAMOSSADAT : J'avais vingt-deux ans à l'époque. De temps à autre, mes parents me disaient que telle famille avait appelé, qu'elle avait un jeune homme à marier, un jeune homme bien élevé avec un diplôme d'une bonne université et un bon travail. Alors je donnais mon accord pour le rencontrer à la maison. Ils arrivaient avec des fleurs, des fruits et des gâteaux, et nous leur préparions du thé. J'en ai vu quatre ou cinq, mais ils ne m'ont pas plu. Mes parents ont donc appelé ces familles pour leur dire...

ALI REZA : Leur dire non !

AKRAMOSSADAT : Leur dire ça à notre façon, que leur fils était formidable, mais que je préférais poursuivre mes études. Et un jour, c'est Ali Reza qui est venu pour un *khastegari*. Il m'a plu, j'ai donné mon accord pour le revoir.

ALI REZA : A la seconde rencontre, on a pu parler l'un avec l'autre, sans les parents.

AKRAMOSSADAT : Il m'a demandé : « Si je perdais tout, mon argent, mon travail, qu'est-ce que tu ferais ? » J'ai ré-

Ali Reza, 42 ans, sa femme Akramossadad, 36 ans, et leur fils Amir Hossein, 9 ans.

pondu que ce n'était pas très important pour moi, qu'il était jeune et qu'il pourrait se refaire.

ALI REZA : Avec cette réponse, j'ai découvert qu'elle ne s'intéressait pas à mes pièces d'or. Alors j'ai décidé de l'épouser.

AKRAMOSSADAT : De mon côté, je voulais savoir si, comme mari, il me donnerait la permission d'étudier, de travailler, de voyager.

ALI REZA : J'ai dit oui à tout ! Je lui ai dit qu'elle pourrait partir en voyage ou voir ses parents quand elle le souhaiterait. Et que l'argent que je gagnais serait aussi le sien. J'ai entendu dire qu'à l'Ouest, les couples ont des comptes bancaires en commun et que la femme peut signer des chèques ou retirer de l'argent. Je trouve cela très bien.

AKRAMOSSADAT : Parfois, les hommes disent oui à tout avant le mariage et oublient leurs promesses après. C'est une question de chance. Ali Reza m'a donné l'impression d'être sincère. Et puis il ne proposait que 200 pièces d'or pour mon *mehrieh.* A cette époque, l'une de mes amies avait eu 1 000 pièces. J'ai compris que pour lui, l'argent n'était pas important. Cela m'a rassurée.

ALI REZA : On a signé le contrat. Cela nous a donné la possibilité d'aller sans les parents dans des restaurants, de se promener dans les parcs. Tout cela alors que le mariage religieux et la grande fête n'avaient pas encore eu lieu.

AKRAMOSSADAT : La cérémonie a eu lieu quatre mois après la signature du contrat.

ALI REZA : C'est pendant ces quatre mois que j'ai commencé à tomber amoureux. Un soir, elle m'a fait à manger, pour moi seul, dans un appartement qui appartenait à son père. J'ai aimé sa manière de bouger, de parler, de mettre la table.

AKRAMOSSADAT : Et moi j'étais très nerveuse, j'avais l'impression de ne plus savoir marcher !

ALI REZA : On avait le droit de se voir, mais pas de dormir ensemble.

AKRAMOSSADAT : Mon père nous surveillait.

ALI REZA : Un autre soir, je suis allé chez eux et je lui ai demandé de venir dans ma voiture. Elle demandait ce qui se passait. Je lui ai dit « Attends, tu verras ». Je l'ai emmenée à l'aéroport. C'était une surprise. J'avais acheté des billets pour Mashad...

AKRAMOSSADAT : C'était le 21e jour du Ramadan. On a passé juste une soirée à Mashad, pour aller voir l'imam Reza dans son mausolée et marcher un peu dans les rues. C'était merveilleux.

ALI REZA : Cela fait treize ans que nous sommes mariés, et cela se passe vraiment très bien. Au début, c'était un choix rationnel. L'amour est venu après quelques années et augmente désormais chaque jour. Certains de mes amis ont des problèmes de couple, ils pensent au divorce, ils disent que j'ai beaucoup de chance. Ils me demandent comment je fais, quel est mon secret. Je leur dis que l'amour, c'est comme une petite fleur dont il faut prendre soin. On ne peut pas l'acheter d'un coup et espérer qu'elle grandisse. Il faut s'en occuper tous les jours, l'arroser, lui offrir la bonne température. Il suffit qu'on ne fasse pas attention un seul jour, qu'on l'oublie, et la fleur peut mourir.

SALLY, PÈLERINE DE MACHAD

Elle dit s'appeler Sally. Nous l'avons rencontrée dans le hall de l'hôtel Qasr à Mashad, un palace dégoulinant de stucs et de dorures, de colonnes torsadées et de versets du Coran calligraphiés, dont la presque totalité du chiffre d'affaires provient des pèlerins qui viennent rendre visite à l'imam Reza dans son mausolée. Voilà ce que l'on apprend en discutant une heure avec elle dans les profonds canapés du lobby :

– C'est son quatrième voyage à Mashad. Cette fois, elle est venue pour remercier l'imam Reza de l'avoir aidée. A quoi ? A bien divorcer.

– Elle est la fille d'un officier des Gardiens de la Révolution qui a eu cinq enfants. Elle est née dans un village près de Khoramabad mais a décidé de se prendre en main. Elle a étudié l'informatique à Borudjerd puis a habité quelque temps chez un de ses frères, à Téhéran.

– Elle a été mariée contre son gré. Son mari s'est révélé toxicomane et très jaloux. Il a ruiné son visage en la rouant de coups. Elle a dû recourir à la chirurgie esthétique pour réparer les dégâts (lèvres et nez) : cela a coûté 2,25 millions de toumans (1 694 euros).

– Elle ne laisse personne décider de sa vie à sa place.

– Reza le patient, Reza le savant, Reza le complet, Reza qui réjouit le cœur des croyants, Reza qui terrorise les hérétiques est à son avis le plus doux des imams, celui qui lui parle dans ses rêves.

– Elle raconte l'épisode de la gazelle. Un jour que Reza

Sally (à gauche), 23 ans, et son amie Banafsheh dans le studio d'un photographe à Mashad. La fresque représente l'imam Reza en train de sauver la gazelle.

voyage entre Médine et le Khorasan, il tombe sur un chasseur qui s'apprête à occire une gazelle. Reza le supplie de délivrer l'animal afin qu'elle nourrisse ses petits, car ses mamelles étaient pleines de lait. L'imam prétend que la gazelle reviendra ensuite se faire docilement égorger. Incrédule, le chasseur s'exécute, mais ligote Reza qui s'est porté garant du gibier. Au moment où le chasseur s'apprête à commettre le pire, la gazelle apparaît, entourée de ses petits. Le chasseur médusé reconnaît le roi du Khorasan et implore à genoux la bénédiction de l'imam de la rectitude.

– Le père de Sally a mis 100 millions de toumans (75 300 euros) à disposition pour ouvrir un commerce à Téhéran, mais elle préfère aller se former en Malaisie d'abord. Elle y va dans un mois, pour quatre ans, se spécialiser en informatique. Elle pleure de quitter l'Iran, mais elle cherche le bonheur et pense qu'il est ailleurs.

– Elle porte en pendentif un coffret qui contient un Coran miniature. Son amie Banafsheh, petite et un peu ronde, qui l'accompagne pour ce dernier pèlerinage à Mashad avant l'exil, est experte dans l'art de calligraphier des prières.

– Elle aime le froid, la neige, les motos et les armes. Quand son père voyage à l'étranger, elle lui demande toujours de ramener des pistolets en plastique.

– Elle a brûlé sa dernière poupée Barbie il y a longtemps, dans un feu de Charchambe Sourieh (le dernier mardi soir avant le 20 mars, date du nouvel an persan, les jeunes suivent une tradition zoroastrienne qui consiste à sauter par-dessus un feu pour se purifier).

– Quand elle vient à Mashad voir l'imam Reza, elle n'a même pas besoin de toucher la grille du mausolée, au cœur du complexe religieux. Elle sent la lumière dès qu'elle voit le dôme du sanctuaire et ses problèmes disparaissent. Mardi, deux malades ont été guéris par Reza. Il est tellement bon qu'il soigne aussi les *bad-hedjabi* (les filles qui ne cachent pas complètement leurs cheveux). Elle en connaissait une qui portait à peine le foulard. Elle était malade et du sang sortait par chaque orifice de son corps. Elle est venue à Mashad, Reza l'a soignée. Quand ils l'ont portée ensuite à l'hôpital, son lit était baigné de lumière, même en pleine nuit.

– Elle, à quatre ans et demi, adorait porter le tchador et réciter la première prière du matin.

– Elle est convaincue d'avoir été, dans une vie antérieure, une Suédoise à vélo. Peut-être employée de Posten AB, le service postal suédois.

L'ÉCOLE DU MARIAGE

Saïd Sadr exerce la profession de chauffeur de taxi dans la ville sainte de Mashad. Ses cheveux sont gras, ses verres de lunettes toujours sales, ses chaussettes pleines de trous et son haleine, qui envahit l'habitacle de sa vieille Paykan, donne des indications sur ses habitudes à la fois alimentaires et sanitaires. Mais c'est un homme plein de ressources. « Pour être un bon musulman, dit-il, il ne suffit pas de se circoncire le pénis, il faut surtout penser de manière globale. »

Sa pensée à lui couvre en effet un spectre assez large. « Il paraît que les Italiennes sont chaudes, j'aimerais bien aller à Rome mettre la main sous leur minijupes, hahaha », dit-il, avant d'estimer que le monde est un grand village, et que les différences entre lui et nous sont finalement assez limitées. « On veut tous leur bourrer la chatte, non ? Hahaha ! »

L'essentiel des réflexions de Saïd Sadr porte cependant sur les jeunes filles de l'Iran contemporain. Il les connaît bien : vingt d'entre elles travaillent pour lui sur les trottoirs de Mashad. Pour éviter les ennuis si la police devait saisir son carnet, il a mémorisé tous leurs numéros de téléphone et les propose aux pèlerins de passage, avec ou sans mariage temporaire. Avec, c'est plus cher. Il nous en conseille une en particulier, qui a quarante-sept ans mais en paraît trente-cinq, et qui fait si bien l'amour qu'après, il faut remercier l'imam Reza.

« Il y a au moins trente mille prostituées à Mashad, parce que les jeunes Iraniennes ne veulent pas se marier, se réjouit-

Le proxénète et chauffeur de taxi Saïd Sadr (à gauche) et ses deux associés de l'école de mariage : Seyed Mohamad Sayah Sarmadi (au centre) et le mollah et Hadi Hadian, en tenue civile.

il. Elles sont curieuses, elles essaient un petit ami, puis un autre. Elles veulent avoir du fun dans la vie ! Les chaînes porno par satellite ne leur suffisent plus, elles veulent voyager. Elles veulent s'envoyer en l'air avec des gens riches dans des maisons de luxe à Dubaï et en Thaïlande. »

Toutefois, Saïd Sadr estime qu'il y a, à Mashad, un homme qui pourrait mieux encore que lui nous éclairer sur la question des filles et des garçons. C'est un professeur d'université, descendant du Prophète, qui est aussi son associé dans une affaire qu'il dirige en parallèle de ses activités de chauffeur de taxi, rien d'autre qu'une « école du mariage ».

Rendez-vous est pris, le lendemain, à l'Ecole supérieure du mariage et du savoir-faire de la vie, laquelle appartient à la « Fondation pieuse, culturelle et artistique du lien éternel de Mashad ». Tout cela figure sur un grand panneau bleu à l'entrée de l'école, ainsi que son numéro de téléphone : 764 88 69.

Le professeur Seyed Mohamad Sarmadi, plus grand, avec des cheveux gris tirés en arrière, y accueille les visiteurs avec ces sages paroles : « Au nom de Dieu le tout-puissant, le miséricordieux, soyez les bienvenus et marchez sur mes yeux. Dans le monde, seul l'islam donne autant d'importance à la famille, et seule une famille harmonieuse garantit les deux aspirations suprêmes des hommes, un corps sain et une âme en paix. »

Assis à sa gauche, au bout du canapé, un mollah en civil approuve solennellement. « Un mariage sain et une famille vertueuse sont des nécessités de l'époque actuelle », estime Hadi Hadian, le conseiller spirituel de l'Ecole supérieure du mariage et du savoir-faire de la vie.

Les trois compères, qui se sont rencontrés avant la révolution islamique parce qu'ils complotaient contre le Shah dans la maison d'Ali Khamenei, né à Mashad et aujourd'hui Guide suprême de la République islamique, ont un credo, que résume fort bien le professeur Sarmadi. « Saïd m'a dit que vous voulez comprendre la mentalité de nos filles iraniennes d'aujourd'hui. Ma position est la suivante. Les femmes peuvent, en adoptant un comportement vertueux, en utilisant leur art de la comédie, leurs gestes harmonieux, la modulation de leur voix, leur connaissance de l'effet des couleurs, des concepts et des images, faire d'un mari révolté et instable une personne honorable pour la société, un mari sérieux pour elles-mêmes, un véritable père pour leur enfant. Mais cela nécessite un apprentissage. »

C'est précisément cet apprentissage que dispense l'Ecole supérieure du mariage et du savoir-faire de la vie. Une trentaine d'adolescents, filles et garçons, la fréquentent chaque semaine. Ils bénéficient des cours du professeur Sarmadi, des conseils du mollah Hadian et de l'expérience de Saïd Sadr, qui est aussi chargé des relations publiques de l'école. La doctrine de l'établissement est résumée sur les panneaux qui couvrent tous les murs de la classe. Voilà ce qu'on peut y lire.

Panneau jaune : « Dans une famille saine, le mari pense à protéger sa femme, pas seulement à l'entretenir ; et la femme pense à apporter la sérénité à son mari, pas seulement à l'amadouer. »

Panneau blanc : « L'Ecole supérieure du mariage et du savoir-faire de la vie [...] est la trappe qui permettra de capturer le Homa Saadat[35]. »

Panneau vert : « Dans ce monde plein d'étincelles et

d'éclats, qui attirent et qui tuent, [dans ce monde] fait de relations complexes, la réussite appartient à ceux qui feront un mariage sain. »

Autre panneau vert : « La diffusion de l'idée de travail chez les filles est une des causes importantes de la crise qui engendre la diminution des mariages et l'augmentation des divorces. »

Panneau rouge : « La raréfaction du mariage est une maladie qui nécessite un traitement. L'augmentation des divorces est une maladie qui nécessite de la prévention. »

Et enfin ce panneau marron : « Les gens informés, qui ont étudié dans des centres universitaires, reconnaissent que le projet d'une école supérieure du mariage et le plan de prévention du mensonge, de la tromperie, de la ruse et de la cachotterie au sein du mariage sont logiques, scientifiques, et en accord avec Dieu. »

De retour dans la voiture de Saïd Sadr, encore pénétrés de ces doctes préceptes, nous désirons en savoir plus sur le modèle économique de l'Ecole supérieure du mariage et du savoir-faire de la vie.

« Ça marche très bien, dit-il. Les classes sont pleines, ce qui nous permet de sélectionner nos élèves avec des tests sur leur santé physique, leur santé mentale, leur santé spirituelle et leur santé sociale. Plus de 500 à 600 élèves ont déjà étudié chez nous, dont deux tiers de filles. Les cours sont séparés pour les filles et les garçons. Nous avons deux formules : un cours accéléré pour les 18-25 ans, vingt heures à 5 000 toumans [3,76 euros] de l'heure et pour les plus jeunes, à partir de douze ans, un cursus de cinq ans à 120 000 toumans [90 euros] par année. Le vendredi, nous proposons aussi des cours où parents et enfants viennent ensemble. Et parallèlement à l'école, nous avons une agence matrimoniale qui propose un mari ou une épouse aux parents de nos élèves. Nous prenons juste une commission sur la dot et avons déjà fait aboutir 130 mariages dont aucun n'a encore fini par un divorce. Cela représente beaucoup de travail et ne dégage pas beaucoup de profits. De toute façon, nous sommes une fondation religieuse, l'argent n'est pas notre objectif, nous faisons tout cela pour Dieu. Quant aux élèves filles qui ne trouvent pas de mari, je les mets sur le trottoir, elles tapinent pour moi. »

LE MARIAGE TEMPORAIRE

Mashad signifie « lieu du martyr », et c'est de celui de l'imam Reza en 818 de notre ère qu'il s'agit. Chaque année, 20 millions de pèlerins chiites visitent son mausolée. Et pourtant, Mashad est aussi la capitale iranienne des plaisirs, en particulier ceux de la chair, avec ou sans *sigheh*, le fameux mariage temporaire. Pour comprendre ce paradoxe, nous avons demandé une audience à Samaneh Nik, cinquante-cinq ans, titulaire d'un master en théologie. Elle dirige le séminaire religieux Hosseini Nosrat à Mashad où elle enseigne la jurisprudence, l'interprétation du Coran et la moralité islamique. Son sujet de thèse était le bonheur dans l'islam.

« Chère madame, merci d'avoir accepté de nous recevoir en compagnie de l'une de vos élèves et de répondre à nos questions. Nous sommes venus dans la ville sainte qui abrite le mausolée de l'imam Reza...

— Que la paix soit sur lui !

— Oui, que la paix soit sur lui. Nous sommes donc venus dans sa ville pour comprendre comment il est possible de concilier la liberté de mœurs que l'on observe ici, surtout sexuelles, avec les exigences de votre sainte religion.

— Au nom de Dieu le tout-puissant, le miséricordieux, soyez les bienvenus à Mashad. L'islam veut le bonheur de ses fidèles, un bonheur qui n'ait aucune conséquence néfaste. Avec le mariage temporaire, les deux partenaires sont officiellement mari et femme. Cela signifie qu'il ne s'agit pas d'un péché. Et c'est là un point très important.

*Samaneh Nik (à gauche), 52 ans, est théologienne à Mashad,
ici en compagnie d'une de ses étudiantes. Elle a consacré sa thèse au bonheur dans l'islam.*

— Ne faut-il pas considérer pourtant que de trop s'adonner aux plaisirs sexuels peut constituer une diversion par rapport à l'objectif d'un pèlerinage dans une ville sainte comme la vôtre, lors duquel devraient primer la pénitence et la contrition face aux souffrances subies jadis par l'imam Reza ?

— Que la paix soit sur lui.

— Oui, que la paix soit sur lui.

— Dans l'islam, le *sigheh* est un mariage, ce n'est pas juste une source de plaisir éphémère. C'est une réponse à un besoin véritable. Lorsqu'on a faim et qu'on n'a rien à manger, on est malheureux. Lorsqu'on nous donne à manger, on est heureux. Il s'agit d'un bonheur nécessaire. Et l'islam, je vous le répète, veut le bonheur des croyants.

— Notre attention a pourtant été retenue par un précepte de l'imam Reza...

— Que la paix soit sur lui !

— Oui, oui. Ce précepte donc qui dit : "Le renoncement garantit la vertu et éclaire le destin."

— Le *sigheh* est une manière d'atteindre la paix quand on ne peut pas se marier. Cela n'a rien à voir avec la prostitution ou les rapports hors mariage entre filles et garçons. Ça, c'est sûr. Vous savez, le *sigheh* existait au temps du Prophète, que la paix soit sur lui. C'est le second calife, Omar, le perfide, qui l'a interdit et c'est pourquoi le *sigheh* n'existe pas chez les sunnites. Quant à notre imam Ali, que la paix soit sur lui, il prônait le *sigheh*. Voici l'un de ses préceptes : "Si leur femme est malade, certains hommes se contrôlent pendant cinq ans. S'ils ne peuvent pas se contrôler, le *sigheh* est mieux que le péché."

— Ne peut-on pas voir certains *sigheh* comme une façon d'abuser légalement des femmes ?

— Je ne suis pas d'accord pour dire que ce sont les hommes qui utilisent le *sigheh*. La plupart du temps, ce sont les femmes qui le demandent !

— Et pourquoi ?

— Parce qu'il y a des règles. Et certaines de ces règles sont semblables à celles du mariage. Si la femme tombe enceinte, pas de problème, elle reçoit de l'argent ! Les femmes doivent également attendre trois mois après l'échéance de leur *sigheh* avant d'en contracter un autre, de façon à pouvoir identifier le père d'un enfant éventuel. Même si cette disposition particulière n'est pas toujours respectée, tout cela constitue une protection pour les femmes. Et de façon générale, ce n'est pas toujours facile de se marier de façon permanente.

— Le *sigheh*, lui, est-il toujours facile ?

— Je vous l'ai dit, il y a des règles. On ne peut pas se marier, même de façon temporaire, pendant certaines périodes de deuil. Et les filles vierges ont besoin de l'accord de leur père, de leur grand-père ou de leur frère pour contracter leur premier *sigheh*. Une autre difficulté du *sigheh* est le fait de devoir parler d'argent tout de suite. Vous connaissez notre culture et notre politesse. Il nous est difficile de demander de l'argent et d'être direct. Cela conduit certaines femmes à ne pas demander une somme suffisante pour leur *sigheh*.

— Nous avons entendu dire que vous tenez également, le mercredi après-midi, une permanence de conseils gratuits aux familles dans une salle du mausolée de l'imam Reza...

— Que la paix soit sur lui !

— Oui, que la paix soit sur lui. Arrive-t-il que des femmes, des hommes ou des couples viennent vous demander si le *sigheh* est une bonne chose ?

— Oui, cela arrive. Je peux leur donner des conseils, mais je ne peux pas les empêcher de se marier. Car le *sigheh* est un droit. Etes-vous satisfaits de mes réponses ? Voulez-vous savoir autre chose ?

— Nous sommes très heureux de vos réponses et vous en remercions...

— Je suis votre mouton sacrificiel.

— Euh, nous aussi, enfin je veux dire, merci beaucoup.

— Je suis votre esclave.

— Nous aussi. Puisque vous nous le proposez, et que nous avons la chance de pouvoir bénéficier de vos lumières, nous aimerions connaître votre point de vue sur les revendications de certaines femmes iraniennes.

— Lesquelles ?

— Le prix Nobel de la paix, Shirin Ebadi, lutte par exemple pour que les sœurs reçoivent un héritage égal à celui de leur frère. Elle a déclaré : "Les lois adoptées après la Révolution ont malheureusement retiré sa part d'humanité à la femme et en ont fait un être de deuxième classe, incapable et mentalement dérangé."

— Shirin Ebadi a ses idées, c'est bien pour elle, mais nous, ici, nous vivons selon le Coran. Elle a serré la main du président français et ça, ce n'est pas acceptable. Nous n'avons pas de problèmes avec nos droits ni avec nos lois. Personnellement, je vis, je suis utile à la société, je suis incroyablement active. J'enseigne à 250 étudiantes à l'université et à plus de 120 ici, dans ce séminaire. En quoi puis-je me plaindre du Coran ? Les problèmes surviennent si le Coran n'est pas appliqué à 100 %.

— Mais votre avis sur la question de l'héritage ?

— Au fond de moi, je pense que les hommes ne devraient

pas hériter du double de ce dont héritent les femmes, en particulier parce que les femmes sont meilleures que les hommes pour gérer l'argent. Mais il n'est pas possible de changer cette prescription religieuse. Parce que l'islam considère la famille, pas les individus.

— Une autre revendication de certaines Iraniennes concerne leur statut inférieur, par exemple face à un tribunal. Le témoignage d'un homme vaut celui de deux femmes. Shirin Ebadi se demande si c'est parce que les hommes ont quatre yeux et les femmes seulement deux.

— Shirin Ebadi dit ce qu'elle veut. Moi, je suis d'accord avec cette disposition. Je pense en effet que le témoignage d'un homme vaut celui de deux femmes. Parce que les femmes sont trop sensibles. Elles ont peur quand elles sont en public et cette peur accentue leur émotivité. Elles perdent facilement la raison, elles se laissent emporter par leurs sentiments. Les hommes réagissent de façon plus posée.

— Vous-même avez pourtant l'air très posée et raisonnable !

— Vous savez, je me laisse facilement impressionner quand je suis confrontée à des choses pénibles. Lorsque j'enseignais les matières religieuses en prison, les gens venaient vers moi, ils me disaient qu'ils étaient innocents, ils se mettaient à pleurer. Et je les croyais ! Alors le directeur de la prison m'a montré leurs dossiers, et j'ai découvert qu'ils avaient tous menti. Qu'ils avaient commis des crimes. La sensibilité des femmes les empêche de voir la vérité. Les sentiments ne doivent pas interférer avec la vérité. »

AMOUREUX DU SIGHEH

« Mon nom est Mohsen Sadeghat et j'ai vingt-neuf ans. Par la volonté de Dieu, il se trouve que je n'ai pas encore d'épouse permanente. Je sais combien c'est regrettable. Chez nous, qui sommes croyants, on dit que l'argent vient après le mariage et même après la naissance du premier garçon. Donc la pression sur moi est très forte. Mon père ne cesse de me présenter des femmes. Il est à la fois très autoritaire, très religieux et pas très riche. Si bien que les épouses qu'il me propose ne sont pas jolies. Je dois dire que je crains Dieu et que j'aime les femmes *tchadori* [36]. Or celles qui me sont présentées par mes amis portent le manteau. Pour toutes ces raisons, je suis tombé amoureux du *sigheh* !

« J'ai signé mon premier *sigheh* il y a trois ans, il a duré dix-huit mois. C'était une femme qui avait déjà été mariée. Lorsqu'elle a divorcé de son mari, son frère, qui est aussi mon meilleur ami, a proposé que la famille lui trouve un *sigheh* afin qu'elle ne reste pas seule. La mère était contre mais le père a déclaré que si un bon candidat lui était proposé, il pourrait donner son accord. Un jour, j'étais avec son frère. On fumait le narguilé pas loin du mausolée de l'imam.

« "J'ai pensé à une femme pour toi, il a dit.

« — Qui ça ? j'ai demandé.

« — Surtout ne te fâche pas. Reste calme !

« — D'accord, j'ai dit, je vais rester calme. C'est qui ?

« — Ma sœur Alva."

« J'ai senti d'un coup une énorme pression dans mes veines. Je n'ai pas réussi à rester calme. Lui et moi étions amis,

Mohsen Sadeghat, 29 ans et son épouse temporaire Zohreh, 31 ans,
devant le mausolée de l'imam Reza à Mashad.

et nous devions devenir beaux-frères ? Tout allait changer entre nous. Bien sûr, c'était une femme exceptionnelle, belle, religieuse et portant le tchador. Je me suis levé et je suis parti sans le saluer. Il m'a appelé plusieurs fois par la suite, je n'ai pas répondu. Après un mois, c'est le père qui m'a appelé. C'était tard le soir. D'abord, il a appelé du téléphone de la maison. Je n'ai pas répondu, pensant que c'était son fils. Puis il a utilisé son portable, un numéro que je ne connaissais pas. Comme c'était le père et que je lui dois le respect, j'étais embarrassé, je ne pouvais pas raccrocher.

« "Ma fille Alva est seule désormais, il a dit. Elle a besoin d'un *sigheh*. Nous ne sommes pas favorables à ce type de mariage. Sauf s'il s'agit de toi.

« — Il faut que je réfléchisse, je lui ai dit.

« — Je te donne deux jours pour réfléchir, il a dit. Tu connais notre famille et nous te connaissons. Si tu prends ma fille en mariage temporaire, tu seras comme mon fils."

« Je suis rentré rapidement chez moi et j'ai ouvert un livre de Hafez au hasard. Je suis tombé sur un passage très positif. Pour être sûr, j'ai aussi ouvert le Coran au hasard et je suis allé voir un mollah pour lui demander ce que signifiait la sourate sur laquelle j'étais tombé.

« — Je ne sais pas quelle décision tu dois prendre, il a dit, mais sache que Dieu a guidé ta main et que ta réponse doit être oui.

« Alors j'ai signé pour six mois reconductibles.

« Souvent, quand on fait un *sigheh*, on loue un appartement et chacun paie la moitié. Alva et moi n'avions nulle part où aller. Heureusement, sa famille m'a traité comme un mari permanent. Je pouvais aller chez eux quand je voulais et passer la nuit avec elle. La seule obligation était de prendre le repas du vendredi soir avec eux. Au début, pendant deux ou trois mois, cela m'a gêné d'être assis avec eux autour du *sofreh* [nappe posée par terre] mais au bout d'un moment, je me sentais mieux. Evidemment, quand un *sigheh* se passe bien, on a toujours envie de le transformer en mariage permanent. Et moi je lui ai dit : si tu veux, je veux aussi. Mais un jour, après un an et demi, elle m'a dit qu'elle ne renouvellerait pas le *sigheh*.

« Sa famille était de Téhéran, ils étaient venus à Mashad six ou sept ans plus tôt pour se rapprocher de l'imam Reza. Dans la famille, il y avait un cousin qui a longtemps habité en Hollande et qui venait de rentrer. Il cherchait une femme. Toutes les négociations se sont déroulées à mon insu, elle est partie avec cet homme. Je lui avais toujours dit : si Dieu te trouve un bon mari permanent, dis-le-moi ! Mais elle a attendu un mois pour me parler de ce cousin. Nous sommes alors allés au mausolée de Reza pour nous dire au revoir. J'étais vraiment heureux pour elle mais moi, j'avais beaucoup de peine. On savait tout l'un de l'autre. Pendant un an et demi, nous avions vécu une vraie relation. Dans les mois qui ont suivi, je n'ai pas beaucoup mangé. Je n'ai pas non plus pensé à un autre *sigheh*. Puis je me suis dit qu'il fallait me reprendre. Beaucoup de gens savaient que je cherchais un *sigheh* et m'ont proposé des femmes, mais aucune ne me plaisait.

« Un jour, un ami m'a dit que sa cousine venait juste de divorcer, et qu'elle avait un problème juridique avec son ex-mari, à propos des enfants. Comme j'ai quelques connaissances de droit, il voulait que je lui donne des conseils. Je suis allé la voir, je l'ai aidée à écrire une lettre au tribunal.

Elle s'appelle Zohreh. Nous étions chez elle et je me tenais à un mètre d'elle. Nous en étions là lorsque mon ami, son cousin, est entré avec une femme que je connaissais aussi et il a dit qu'il avait des billets de bus pour aller au bord de la Caspienne. On avait tous envie d'y aller mais on ne pouvait pas, personne n'était marié. Le plus simple était que Zohreh fasse un *sigheh* de trois semaines avec son cousin et moi avec l'autre femme. Mais comme il y avait une différence d'âge entre Zohreh et son cousin, on s'est dit que j'allais me marier avec elle et que lui prendrait l'autre femme. Heureusement, je connaissais l'un des rares bureaux de *sigheh* à Mashad qui accepte d'inscrire ce mariage sur la carte d'identité. Sinon, vous ne pouvez pas aller avec votre femme dans un hôtel ou vous asseoir à côté d'elle dans le bus.

« On s'est juste mariés pour prendre le bus mais après, j'ai senti que j'allais prolonger ce *sigheh*. Grâce au pouvoir de Mohamed et au pouvoir de Reza, une proximité incroyable s'est installée entre nous. En une seconde, c'est comme si nous avions vécu dix ans ensemble. Il y a quelque chose de divin entre nous. Quand on a fait ce voyage en bus, on a pu parler avec une immense facilité. Elle me racontait les problèmes avec son mari, j'étais le premier à qui elle ouvrait son cœur. C'est l'œuvre de Dieu : j'ai trouvé la paix et le bonheur à la seconde où l'on a prononcé la phrase du *sigheh*.

« Je dois dire que ce *sigheh* réveille en moi l'envie d'un mariage permanent. L'an dernier, j'ai subi une grosse pression de ma famille pour que je me marie. Ils ont foi en moi, ils savent que je suis un bon musulman et veulent me trouver une femme. Or il y a des choses dans mon cœur que mon père, ma mère, mon frère ne comprennent pas mais que ma femme temporaire, elle, comprend parfaitement. Je ne leur ai pas dit que j'avais fait des *sigheh*, ni le premier, ni le second. C'est un autre avantage du mariage temporaire, de pouvoir le garder secret. Elle est plus âgée que moi, elle a déjà été mariée. Il y a des gens qui me disent : tu pourrais trouver une vierge, plus jeune, pourquoi tu restes avec celle-là ? Mais quand je me dis que je vais la quitter, je me sens triste. »

Zohreh a écouté en silence tout le discours de son mari temporaire, le sourire aux lèvres. Pour la première fois de la soirée, dans cette petite maison de thé près du mausolée de l'imam Reza, elle ouvre la bouche. « Je ne veux plus d'enfants, dit-elle. Mohsen, lui, il en veut. S'il demande de m'épouser de façon permanente, je dirai non, car il a de meilleures opportunités que moi. »

KHOSROW

J'essaie de me souvenir de la première rencontre avec Khosrow Hassanzadeh. C'était un soir, sans doute au printemps 1999 ou au début de l'été, dans son atelier près de la rue Manucheri ou alors chez lui, plus au sud de Téhéran, dans une petite impasse que j'aurais de la peine à retrouver. Ce fut un double choc, l'homme et son travail. Il était immense, les épaules carrées, le visage carré, le front bombé, le nez droit, les yeux enfoncés. Il était pieds nus, écoutait de la musique libanaise, buvait de l'alcool de datte, fumait de petites cigarettes Bahman sans cesser de bondir d'un pas élastique d'un coin à l'autre de la pièce pour sortir des toiles aussi grandes que lui, qu'il semblait produire en série et sans effort. Ce n'était même pas des toiles, mais des rouleaux de papier d'emballage ou de vagues tissus cloués sur des morceaux de bois sur lesquels il peignait des femmes en tchador, sa sœur, sa mère, sa femme, sur fond de radiateur, de mur jaune ou de fenêtre opaque. Il y avait parfois des collages de papier peint et des poèmes calligraphiés.

Khosrow n'avait aucune envie de parler de politique. Il détestait l'idée que les artistes iraniens doivent forcément s'engager, prendre position, incarner la dissidence. Il vivait au sud de Téhéran, venait d'un milieu populaire, avait appris à peindre et il peignait, voilà tout. De toute façon, son anglais était rudimentaire et mon farsi plus encore. Ce que j'ai appris sur lui est venu plus tard, en visionnant le portrait documentaire que lui avait consacré son ami Maziar Bahari, intitulé *Peins, peu importe quoi*. Il racontait là ses deux ans comme

Khosrow Hassanzadeh (à gauche), 46 ans, a été bassidj sur le front contre l'Irak, puis vendeur de fruits. Il est aujourd'hui l'un des artistes iraniens les plus renommés en Occident.

bassidj sur le front de la guerre Iran-Irak puis ses cours de peinture avec Aydeen Aghdashlou, l'ancienne conseillère artistique de la reine Farah Diba. On le voyait en train de vendre des bananes dans une petite échoppe de rue, son métier avant celui d'artiste. On voyait sa femme, qui ne comprenait rien à son art. Elle disait qu'il ferait mieux de continuer à vendre des bananes, pour subvenir aux besoins de la famille.

J'étais là avec ma femme de l'époque, qui accepta de poser pour lui un de ces jours prochains. Khosrow ne se plaignait de rien, sauf du manque de modèles pour les peintres iraniens. En partant, il nous remit un épais rouleau. C'était sa série sur la guerre, une vingtaine d'images de linceuls entassés ou isolés mais étrangement animés, comme si ces corps de martyrs vivaient encore. La série avait été censurée par la Guidance islamique, mais une galerie de Londres s'y intéressait et il comptait sur nous pour la glisser dans une valise diplomatique. Un consul en partance voulut bien s'en charger, l'exposition eut lieu et le British Museum se porta acquéreur de l'une des pièces, un linceul sur une chaise roulante. Pour Khosrow, c'était le début de sa renommée occidentale.

Je l'ai revu souvent par la suite, dans des soirées iraniennes ou étrangères. On se parlait toujours aussi peu et je crois qu'il m'en était reconnaissant. Il aimait peindre, pas s'expliquer. Il devint la coqueluche des ambassades, qui achetaient ses œuvres et l'invitaient à leurs mondanités. Ah, le regard condescendant, voire suspicieux, que posaient sur lui les invités habituels des diplomates, les polyglottes distingués de la bourgeoisie iranienne ! A son allure, à son accent, ils devinaient immédiatement qu'ils avaient affaire à un Téhéranais d'en bas, suspect de fricoter avec le régime et de baratiner les diplomates à coup de folklore révolutionnaire. Khosrow, lui, s'en fichait et produisait série sur série. Les femmes de l'Ashoura sur de grandes plaques de cuivre et toujours son papier d'emballage, les prostituées de Mashad qu'un tueur en série avait entrepris d'éliminer pour des motifs religieux et, plus tard, lorsque l'Iran fut rangé dans l'« Axe du Mal » par George Bush, cette série intitulée « Terroriste » qui le montrait, lui et sa famille, dans leur décor kitsch et familier, comme des criminels sur des fiches de police. Il avait de plus en plus de succès et ses expositions se multipliaient à Beyrouth, Amsterdam, Londres, Paris, Dubaï, Venise ou Berlin.

Je réalise aujourd'hui que je n'ai jamais parlé d'art avec Khosrow. Plutôt de femmes, et jamais plus de deux ou trois phrases sur la sienne dont il avait fini par divorcer, la mienne qui avait fini par m'abandonner à Téhéran et quelques autres. A l'été 2002, lorsque je quittai l'Iran pour de bon, c'est Khosrow qui vint m'aider à vider l'appartement. Il avait accueilli et guidé Paolo dans ses séjours solitaires en 2005 et 2006, et quatre ans et demi plus tard, lorsque je reçus enfin un visa pour retourner sur place avec Paolo, c'est chez lui que nous avons passé la première soirée. Son anglais avait fait de grands progrès et c'est la seule conversation avec lui que j'ai enregistrée :

« J'avais passé les trente ans, ma mère a décidé que je devais prendre une épouse. Elle a arrangé un *khastegari* dans une famille que je ne connaissais pas. Je n'avais pas l'intention de leur plaire et quand le père m'a demandé si j'avais de l'argent, j'ai répondu "Pas un sou" en tirant sur ma chemise pour dire que c'était tout ce que j'avais. Je ne m'y attendais pas : ça l'a fait rire. Il a dit qu'il était fier d'accueillir enfin un homme honnête sous son toit. Il m'a indiqué la porte d'une chambre au fond du séjour et m'a dit d'aller y passer cinq minutes pour voir sa fille de plus près. C'est une chose qui n'arrive jamais, dans les *khastegari* traditionnels. Elle se trémoussait dans son tchador, pour me montrer qu'elle était jolie. Je lui ai dit que ce n'était pas la peine, que tout ça m'était un peu égal, et je lui ai raconté des blagues, parce que je ne savais pas de quoi parler. Dès qu'on est rentrés à la maison, ma mère et moi, les autres ont téléphoné. La fille insistait pour qu'on se marie ! Alors on s'est mariés. Je me suis retrouvé avec elle, je ne savais pas qui elle était et j'avais pour devoir de la rendre heureuse ! Pour essayer de la connaître, j'ai commencé à la peindre. Des dizaines et des dizaines de dessins et de toiles. C'était vraiment bien, j'ai tout vendu. J'essayais réellement d'être amoureux. Je l'ai intégrée à ma vie, je lui présentais mes amis, je l'ai emmenée à l'université où j'étudiais la peinture. J'ai vraiment essayé, mais ça n'a pas marché. Elle était jalouse, elle ne comprenait pas, on a fini par s'éloigner l'un de l'autre et par divorcer. Quand j'y repense, c'était génial. J'adore les mariages arrangés ! Tu te retrouves avec quelqu'un dont tu ne sais rien. Tu n'as rien décidé, ta mère a tout fait pour toi, et il faut partir à la découverte de l'autre. C'était super, mais j'ai foutu ce mariage en l'air. A cause de mon art. Je déteste mon art. C'était bien plus vrai, cette vie avec elle pendant huit ans, ces bananes que je vendais. C'est terrible d'être un artiste. Tu ne sais jamais comment te regarder. Comme un produit à vendre ? Une publicité ? Qui es-tu ? Les intellectuels veulent répondre à ta place. Mais il n'y a rien comme les intellectuels pour te foutre la vie en l'air. Je déteste être un artiste. »

Dans la foulée, Khosrow nous a montré sa nouvelle série, « Les lutteurs ». C'était la première fois qu'il peignait des hommes. Et pas n'importe lesquels. En Iran, les lutteurs sont les représentants de la noblesse populaire. On les appelle *javanmard*, les gentilshommes. Ils sont musclés, fiers, chevaleresques, religieux et humbles à la fois. Même s'ils sont aussi un peu voyous, s'ils festoient sans cesse, ils ont un code de l'honneur, protègent la veuve et l'orphelin et n'utilisent leur force physique et morale que pour se rapprocher de Dieu, comme les soufis. Ce sont des héros d'antique lignée, toujours mobilisés contre l'injustice. Ou plutôt, c'étaient des héros. Depuis la Révolution, le régime a tout fait pour affaiblir ces champions populaires, pour remplacer leur autorité dans les quartiers pauvres par celle des bassidjis, moins beaux, moins inspirés, moins mystiques. La tradition des *zurkhane* (maisons de force), où s'entraînaient les lutteurs, s'étiole ou devient pur folklore touristique, même si les tombes des grands lutteurs, bien souvent, se visitent le vendredi, comme celles des saints.

Je n'étais pas surpris du sujet. Khosrow m'avait souvent parlé des *javanmard*, qui pour la plupart étaient comme lui originaires du sud de Téhéran. Le plus célèbre et le dernier grand d'entre eux, Golamhussein Takhti (1930-1968), faisait depuis longtemps partie des cartes postales affichées dans son atelier. Mais sa nouvelle série m'a ouvert les yeux. En y songeant, dans le taxi qui nous ramenait de chez lui, j'ai enfin compris qui était Khosrow : un héros. Il avait survécu à la guerre, au marché des fruits, au mariage arrangé et aux biennales d'art contemporain. Il était resté libre, à Londres comme à Téhéran. Il n'avait peur de rien, ni d'embrasser son neveu au mariage de son frère, ni d'épouser sa nouvelle femme, une magnifique Russo-Anglaise, sur une plage de Thaïlande.

Khosrow a échappé aussi bien à la censure iranienne qu'aux galeristes occidentaux qui rêvent de l'enfermer dans le rôle du peintre iranien rebelle. Il ne fait que jouer son propre rôle et a réussi à retourner les clichés, à s'approprier le regard accusateur que l'Occident porte sur l'Iran. Dans la République islamique soi-disant chaste de ce début de XXIe siècle, les artistes ont remplacé les lutteurs et Khosrow Hassanzadeh est leur champion.

MASSOUD

Dans les yeux du vent est la production la plus chère de l'histoire du cinéma et des séries télévisées en Iran. 12 millions de dollars pour 50 épisodes de 50 minutes, tournées dans 480 lieux de dix provinces et diffusés en 2009, chaque vendredi soir, sur la première chaîne de la télévision nationale pour une audience, à chaque fois, de 7 à 10 millions de téléspectateurs. La série retrace l'histoire d'une famille, des années 1920 aux années 1980. Dans la bande-annonce, les balles crépitent, les charges de cavalerie se perdent dans les explosions d'obus et les soldats tombent comme des mouches. La plupart des combats évoqués là ont

Massoud Jafari Jozani, 62 ans, tourne pour son épopée Dans les yeux du vent *la scène d'une réception dans les années 1940. Les agents de la censure veillent que le liquide rouge, dans les verres à Martini, soit bien du jus de grenade.*

été oubliés, voire ignorés par l'Occident. Les rebelles de la forêt de Mirza Kutchik Khan qui bataillèrent dans le nord de l'Iran contre les Russes puis avec les Soviets, avant de succomber à une alliance entre Londres et Moscou ; les épisodes méconnus de la Seconde Guerre mondiale en Iran ; l'épouvantable guerre déclenchée par Saddam Hussein en 1980.

A parler avec Massoud Jafari Jozani dans son petit bureau du centre de Téhéran, on comprend, le temps qu'il rallume une douzaine de fois sa pipe, que la République islamique n'est qu'une couche récente et peu épaisse du millefeuille iranien.

« Mon père était un marchand d'armes installé dans les régions nomades du Lorestan [ouest de l'Iran]. Il achetait et vendait des fusils aux Kurdes, aux Russes et aux tribus iraniennes. C'était un *khan* [seigneur féodal] qui détestait le Shah et toute idée de pouvoir central. Notre maison était fortifiée, il y avait partout des armes qui servaient souvent. Un jour, en 1953, on devait célébrer le mariage d'une de mes cousines avec l'un de mes oncles mais on avait appris que Téhéran avait envoyé un détachement avec l'ordre d'arrêter mon père et tous les mâles de la famille. A cette époque, les Américains venaient de remettre le Shah sur le trône et l'armée voulait en découdre avec tous ceux qui avaient soutenu Mossadegh [37]. J'avais quatre ou cinq ans mais je me souviens que mon père avait décidé que la cérémonie devait se tenir comme si de rien n'était. Les gens de la région ne regardaient pas la vie et la mort comme vous et nous aujourd'hui. Ils se sentaient riches avec un rien et heureux même si cela ne durait que quelques instants. Tout cela a fait de moi l'homme que je suis ; je vous raconte une histoire qui semble s'être passée il y a des siècles mais c'est juste mon enfance.

« Les combats ont commencé en pleine noce. Les premiers morts sont tombés alors qu'ils dansaient. Les autres se sont précipités sur leurs armes alors que nous, les enfants, avons sauté dans un trou. A un moment, je me suis levé, par curiosité et parce que ma petite sœur avait si peur qu'elle avait fait pipi sur ma main. Je me suis levé et j'ai vu mon père en train de courir. Son visage était en sang mais il souriait et je me souviens qu'une de ses dents a brillé dans le soleil. Les nôtres ont réussi à repousser la première vague de l'assaut. A quatre heures du matin, retranché dans le fortin, mon père a donné l'ordre que ma cousine et mon oncle consomment leur union. Le fiancé était blessé, alors plusieurs hommes ont dû l'aider à se mettre au lit. Pour qu'on n'entende pas le couple en train de faire l'amour, mon père a fait lire le *Shahnamah* de Ferdowsi [38] par un de ses hommes qui avait une belle voix. C'était le passage où Rostam tue son fils Sohrab. Vous allez penser que c'étaient des sauvages, des fous. Mais c'était la meilleure chose à faire ! Le lendemain, mon père le savait, tout le monde serait arrêté, alors il fallait faire cette faveur à son pauvre frère, qui était déjà blessé et qui allait passer des mois en prison. Il y eut huit morts ce jour-là dans la famille et mon père resta un an et demi en prison. »

Jafar Jafari Jozani, élevé au Lorestan puis à Téhéran, termine ses études de cinéma à San Francisco en 1977 où il épouse la mère des enfants, une Américaine. En 1984, il rentre au pays, réalise des reportages et des films de guerre et devient l'un des cinéastes proches de l'ayatollah Khomeiny. Sans cesser de rêver qu'il tournera un jour le film de la réconciliation entre l'Iran et les Etats-Unis après celui du divorce, *Jamais sans ma fille* [39]. Depuis vingt ans, Jozani tente de produire un long métrage inspiré du destin de Howard Baskerville, un jeune Américain qui s'est retrouvé en 1909 dans les convulsions de la révolution constitutionnelle à Tabiz [40] et dans lequel Brad Pitt devait incarner le personnage principal. En vain. Il a des producteurs mais aucun gouvernement iranien, pas même celui de Mohamad Khatami (1997-2005), n'a autorisé le tournage.

Alors Jozani se contente de réaliser aux Etats-Unis la moitié du dernier épisode de *Dans les yeux du vent.* En septembre 2009, il sera ainsi le premier réalisateur à tourner sur le territoire américain, avec une équipe de douze techniciens et acteurs iraniens pour lesquels il a obtenu des visas grâce à la politique d'ouverture de Barack Obama. C'est l'histoire de Bijan, ancien pilote de la Seconde Guerre mondiale en Iran, reconverti depuis comme chirurgien à Los Angeles. En 1981, il reçoit de Téhéran la lettre d'une femme qui fut la sienne, qu'il croyait morte et dont il ignorait qu'elle était enceinte lorsqu'elle disparut en 1945 dans la partie de l'Iran occupée par les Soviétiques. Il part aussitôt à la recherche de son fils, jusque dans les tranchées du front irakien.

Evidemment, il est difficile pour un cinéaste iranien de travailler pour la télévision nationale, un outil de propagande pour le régime, alors que d'autres cinéastes sont censurés. Mais Jozani, qui a lui-même été interdit de tournage pendant cinq ans, se défend. « Ce n'était pas une commande de la télévision, dit-il, mais un projet personnel que j'avance depuis des années. » C'est surtout un film national, pour ne pas dire nationaliste. Le père de la famille qui traverse ces six décennies s'appelle d'ailleurs Irani (Iranien). « L'histoire de la famille Irani est l'histoire des Iraniens et de l'Iran tout entier, y compris avec ses membres dispersés dans le monde entier. L'Iran est un pays envié par les autres, qui se courbe souvent, comme le peuplier, mais finit toujours par se redresser. »

ASHOURA

Le jour s'était à peine levé, ce matin du 3 octobre 680, que Hossein bin Ali, le petit-fils du prophète Mohamed, vit le piège se refermer. L'armée du calife de Damas, Yazid, venait de l'encercler et surtout de lui couper l'accès à l'Euphrate tout proche, lui interdisant ainsi toute possibilité de ravitaillement en eau. Sa caravane était arrivée la veille au soir dans la plaine brûlante de Kerbala, au sud de l'Irak actuel, après avoir quitté La Mecque et marché trois semaines dans le désert avec ses femmes, ses enfants et 72 guerriers. Il fallut donc négocier avec le général de Yazid.

« La population de Kufa m'a invité à venir prendre mes quartiers chez elle, déclara Hossein, que l'on décrit comme un homme fort beau et raffiné.

— Tu ne seras autorisé à te déplacer que si tu reconnais l'autorité du calife », répondit le général.

Pour Hossein, c'était inacceptable. Depuis la mort de Mohamed, quarante-huit ans plus tôt, les croyants étaient divisés en deux groupes. Le premier voulait confier le pouvoir aux descendants du Prophète, c'est-à-dire à son beau-fils Ali, à son petit-fils Hossein et ainsi de suite. Le second groupe, qui prévalut, estimait que le pouvoir devait être exercé par les compagnons de Mohamed et la bourgeoisie dont ils étaient issus, le tout sur fond de conquêtes arabes et de guerres civiles entre les tribus musulmanes. Les trois premiers califes furent donc Abou Bakr, Omar et Osman, lequel fut assassiné par une rébellion en provenance d'Egypte et d'Irak. A sa mort, Ali, considéré comme le premier imam

A la mosquée de Qom, des acteurs rejouent le massacre de Kerbala, événement fondateur du chiisme. Le personnage sans visage, Hossein, fut décapité par les sunnites.

par les chiites, accepta de mauvaise grâce le califat, avant d'être assassiné à son tour cinq ans plus tard alors qu'il priait à Koufa. Durant son agonie, il confia le pouvoir à son fils aîné, Hassan, considéré comme le second imam chiite, mais celui-ci fut bientôt empoisonné par sa femme, qui agissait pour le compte du général Muawiyah. Ce dernier s'empara du califat et réussit à le transmettre à son fils Yazid. Lequel, connu pour sa perfidie, devait encore se débarrasser de Hossein, l'autre fils d'Ali, s'il voulait consolider son règne. Et en ce mois d'octobre 860, il le tenait en effet à sa merci, assoiffé, dans la plaine de Kerbala.

Les négociations, entrecoupées d'escarmouches, durèrent huit jours. Sentant que la fin était proche, Hossein libéra ses combattants de leur serment de loyauté afin qu'ils échappent à une mort certaine, mais tous décidèrent de rester à ses côtés. Le 10 octobre, ce fut le massacre. Le fils cadet de Hossein, un bébé, mourut dans les bras de son père, transpercé d'une flèche. L'imam s'écria alors : « Nous appartenons à Dieu et à lui nous retournerons. Seigneur, donne-moi la force de supporter cette misère ! »

Quelques instants plus tard, Hossein reçut lui-même une flèche dans la gorge alors qu'il avait, en maniant le sabre, réussi à s'approcher de l'Euphrate et à porter un peu d'eau à sa bouche.

« Ne le laissez pas boire, hurla un certain Chemr, le plus dangereux des commandants de Yazid. S'il boit, il va revivre ! »

Hossein retira la flèche d'un mouvement sec, recracha l'eau qui giclait par le trou de sa gorge et s'en retourna vers les tentes où ses bourreaux attendaient de pouvoir l'achever.

Chacun de ses gestes, chacune de ses paroles, en ces instants dramatiques où Hossein allait devenir pour les chiites le Prince des martyrs, fait l'objet de mille récits, certains nés des imaginations les plus fertiles du Moyen-Orient. Le drame de Kerbala a aussi inspiré tout un théâtre populaire, le *tazieh*, qui rejoue à l'infini la tragédie dans ses moindres détails. Les innombrables versions du trépas de Hossein et du sort réservé à sa tête tranchée, qui sera portée à Damas au bout d'une pique, remplissent des bibliothèques entières et fournissent à chaque narrateur de la bataille de Kerbala l'occasion de les enrichir librement de précisions sordides. Tous les régimes iraniens depuis les Safavides (1501-1736), et surtout le régime révolutionnaire depuis 1979, ont instrumentalisé l'émotion liée à Kerbala pour unir la population, la dresser contre les ennemis et consolider leur pouvoir.

Le premier ouvrage publié semble être celui de Mollah Hossein Kashefi, *Le Jardin des Martyrs*, qui circule largement en Perse dès le XVe siècle. Voilà comment il raconte les dernières secondes de Hossein [41]:

Lorsque l'imam Hossein tomba sur la terre de Kerbala, le sol se mit à tressaillir et le ciel émit un cri. Dix hommes de l'armée ennemie descendirent de cheval, sortirent leur glaive et s'avancèrent vers l'imam. Chacun voulait devancer l'autre afin de pouvoir décapiter lui-même l'imam et recevoir en récompense un présent et un habit d'honneur. Cependant, dès que l'un d'eux s'approchait, l'imam Hossein ouvrait les yeux et le regardait, et l'homme, pris de honte, reculait. Enfin, Chemr s'avança et s'accroupit sur la poitrine de l'imam Hossein. L'imam ouvrit les yeux et lui demanda :

— Qui es-tu ?

Il se présenta.

L'imam ordonna qu'il écarte de son visage son voile de mailles. Dès qu'il l'écarta, l'imam vit que ses dents, semblables à celles d'un porc, débordaient de sa bouche.

— Voilà un signe véritable, dit-il.

Puis il lui ordonna de découvrir sa poitrine. Chemr exécuta son ordre. L'imam, y distinguant les marques de la lèpre, dit :

— Voici l'autre signe : la nuit dernière, j'ai rêvé du Prophète de Dieu ; il m'a déclaré que je le rejoindrais le lendemain à l'heure de la prière et que mon meurtrier aurait les signes que je trouve sur ton visage et ta poitrine. Chemr, mets-toi à l'œuvre.

L'imam lui demanda encore :

— Sais-tu quel jour nous sommes aujourd'hui ?

— Oui, c'est vendredi, jour de l'Ashoura.

— Sais-tu quelle heure il est ?

— Oui, c'est le moment d'appeler les fidèles à la prière.

— A cette heure, les prédicateurs de la communauté musulmane louent Allah et son auguste envoyé ; et c'est ainsi que tu te comportes envers moi ! Tu es accroupi sur ma poitrine où le Prophète a mis sa face ; tu vas couper la gorge qu'il a baisée. Chemr ! Lève-toi de ma poitrine, car voici le temps de faire la prière, pour que je puisse me tourner vers La Mecque et que je prie, sans même avoir pu faire mes ablutions. Ce que j'ai hérité de mon père Ali, c'est de recevoir comme lui le coup mortel au cours de la prière. Lorsque je prierai, alors tu pourras agir à ton gré.

Chemr se leva. L'imam se tourna vers La Mecque et se mit en prière. Shemr ne voulut même pas attendre que la prière fût terminée et fit boire à l'imam le breuvage du martyre. A cet instant, un tumulte éclata de tout l'univers invisible : les pauvres pécheurs poussèrent un gémissement vers le monde de la Toute-puissance ; le soleil perdit sa splendeur, la lune tomba dans le puits de l'obscurité totale ; les anges émirent de douloureuses plaintes ; les Djinns éclatèrent en sanglots ; la robe du ciel devint tout ensanglantée ; les mers firent monter leurs vagues de tristesse au zénith ; les monts exprimèrent leur douleur d'un son déchirant.

LE PLAISIR DE PLEURER

Les cortèges sont entrés les uns après les autres dans la cour de la mosquée. Ici et là, on entend déjà quelques gémissements, le plus souvent couverts par le sourd tambour des hommes qui se battent la poitrine de leur paume ouverte. Les mines sont graves et défaites. Et puis une voix sort des haut-parleurs. C'est le *moins al-boka*, l'auxiliaire des larmes. Celui qui possède l'art consommé de faire pleurer. Celui qui sait, en quelques secondes, en quelques mots, porter l'émotion à son paroxysme et faire exploser l'assemblée en lamentations. Celui qui peut transporter les spectateurs 1 150 ans plus tôt dans la plaine aride de Kerbala, devant la tête fraîchement tranchée de l'imam Hossein, devant son corps sanglant que les sunnites ont fait piétiner par leurs chevaux. L'auxiliaire des larmes module sa voix, insiste sur un détail sordide (les viscères divins de l'imam dans la poussière du champ de bataille ou les sentiments de sa fille quand la tête de son père roule à ses pieds), se tait quelques secondes, semble lui-même lutter contre l'émotion qui le submerge puis éclate en sanglots et avec lui toute l'assemblée.

Les bibliothèques occidentales alignent des rayons entiers de livres savants sur le *tazieh*, ce théâtre populaire iranien qui rejoue sans cesse le drame de Kerbala, et sur les comparaisons avec les cérémonies chrétiennes de contrition. Mais il manque sans doute cette métaphore un peu crue : l'auxiliaire des larmes est un masturbateur de l'âme, les larmes des Iraniens un orgasme prolongé et démonstratif. Il y a le désir avant les caresses, les prémices avant l'étreinte mystique dans

La foule rassemblée dans la mosquée de Qom pleure à l'évocation de la décapitation de l'imam Hossein, le prince des martyrs, mort il y a 1150 ans.

l'au-delà, et l'extase lorsque l'on a rejoint l'imam Hossein dans la douleur, cet être parfait au front large et honnête, les yeux clairs et la barbe odorante. Alors il n'y a plus ni riches ni pauvres, ni hommes ni femmes, ni acteurs ni spectateurs. Voilà les Iraniens devant le drame sacré de leur grandeur et de leur misère, victimes éternelles de l'injustice, envahis par les guerriers de l'Est et de l'Ouest mais toujours innocents comme Hossein qui perd un bras, puis sa tête, sous les coups impies des sunnites.

Dans ce pays, pleurer est un plaisir, une vertu, une rédemption, un art ostentatoire. Esthétique et morale sont liées : plus les geignements proviennent d'un homme fort, viril et barbu, plus seront établies sa sublime humilité et sa beauté intérieure.

Pleurer est un apprentissage que les Iraniens font à la puberté, en même temps que leurs premières émotions sexuelles. Les plus expérimentés passent du sourire aux larmes en quelques secondes. Le président Ahmadinejad, lorsqu'il participe à l'Ashoura, sort de son véhicule blindé avec la morgue que lui confèrent ses fonctions, traverse la foule en serrant quelques mains, mais dès les premiers mots de l'auxiliaire des larmes, il sort son mouchoir noir, éponge ses yeux et s'unit aux sanglots de l'assemblée en faisant trembler ses épaules.

A Qom, ce jour-là, nous avons pris à l'écart un spectateur aux yeux encore humides, à la poitrine encore serrée par les spasmes de l'affliction.

— *Vous êtes vraiment triste ?*

— Je suis infiniment malheureux.

— *Pourquoi ?*

— L'imam Hossein. Il était si humble, il était juste humble. J'ai grandi pour lui. Il est tout pour moi.

— *Vous allez pleurer encore longtemps ?*

— Toute ma tristesse pour l'imam Hossein n'est qu'une goutte d'eau dans la mer. Et encore, la mer n'est rien comparée à la grandeur de l'imam Hossein.

— *Mais... vous allez pleurer encore longtemps ?*

— Pour l'imam Hossein, je porte le deuil deux mois par an. Si mon père devait mourir, j'enlèverais mes habits noirs avant un mois.

— *Vous vous êtes fouetté le dos ?*

— Oui, beaucoup.

— *Ça fait mal ?*

— Pas durant la période de l'Ashoura. Si l'on se blesse, les cicatrices se referment et disparaissent.

— *En dehors des mois de deuil, vous êtes un homme heureux ?*

— Le message du prophète, c'est d'être heureux quand on est heureux, et malheureux quand on est malheureux.

— *D'accord, mais vous arrive-t-il d'être heureux ?*

— Oui, le jour de naissance de l'imam Mahdi.

— *Jamais le reste du temps ?*

— Le bonheur n'est pas possible dans ce pays, il y a trop de pressions. Des pressions économiques.

— *Vous êtes marié ?*

— Je n'ai pas assez d'argent pour trouver une femme.

L'homme s'est remis à sangloter. Il sort un mouchoir.

— *Et là, vous pleurez pour l'imam Hossein ou sur votre sort ?*

— Avez-vous jamais aimé quelqu'un ?

— *Euh, oui, ma femme !*

— Et si elle devait mourir, vous seriez triste ? C'est mille fois plus intense pour l'imam Hossein.

— *Quelle est votre profession ?*

— Chauffeur de camion.

LA SOURCE D'IMITATION

Les sunnites, majoritaires dans l'Islam, considèrent les chiites comme une secte hérétique et ces derniers, qui représentent 90 % de la population iranienne, traitent les sunnites d'usurpateurs. En pratique, l'une des différences entre chiites et sunnites est l'existence chez les premiers d'un clergé très hiérarchisé. Or il ne s'agit pas d'une structure destinée à mieux contrôler les croyants, mais plutôt à faire évoluer la doctrine. C'est pourquoi, et contrairement aux idées reçues en Occident, le chiisme est infiniment plus pluraliste, voire plus démocratique que le sunnisme. Ainsi, l'éminent islamologue Joseph Schacht (1902-1969) estime [42] que les sunnites ont cessé tout effort d'*ijtihad* (interprétation indépendante des saintes écritures, basée sur la raison) aux alentours du Xe siècle de notre ère, alors que les chiites n'ont cessé de produire de nouvelles interprétations, notamment pour les situations qui n'existaient pas au temps du Prophète et cela grâce à l'existence, dans leur organisation cléricale, de *modjtahed* (docteurs et juristes islamiques).

A Téhéran, un peintre de l'atelier de l'iconographe officiel Khosrow Karami, termine une fresque géante. Le Guide suprême Ali Khamenei (à gauche) y côtoie le fondateur de la République islamique, l'ayatollah Ruhollah Khomeiny.

Il se trouve que le paradoxe du clergé chiite, c'est d'être très organisé à sa base sans parvenir à se désigner un guide unique. Le prétexte théologique de cette absence de chef est qu'il convient d'attendre le véritable guide, l'imam Mahdi, entré en occultation à l'âge de cinq ans il y a onze siècles et dont le retour mettra fin définitivement à l'injustice. En 1979, lorsqu'il a pris le pouvoir en Iran, c'est en vain que l'ayatollah Khomeiny a essayé d'incarner le sommet de la pyramide, en prenant justement l'appellation de « Guide suprême ». Ses pairs ont considéré avec circonspection sa tentative d'unir les pouvoirs temporel et spirituel et ont continué d'exercer leurs prérogatives religieuses, malgré ses menaces et quelques séjours en prison pour les plus libéraux d'entre eux. Le monde chiite compte ainsi, aujourd'hui, une douzaine de « grands ayatollahs » ayant autorité d' interpréter les textes sacrés et produire des fatwas ayant force de loi.

Lorsqu'un jeune homme entre dans un *howzé* (séminaire religieux), il est d'abord *talabeh* (étudiant). Les étapes seront franchies en fonction du nombre d'années d'études dans ces différentes matières : arabe coranique, jurisprudence islamique, dialectique, l'étude des *hadith* (phrases prononcées par le Prophète après la révélation du Coran), l'exégèse, la littérature arabe et la philosophie, y compris Platon et Aristote, car la raison humaine est considérée comme une source divine chez les chiites, ce que les sunnites taxent d'hérésie. Bref, après environ six ans d'études, le *talabeh* franchit la première étape, il s'appelle alors *seghat'ol islam* (fiable pour l'islam). Quelques années plus tard il devient *seghat'ol islam val moslemin* (fiable pour l'islam et les musulmans), puis *hodjat'ol islam* (preuve de l'islam). Il saute ensuite directement au rang d'*ayatul'lah* (simplifié en ayatollah, signe de Dieu). Il y a actuellement un millier d'ayatollahs en Iran, qui sont donc considérés *modjtahed* avec le pouvoir d'interpréter la *charia* (loi coranique) pour des situations de la vie quotidienne et moderne. Car, à ce stade, il ne s'agit plus simplement d'assimiler la science islamique, mais aussi de l'enseigner. Si bien que les ayatollahs, selon leur intelligence et leur charisme, se forment petit à petit un cercle de fidèles, à l'intérieur des séminaires et en dehors. Lorsque ce cercle est suffisamment important, ils atteignent le stade ultime, celui de grand ayatollah ou *marja* (source d'imitation). Le monde chiite compte aujourd'hui une douzaine de *marja* en vie, dont les deux tiers en Iran. L'une des conditions est d'avoir publié un recueil de fatwas, lequel fait jurisprudence. Les sujets des fatwas sont très variés, comme nous allons le constater.

En attendant le retour de l'imam caché, les musulmans chiites sont invités à se choisir un *marja*, faute de quoi ils mourront ignorants. Le choix est une affaire personnelle, même si de nombreuses assemblées savantes tentent de déterminer pour chaque époque qui sont les *marja* les plus recommandables. Ils peuvent alors poser toutes sortes de questions à leur « source d'imitation », ou consulter les réponses qu'il a déjà données. Les *marja* de ce début de XXIe siècle disposent de centrales téléphoniques et de sites Internet permettant de répondre avec efficacité aux questions de leurs fidèles. Ce service est rétribué par le paiement d'un impôt religieux, le *khoms*, qui doit correspondre à un cinquième des bénéfices des fidèles. Ainsi, plus un *marja* a de fidèles et plus sa fortune croît, sauf si ses fidèles sont misérables ou endettés, car alors ils n'ont pas à payer de *khoms*.

L'ayatollah Khomeiny est devenu *marja* en 1963, à l'âge de soixante et un ans. A la fin de la décennie, il était « source d'imitation » pour des centaines de milliers d'Iraniens. Lesquels, durant les mois qui précédèrent la Révolution, ont commencé à l'appeler « imam ». Le terme est abusif, puisqu'il n'y a que douze imams dans la théologie chiite, et qu'ils sont tous morts (ou disparu, pour le dernier) il y a plus d'un millier d'années. C'est pourtant ce signe d'affection et de respect qui est devenu l'appellation officielle.

Voici un florilège de sa jurisprudence, tiré de son livre *Towzihol – Masaël*[43] (L'explication des problèmes) et choisi parmi les sujets les plus triviaux. Dans l'introduction, l'éditeur le présente comme « le Vaillant Combattant, le Chef suprême, le Guide sublime, le Moïse de notre époque, le Briseur d'idoles, l'Exterminateur des tyrans, le Libérateur de l'humanité, Sa Sainteté l'ayatollah suprême Imam Ruhollah Khomeiny – Que nos âmes Lui soient soumises ».

De la pureté et de l'impureté

Article 1 : Onze choses sont impures : l'urine, l'excrément, le sperme, les ossements, le sang, le chien, le porc, l'homme et la femme non musulmans, le vin, la bière, la sueur du chameau mangeur d'ordures.

De la chasse et de la pêche

Article 13 : Il est permis de manger les sauterelles attrapées à la main ; il n'est pas indispensable que le chasseur soit musulman et qu'il ait invoqué le nom de Dieu. Mais une sauterelle morte, trouvée dans les mains d'un infidèle, ne peut pas être mangée si l'on n'est pas sûr qu'elle a été capturée vivante, même si l'infidèle l'affirme.

De la femme et de ses règles

Article 5 : Les femmes de la lignée du prophète de l'Islam sont ménopausée à l'âge de soixante ans. Les autres, à cinquante ans révolus.

Article 13 : Pendant les menstrues de la femme, il vaut mieux que l'homme évite le coït, même s'il ne pénètre qu'incomplètement – c'est-à-dire jusqu'à l'anneau de circoncision –, et même s'il n'éjacule pas. Il est également hautement déconseillé de la sodomiser.

Article 14 : Si l'on divise le nombre de jours de menstrues de la femme par trois, le mari qui fait le coït durant les deux premiers jours doit payer l'équivalent de 18 nokhods [3 grammes d'or] aux pauvres. S'il le fait pendant les troisième et quatrième jours, l'équivalent de 9 nokhods. Et s'il le fait les deux derniers jours, l'équivalent de 4 1/2 nokhods.

Article 15 : Sodomiser une femme menstruée ne nécessite pas ce paiement.

Du mariage, de l'adultère et des rapports conjugaux

Article 12 : Il est défendu d'épouser sa mère, sa sœur ou sa belle-mère.

Article 19 : L'homme qui a commis l'adultère avec sa tante ne doit pas épouser ses filles, c'est-à-dire ses cousines germaines.

Article 27 : Si l'homme sodomise le fils, le frère ou le père de sa femme après son mariage, ce mariage reste valide.

Article 61 : Il est hautement recommandé de se hâter de marier sa fille pubère. Un des bonheurs de l'homme consiste à ce que sa fille n'ait pas ses premières règles dans la maison paternelle, mais dans celle de son mari.

Du divorce

Article 4 : L'homme qui a eu des relations sexuelles avec sa femme après ses dernières règles doit attendre pour divorcer qu'elle les ait à nouveau. Mais il lui est permis de divorcer si sa femme n'a pas neuf ans révolus, ou si elle est enceinte, ou si elle est ménopausée.

Du rituel mortuaire

Article 23 : Une veuve n'a pas le droit d'user de parfum pendant les cent jours qui suivent la mort de son mari ; mais si elle décède elle doit être ointe de camphre.

Addenda à la dernière édition

Article 2 : Il n'est pas permis de jouer du tambour pendant les compétitions sportives ; il est également interdit de jouer de la musique militaire dans les cérémonies militaires si elle peut être assimilée à de la musique licencieuse.

Article 5 : Il n'est pas strictement défendu à un musulman de travailler dans une entreprise dirigée par un musulman qui emploie aussi des juifs, si le travail ne sert pas Israël d'une façon ou d'une autre. Cependant, c'est une honte d'être sous les ordres d'un chef de service juif.

Article 9 : Il est défendu de regarder une autre femme que la sienne, un animal ou une statue d'une façon sensuelle ou lubrique.

POUR L'AMOUR DE KHOMEINY

« J'étais à l'aéroport de Téhéran le 1er février 1979, le jour du retour de l'imam [l'ayatollah Khomeiny], le jour où il nous a rendu notre liberté. Son pouvoir, il l'a reçu d'une source divine et c'est la raison pour laquelle il a immédiatement conquis le cœur des Iraniens. Je l'aime comme un papillon peut aimer une fleur merveilleuse et parfumée.

« Ce que j'admire le plus en l'imam (que sa demeure soit au paradis), c'est sa foi. Il n'avait peur de personne, sauf de Dieu. Et nous-mêmes, désormais, n'avons peur d'aucun pays, même pas des Etats-Unis. Chaque développement que nous connaissons en Iran, c'est grâce à lui et nous lui en sommes reconnaissants. Même ce satellite qu'on a envoyé dans l'espace le mois dernier, c'est lui. Nous l'aimons tellement que nous suivons la voie qu'il a tracée. Nous la suivons même après sa mort, en venant tous ensemble manger près de sa tombe, une semaine sur deux. Sa proximité nous procure la paix intérieure et élève notre esprit. L'autre vendredi, je vais à la grande prière de Téhéran.

« Au temps du Shah, nous n'étions ni libres ni développés. Le Shah lui-même prenait ses ordres à Washington, et parfois à Londres. Depuis, la République islamique nous a tout donné : la sécurité, le progrès et le confort. Nous avons trois voitures, dans la famille. Et les choses se sont encore améliorées avec le président Mahmoud Ahmadinejad. Son objectif était d'unir les musulmans contre les sionistes et c'est un grand succès. Il a brisé certains tabous, comme celui de l'Ho-

La foule commémore l'anniversaire de la mort de l'ayatollah Khomeiny, décédé le 3 juin 1989 à presque 87 ans, dans l'immense mausolée que le régime lui a érigé au sud de Téhéran.

*Massoud Ghahramani, 60 ans, de face avec les cheveux blancs, vend des textiles au bazar.
Un vendredi sur deux, il emmène sa famille pique-niquer
devant le mausolée de l'ayatollah Khomeiny.*

locauste, et nous a rendu notre fierté. Grâce à son discours aux Nations unies, nous sentons que nous avons regagné de l'importance, les Iraniens comme nation mais aussi chacun d'entre nous. Cela nous a valu la colère de certains pays, ce n'est pas idéal mais ce n'est pas un désastre non plus.

« J'espère que vous garderez de bons souvenirs de votre visite en Iran et que vous ferez l'effort de le regarder sans *a priori*. Nous avons beaucoup d'ennemis, vous savez, mais il ne faut pas les croire. Ne faites pas attention à la propagande sioniste, elle ne reflète en rien la réalité. J'espère donc que votre séjour se passera bien et que vous ferez ensuite des recherches sur notre religion. Alors vous vous convertirez au chiisme et nous pourrons nous revoir dans l'autre monde. »

En Iran, le sentiment d'amour pour l'ayatollah Khomeiny est immense et sincère. Les textes de loi ont néanmoins pris leurs précautions, de telle sorte que le critiquer est considéré comme un crime. Le 7 décembre 2009, journée nationale des étudiants iraniens, fut marqué par des manifestations d'une ampleur exceptionnelle malgré un déploiement massif du dispositif de répression – escouades de motards équipés de chaînes et de matraques, rangées de policiers armés, canons de gaz lacrymogènes – et de nombreuses arrestations à l'intérieur des cinquante universités en révolte dans le pays. Or le soir du 7 décembre, la télévision nationale, aux mains des conservateurs, a diffusé en boucle les images de deux individus dont on ne voit que les bras, en train de mettre le feu à un poster de l'ayatollah Khomeiny.

Cela faisait six mois que le régime et l'opposition s'accusaient mutuellement des crimes les plus graves : fraude électorale, conspiration soutenue par les sionistes, coup d'Etat, tentative de renverser le système, viol et assassinat de protestataires dans les prisons. Les manifestants avaient comparé le président Ahmadinejad à un âne, voire un singe, et traité le Guide suprême de dictateur dont les jours étaient comptés. Mais soudain, c'était une affichette brûlée qui représentait l'offense ultime.

Plus tard dans la soirée, un ayatollah fut invité à l'émission « Réveiller l'*oumma* [44] ».

« De nombreux témoignages rapportent qu'en plus de l'image de l'imam [Khomeiny], les manifestants ont brûlé aujourd'hui des exemplaires du saint Coran, lança le présentateur [45]. Quelle est votre opinion à ce sujet et quel est désormais le devoir des croyants ?

— Au nom d'Allah le tout-puissant, le miséricordieux, répondit l'homme en turban, on n'a jamais vu dans l'histoire un mouvement pareil, qui se donne pour objectif de violer toutes les frontières éthiques. Ils veulent renverser la loi divine et pour eux, le Coran n'est qu'un objet comme un autre, un vieux livre insignifiant. Ils se prétendent membres de la bourgeoisie laïque, moderne, éclairée. Ils veulent rompre le lien entre les croyants et Allah (que son nom soit sanctifié). »

Dans les jours qui suivirent, le régime rassembla des centaines de milliers de supporters dans les rues pour protester contre la destruction des portraits de l'imam. Le soir du 13 décembre, le Guide suprême Ali Khamenei s'en prit avec une rare vigueur à la « terreur verte » et déclara qu'il ne tolérerait aucun manquement à l'identification, au jugement et à la punition de ceux qui se seraient rendus coupables de ces insultes envers l'imam. « La géométrie de notre système est divine, a-t-il déclaré, elle a été établie par un homme divin et sa survie dépend d'une nation divine. L'ennemi n'atteindra aucun de ses objectifs. »

Les deux leaders du mouvement vert déclarèrent alors que la destruction d'un portrait de l'imam leur semblait « douteuse » et qu'elle avait probablement été orchestrée par les partisans du régime. « Je suis certain que les étudiants n'ont jamais franchi de telles barrières, affirma Mir-Hossein Moussavi. Parce que nous savons tous qu'ils aiment l'imam et qu'ils sont prêts à sacrifier leur vie pour lui. »

BEHESHT ZAHRA

C'est peu dire que l'Iran aime la mort. Il la vénère. Il la confond parfois avec sa religion. Le calendrier officiel compte deux mois de deuil et sur la vingtaine de jours fériés du reste de l'année, la plupart sont liés à la mort : celle du Prophète, celle d'Ali, celle de Hossein et de son frère Abbas, celle des autres imams, de Fatima, de Khomeiny. Les rituels mortuaires occupent aussi une bonne partie des préceptes chiites : comment veiller les morts, comment procéder à l'ablution des cadavres, comment moudre le camphre pour oindre leur front, leurs paumes, leurs genoux, leurs orteils et le bout de leur nez, comment orienter les corps vers La Mecque.

Le vieux Ali Karimi est enterré à Behest-e Zahra,
le cimetière de Téhéran qui accueille 140 nouveaux occupants chaque jour.
Sa famille a engagé Hadji, chanteur d'homélies professionnel.

Chaque mort donne lieu à de multiples commémorations, trois jours, sept jours et quarante jours après le décès, puis chaque année. Les familles passent donc un temps considérable sur les tombes de leurs disparus, jusqu'à y organiser des pique-niques le vendredi. Cela rend les cimetières iraniens plutôt vivants. Au sud de Téhéran, Behest-e Zahra (Paradis de Zahra, l'autre nom de Fatima, la fille du Prophète) est une nécropole ouverte jour et nuit, qui nourrit une véritable industrie funèbre. On peut y boire et y manger. On peut y louer les services de gamins miséreux pour nettoyer la tombe de son mari ou de son père, mais aussi de musiciens funèbres et de mollahs spécialisés dans les lamentations à la gloire de morts dont ils ne connaissent que le nom mais qu'ils comparent toujours à l'imam Hossein. Il y a des espaces de jeux pour les enfants, toutes sortes de magasins, des salons capables d'accueillir 5 000 convives pour les grands enterrements, une station de métro flambant neuve, un cinéma où l'on projette des films de guerre ainsi qu'un centre informatisé pour localiser les tombes dont le nombre augmente chaque jour de 130 à 140 unités. L'endroit est immense, près de 450 hectares et 2 millions de tombes. La plus grande section est celle des 200 000 à 300 000 martyrs de la guerre déclenchée par l'Irak en 1980 et dont l'entrée fut longtemps ornée d'une fontaine de sang – de l'eau colorée bien sûr.

Avant la Révolution, Behest-e Zahra était un des seuls lieux dont la police du Shah s'interdisait l'accès, par respect pour les morts. Si bien que les révolutionnaires y tenaient leurs réunions secrètes. Le 1er février 1979, à son retour triomphal, l'ayatollah Khomeiny choisit Behest-e Zahra pour son premier grand discours. C'est là qu'il fit la promesse aux Iraniens que des maisons seraient construites dans tout le pays pour les pauvres et que l'eau, l'électricité et les transports seraient désormais gratuits. Ainsi, le cimetière est devenu l'un des lieux qui fondent la légitimité du régime islamique, perdant au passage son immunité.

Le 20 juillet 2009, lors de la cérémonie des quarante jours après la mort de Neda Agha Soltan, la jeune femme abattue le 20 juin et dont l'agonie filmée par un amateur a fait le tour du monde, les bassidjis et les forces de l'ordre ont attaqué la foule endeuillée avec des gaz lacrymogènes, des chaînes et des matraques et procédé à des dizaines d'arrestations. Au cours de l'automne, sa tombe a été vandalisée à plusieurs reprises, notamment par des tirs à la mitraillette sur sa photo.

A la même période, les témoignages d'enterrements nocturnes de manifestants tués par les forces de l'ordre ont commencé à affluer. Le fils d'une employée du cimetière a parlé sur son blog d'une centaine de cadavres congelés portant des traces de torture et de viol, un chiffre qui était aussi celui avancé par les deux opposants, Mir-Hossein Moussavi et Mehdi Karoubi. Sur Internet, des vidéos ont été publiées montrant des dizaines de tombes fraîches et anonymes. Le directeur du cimetière, Mahmoud Rezaian, a démenti ces ensevelissements clandestins avec la dernière énergie, avant de démissionner quelques jours plus tard.

POUR L'AMOUR DES MARTYRS

La France, l'Allemagne, la Russie ou les Etats-Unis, tous ces pays ont réussi, à certains moments de leur histoire, à envoyer leurs hommes au combat, lesquels avaient la quasi-certitude d'être tués. Il en fallait du cran, de l'esprit de sacrifice et des convictions sur la défense de la partie ou de la liberté pour débarquer dans la première vague d'Omaha Beach le 6 juin 1944. Ou pour entrer, courant 1916, dans l'« essoreuse » de Verdun. Dès lors, la façon dont l'Iran a exalté le martyre pour motiver ses troupes et sa population à repousser l'agresseur irakien en 1980 et à poursuivre cette guerre durant huit ans ne devrait pas nous paraître, à nous Occidentaux, tout à fait étrangère.

Et pourtant, il y a quelque chose d'unique et de fascinant dans la méthode iranienne. D'abord, parce que la plupart des hécatombes européennes ont été menées par des militaires de carrière dont l'honneur, hérité sans doute de l'esprit de chevalerie, était la valeur cardinale. En Iran, ce sont des civils, souvent très jeunes et peu encadrés, qui sont allés marcher sur les mines irakiennes afin de libérer le passage. Zohreh, une amie que j'ai bien connue à Téhéran, se souvient qu'à l'école, pendant la guerre contre l'Irak, un garçon de onze ou douze ans avait soudain décidé de partir au front. Deux semaines plus tard, il était de retour, dans un cercueil. « Le cercueil a été exposé au milieu de la cour de l'école, dit-elle. Et cela a motivé trois ou quatre autres à partir immédiatement pour le front. Leurs cercueils sont revenus peu après. A cette époque, la sortie hebdomadaire de notre classe n'était plus la

Chaque vendredi, Fereshteh, 22 ans, nettoie et repeint les tombes des martyrs inconnus au cimetière de Behest-e Zahra.

visite du zoo ou du musée, mais du cimetière. Ce qui suscita d'autres vocations. »

Le régime a largement utilisé, dans sa propagande, l'héroïsme du jeune Hossein Fahmideh qui, à treize ans, durant la bataille de Khorramchahr, a caché une grenade dans sa chemise avant de ramper et d'aller se faire exploser sous un tank irakien. L'ayatollah Khomeiny a déclaré que ce jeune homme était dorénavant son « guide », ajoutant : « La valeur de ce petit cœur est au-delà de ce que pourront dire des centaines de langues ou écrire des centaines de plumes. Il a bu l'élixir suave du martyre. » Le visage innocent du garçon est alors apparu sur des fresques géantes dans les rues d'Iran, un timbre-poste à son effigie a été imprimé et son histoire a inspiré une série TV, *Les Enfants du paradis*.

Par ailleurs, en Occident, les hécatombes guerrières ont été suivies d'un écœurement, d'une génération pacifiste ou de l'apparition d'un mouvement rebelle, ne serait-ce qu'au sein de l'élite intellectuelle. En Iran, rien de cela. Au contraire, des années plus tard, une partie de ceux qui ne sont pas morts à la guerre le regrettent sincèrement. Le martyre est vu comme une récompense pour la pureté, la bonté de ceux qui ont eu la chance ou le mérite d'être choisis par Dieu pour le rejoindre au ciel. « Les *shahid* [martyrs] étaient les meilleurs d'entre nous, les plus beaux, Dieu a donc décidé de ne pas les laisser sur terre », affirme en 2007 un officier dans le film *Bassidji* de Merhan Tamadon [46]. Pour eux, la mort n'est plus la fin de la vie, mais juste la transition entre le monde terrestre, forcément imparfait (« le rebut de la création », disait Khomeiny) et l'autre monde où la vie est à la fois éternelle et splendide. La culture mortifère est donc accompagnée d'une profusion de fleurs et de poèmes. C'est la tulipe qui symbolise le sacrifice suprême. Elles sont abondantes au cimetière de Behest-e Zahra, irriguées, dit-on, par le sang des martyrs. Tout cela est si vivace que vingt ans après la fin de la guerre, Mahmoud Ahmadinejad peut affirmer dans un grand discours présidentiel : « Quel art est plus beau, plus divin, plus éternel que l'art de mourir en martyr ? »

Et tout se passe comme si, à force de propagande, cette idée du martyre avait transcendé la violence des champs de bataille pour venir hanter l'imaginaire des Iraniens ordinaires, même ceux qui n'ont pas vécu la guerre.

Comme Fereshteh, dont le prénom signifie « Ange », croisée dans les travées du cimetière de Behest-e Zahra. « Tous les vendredis, dit-elle, je viens de dix heures du matin jusqu'à la tombée de la nuit pour nettoyer ou repeindre les tombes des martyrs, en particulier les martyrs inconnus. » Fereshteh est trop jeune pour avoir connu les bombes de Saddam Hossein sur Téhéran à la fin de la guerre, sa famille ne compte aucune victime de la guerre ni aucun ancien combattant. Mais elle aime les martyrs. « C'est grâce à ces martyrs et à leur sang que l'on vit bien aujourd'hui en Iran, dit-elle. Notre bonheur, notre tranquillité, on les leur doit. J'entretiens leurs tombes et ils m'aideront dans l'autre monde. Ils seront mes amis. » Fereshteh n'avait pas de prédisposition mystique. Elle n'aime pas la politique. Et ses activités professionnelles n'ont rien à voir avec la mort : elle est photographe dans un studio de mariages au centre de Téhéran. A force d'insister, elle finit par donner un semblant d'explication à sa dévotion pour ces tombes. « Il y a deux ans, dit-elle, mon père est tombé malade. C'était vraiment grave. J'ai vu des martyrs en rêve. Je leur ai dit : “Si mon père guérit, j’irai m’occuper de vos tombes chaque semaine.” Quelques mois plus tard, mon père a guéri. »

La jeune fille semble gênée par cette discussion avec des étrangers et se dépêche de changer de sujet. « Venez, dit-elle, je vais vous montrer un miracle. » Quelques allées plus loin, il y a foule autour d’une tombe. Des femmes en tchador, des vieillards, de jeunes enfants murmurent, se poussent doucement, veulent toucher le marbre. La plaque indique : « Ceci est la tombe de Seyed Ahmad Plarq qui a paisiblement embrassé le martyre en 1987. » Depuis trois ou quatre mois, de l’eau de rose suinte de cette tombe, dont tout le monde ici veut s’enduire. Un responsable du cimetière, se tenant à proximité, explique en haussant les épaules que des tests scientifiques ont été faits et qu’il a fallu conclure au miracle, parce que l’eau parfumée sortait d’elle-même.

Le culte de l’imam Hossein et de son tragique destin à Kerbala (la chronique raconte que sa tête tranchée, empalée depuis deux semaines sur une pique à l’entrée du palais du calife de Damas, sentait elle aussi la rose) ont évidemment offert au régime révolutionnaire une solide base culturelle et religieuse pour développer l’amour du martyre. La propagande iranienne n’a d’ailleurs cessé de comparer Saddam Hossein au perfide calife Yazid du IXe siècle, tous deux des incarnations du mal, dévoyés, buveurs de vin, amateurs de chiens. Elle se réfère aussi à l’imam Mahdi, dont les Iraniens attendent le retour depuis onze siècles. Dans *Je n’ai plus de larmes pour pleurer* [47], Freidoune Sahebjam rapporte, via le témoignage de Reza, un jeune soldat, que l’armée iranienne organisait de temps à autre l’apparition nocturne, sur le champ de bataille, d'un cavalier habillé comme un prince du Moyen Age et au visage couvert de phosphore, pour briller la nuit. « C'est Mahdi ! C'est Mahdi ! » soufflaient les officiers. Le cavalier exhortait les enfants au combat, puis disparaissait.

Cela fait des siècles que les chiites pratiquent la mortification pour l'imam Hossein et attendent l'imam Mahdi, mais l'ayatollah Khomeiny introduit dans ces coutumes de subtiles innovations lorsqu'il prend le pouvoir en 1979. Ainsi, la position traditionnelle du clergé était d'exhorter les fidèles à supporter l'injustice et de n'exercer qu'un pouvoir temporaire, transitoire, en attendant le retour de l'imam caché. Khomeiny, lui, n'a pas de temps à perdre. Il estime que les croyants doivent sortir de leur torpeur et lutter contre le mal, en l'occurrence l'Irak, pour précipiter ce retour divin.

Cette réinterprétation de la doctrine religieuse a profondément marqué la conscience populaire. Mais comme souvent, cela pourrait se retourner contre le pouvoir en place. Le 18 juin 2009, dans une « marche verte » post-électorale partie de la place Khomeiny et s'étendant sur trois kilomètres jusqu'à la place Ferdowsi, j'ai demandé à une mère accompagnée de ses deux filles si elle avait peur. « Peur de quoi ? a-t-elle répondu. Ils peuvent tirer, c'est tout ! La différence, entre nous et eux, c'est qu'ils sont prêts à tuer pour des idées alors que nous sommes prêts à mourir pour les nôtres. »

HADJI

Il s'appelle Hadji et il a eu trois vies. Avant la Révolution, il était gardien de but pour l'équipe nationale de water-polo, celle qui a remporté la médaille d'or des Jeux asiatiques de 1974. La vie matérielle était assurée grâce aux investissements du Shah pour le prestige sportif de son pays. Mais Hadji, profondément croyant, ne pouvait accepter le mépris du souverain pour les traditions et la religion et s'est engagé au côté des révolutionnaires.

Lorsque l'Irak a attaqué l'Iran en septembre 1980, Hadji s'est porté volontaire pour le front. Là, les officiers lui ont confié des missions sous-marines : traverser à la nage le fleuve Karun afin de poser des explosifs sur les coques des navires irakiens. Il fut fait prisonnier et passa neuf ans dans les prisons de Saddam Hussein. Il en garde une profonde blessure. « Je ne souhaite à personne de connaître quoi que ce soit de tel, dit-il. Nous étions à peine nourris, j'ai perdu vingt-cinq kilos. »

Lorsqu'il revint enfin, au terme d'un échange de prisonniers négocié par le Comité international de la Croix-Rouge, la guerre était terminée depuis deux ans, l'ayatollah Khomeiny était mort et Téhéran essayait de tourner la page. Hadji fut nommé directeur de la prestigieuse piscine « Martyr Shahrudi » et entraîneur de l'équipe nationale de natation. Et pourtant, il ne tarda pas à être écœuré par l'affairisme et la corruption qui s'étaient emparés des milieux sportifs et des fédérations officielles. Pour préserver son intégrité, il a démissionné et ne donne plus que deux entraînements par

Hadji, 50 ans, fut champion de natation, prisonnier de guerre et entraîneur national.
Aujourd'hui, il apprend plus à nager à des enfants, bénévolement.

semaine à des enfants, bénévolement. Autour de lui, tout s'écroule : la piscine couverte a besoin de réparations urgentes et la piscine de plein air, autrefois la meilleure de la capitale, n'est plus qu'un terrain vague, les travaux sont au point mort depuis cinq ans en raison d'une gestion calamiteuse. A défaut de pouvoir fabriquer des champions, Hadji cultive les fruits et les légumes de son petit jardin, à deux heures de route de Téhéran. Avec cette satisfaction tout de même : les petits nageurs qu'il entraîne battent régulièrement ceux de l'équipe junior de la fédération officielle.

LES MOLLAHS

Un jour que j'étais à l'arrière d'un taxi collectif, coincé dans les embouteillages de Téhéran, un mollah sur une moto donna un grand coup de klaxon pour que mon chauffeur libère les centimètres de chaussée dont l'enturbanné avait besoin pour se faufiler un peu plus loin. Aussitôt, les insultes fusèrent chez mes voisins contre l'impudence de ce religieux motorisé. « Quelle arrogance ! » s'écria une grosse dame qui m'écrasait de ses cuisses éléphantesques. « Sales Arabes ! Les mollahs ne sont pas iraniens, ça se voit », ajouta le malheureux ayant hérité de la mauvaise place, au milieu sur le siège avant, celle qui exige de bouger ses genoux chaque fois que le chauffeur change de vitesse.

Seyed Bagher Khosrowshahi, 60 ans, enseigne au howzé (séminaire) du bazar de Téhéran. En 2005, il a voté pour Ahmadinejad, qui lui semblait capable de soulager les plus démunis. En 2009, il a rejoint le camp de l'opposition.

« Quand on en finira avec cette République islamique, estima pour sa part le chauffeur, un être aussi décrépi que sa voiture, les mollahs se balanceront aux réverbères. » Funeste projet que la grosse dame compléta ainsi : « J'espère qu'il y aura assez de corde et assez de réverbères pour tous les mollahs. » Réponse du chauffeur : « S'il n'y a pas de corde, on utilisera leurs turbans. »

Les mollahs iraniens ont connu un étrange destin. En 1979, ils guidaient la foule dans les rues de la capitale et désarmaient avec quelques citations du Coran les soldats censés leur tirer dessus. Leur barbe était une preuve de leur foi, leur tunique celle de leur probité. Cela faisait pourtant des siècles qu'ils étaient mal aimés. Des milliers d'anecdotes iraniennes décrivaient leur bêtise et leur cupidité. Au XIXe siècle, l'expression *mollah-bazi* devient courante et signifie « fourberie de mollah ». Dans son fameux récit *A Year amongs the Persians* [48], l'orientaliste britannique Edward G. Browne rapporte les paroles d'un certain mollah Yussuf de Kerman, qui s'étonne que ses confrères capitalisent l'argent accumulé par les impôts religieux (*khoms*) au lieu de le redistribuer aux pauvres et utilisent leur ascendant spirituel pour gagner des avantages temporels.

Après que nous eûmes payé le trajet de taxi et alors que nous buvions du thé dans un ministère en attendant qu'un chef de cabinet, qui n'avait aucune envie de nous parler, veuille bien nous le dire en personne, Ali, mon traducteur, déroula une série de blagues sur les mollahs. Mais c'est l'homme qui servait le thé au ministère, sec et barbu, qui sortit la plus crue : « Question : combien de garçons de neuf ans un mollah peut-il sodomiser en un après-midi ? Réponse : combien t'en as ? »

A ce moment précis, le chef de cabinet ouvrit enfin sa porte capitonnée. C'était un mollah.

De fait, la Révolution était pour les mollahs l'occasion historique de se racheter. Ils ont fait tout le contraire et l'expression « mollah » est redevenue péjorative. Si bien qu'il convient, dans les cercles officiels ou face à un porteur de turban, d'utiliser le mot *rouhani* (homme d'esprit) ou *akhound* (clerc) pour éviter de se montrer insultant. Afin d'asseoir son pouvoir, le nouveau régime a voulu en faire une classe sociale privilégiée. Les étudiants des *howzé* (séminaires) sont dispensés de service militaire alors que les étudiants en médecine ou en économie doivent, comme tout le monde, passer deux ans sous les drapeaux. Les bourses d'études pour mollahs sont abondantes et conduisent souvent les fils de familles pauvres à s'engager dans cette filière, sans toujours posséder la foi nécessaire.

Le problème, pour le gouvernement islamique, c'est que sa politique d'encouragement des vocations religieuses, comme beaucoup d'autres, s'est retournée contre lui. Car les mollahs se sont révélés moins bêtes et moins dociles que prévu. Depuis l'élection de Mohamad Khatami à la présidence en 1997, et son second mandat en 2001, ils sont nombreux à avoir rejoint les rangs du mouvement réformateur – et aujourd'hui du mouvement vert. Si bien que le torchon brûle au sommet de la corporation enturbannée.

En janvier 2010, l'association des prêcheurs coraniques de Qom a déclaré que les édits du grand ayatollah Yusef Sanei, soixante-treize ans, n'avaient plus de valeur religieuse. Cette tentative de défroquer un des plus éminents mollahs du pays, connu pour ses positions réformatrices, a aussitôt provoqué la colère de l'association concurrente, celle des prêcheurs coraniques et doctes de Qom, ainsi que l'association du clergé combattant. Sanei a notamment estimé que l'islam interdisait purement et simplement à l'Iran de développer une bombe atomique, car tuer des innocents est contraire au Coran. Selon lui, les attentats-suicides sont également interdits par l'islam. Il est l'auteur d'une série de fatwas à propos des femmes, les déclarant égales aux hommes et capables de devenir président ou juge.

Or Sanei, dont les bureaux ont été attaqués en décembre 2009 par des bassidjis après les funérailles de son mentor, le grand ayatollah Montazeri, n'est pas seul à contester la légitimité religieuse du gouvernement islamique. Au moins sept grands ayatollahs sur la douzaine en vie aujourd'hui ont d'une façon ou d'une autre soutenu le mouvement vert, ainsi que certains des plus connus du millier d'ayatollahs que compte le pays. Pourquoi ? Parce qu'ils ont bien senti que la religion en général avait souffert d'être associée à un gouvernement forcément imparfait, et qu'ils risquaient de disparaître en cas de réforme ou de nouvelle révolution, comme le bébé avec l'eau du bain.

Lorsque Khatami était encore président (1997-2005), ce soutien massif des plus grandes autorités religieuses au mouvement réformateur aurait fait basculer la situation. Ce n'est plus le cas en 2010, parce que le régime a changé. De religieux, il est devenu militaire. Ce n'est plus une « mollacratie » qui gouverne l'Iran, mais de plus en plus une junte menée par les Gardiens de la Révolution, qui utilise la religion comme un bouclier. Du coup, plus personne ne craint les mollahs, ce sont les mollahs qui ont peur des militaires. La bonne nouvelle, c'est que de pendre les mollahs aux réverbères n'est plus la priorité des contestataires. Et si les mollahs sont vraiment aussi malins qu'on le dit, ils pourraient bientôt être à nouveau dans la rue à conduire les foules pour faire tomber la dictature.

LES BASSIDJIS

Une nuit, les papillons se réunirent, tourmentés par le désir de s'unir à la bougie. Un premier papillon alla jusqu'au château lointain, et il aperçut à l'intérieur la lumière d'une bougie. Il revint, rapporta ce qu'il avait vu. Mais le sage papillon qui présidait la réunion dit que cela ne les avançait guère. Un deuxième papillon alla plus près de la bougie. Il toucha de ses ailes la flamme, mais la bougie fut victorieuse. Il revint, les ailes brûlées, et raconta son voyage. Mais le sage papillon lui dit : « Ton explication n'est pas plus exacte. » Alors un troisième papillon se leva, ivre d'amour. Il s'élança sur ses pattes de derrière et se jeta violemment sur la flamme. Ses membres devinrent rouges comme le feu. Il s'identifia avec la flamme. Alors le sage papillon – qui avait regardé de loin – dit aux autres : « Il a appris ce qu'il voulait savoir. Mais lui seul le comprend, voilà tout. »

Cette fable est extraite de *La Conférence des oiseaux* [49] du poète persan Farid Uddin Attar (1142-1220). Elle raconte le geste mystique par excellence, la recherche de la lumière, l'union avec le divin. C'est cette même histoire qu'utilise, au premier degré, un personnage du film de Mehran Tamadon, *Bassidji*, pour décrire l'esprit de sacrifice des bassidjis.

« J'avais douze ou treize ans à la Révolution, raconte Seyed Abdullahi. Dès que la guerre a commencé [septembre 1980], je voulais rejoindre les 20 millions de volontaires que l'imam Khomeiny avait appelés pour défendre la patrie. Ils ne voulaient pas m'envoyer au front, j'étais trop jeune. J'ai beaucoup

Seyed Abdullahi, 44 ans, a perdu son frère et ses deux jambes lors d'une attaque de roquettes sur le front irakien, où il était volontaire des bassidjis.

pleuré, ils ont fini par me donner un mois d'entraînement et j'ai passé deux ans au front. Je me souviens de tous ceux qui sautaient sur les mines. Nous n'avions même pas le temps de récupérer leurs corps. Mais les Irakiens ne nous voyaient pas. Dieu nous aidait et aveuglait nos ennemis. Quand nous arrivions près d'eux, nous criions *Allah Akbar* et ils prenaient la fuite. Je ne sais pas pourquoi je suis resté en vie lors que les autres sont partis au Ciel. Quand la roquette nous est tombée dessus, j'ai pensé que j'étais mort, j'ai ouvert les yeux et j'ai compris que je vivais encore. J'avais seulement perdu mes jambes. »

Au printemps 1983, alors que l'Iran avait récupéré les territoires envahis par l'Irak au début du conflit et tentait en vain de pénétrer à son tour le territoire ennemi, il y avait 450 000 bassidjis sur le front. Ils servaient surtout de chair à canon et marchaient en chantant sur les mines irakiennes, pour ouvrir le passage aux troupes plus expérimentées. Leur nombre allait doubler d'ici la fin de la guerre en août 1988. Entre 100 000 et 200 000 ont accédé au rang de martyr, l'Iran n'ayant jamais publié de chiffres précis. Mais que faire des autres, ces papillons qui ne se sont pas unis avec la flamme et sont rentrés intacts ou avec une, voire deux ailes brûlées ? Dès la fin des années 1980, le régime les organise, autour de chaque mosquée, comme gardiens de l'ordre islamique. Ils ne répondent qu'au Guide suprême, Ali Khamenei, et dépendent techniquement des Pasdaran, les Gardiens de la Révolution. Ils arrêtent les couples non mariés et les femmes mal voilées, dressent des barrages dans les rues, fouillent les voitures à la recherche de musique illégale ou reniflent l'haleine des passagers pour vérifier s'ils n'ont pas bu d'alcool.

« Quelques années après la guerre, je me suis marié. J'avais vingt-quatre ans. Le frère de ma femme était mort à la guerre. Elle m'a choisi moi, un martyr vivant, pour continuer sa vie. Elle m'a donné trois enfants. Aujourd'hui, je travaille dans un groupe de bassidjis rattachés aux Affaires étrangères. On organise des matchs de football, des visites des lieux saints, des soirées culturelles. Je vais souvent au cimetière voir mes frères martyrs. Ils me manquent. Les couleurs de leurs tombes se sont fanées, les prières pour eux ont perdu de leur intensité et cela me rend triste. On nous a donné des voitures et des places à l'université, mais la société ne nous respecte plus comme avant. »

A la fin des années 1990, le régime s'inquiète. La foule manifeste sa joie pour une victoire de foot. Les étudiants marchent dans la ville. Le président réformateur pourrait claquer des doigts et mobiliser des millions de supporters. Tout indique que la vieille garde est en train de perdre le contrôle de la rue. Alors elle reprend les bassidjis en main, renforce l'endoctrinement idéologique, multiplie les louanges et les avantages matériels : bons d'achat et de transport, places réservées dans les universités, bourses en pagaille, accès privilégié aux postes de l'administration et, bien sûr, une certaine impunité pour les actes que les volontaires seraient amenés à commettre dans l'exercice de leurs fonctions – et en dehors.

Quelques années plus tard, Mahmoud Ahmadinejad, lui-même bassidj, pourra donc s'appuyer sur une organisation solide pour sa campagne électorale de 2005. Et s'il a provoqué des catastrophes économiques, politiques et diplomatiques en cascade durant son premier mandat, il n'a pas manqué de combler les bassidjis et de renforcer leur entraînement militaire ainsi que leur intégration aux Gardiens de la Révolution. Cela lui a offert un avantage considérable pour aborder les élections de juin 2009 et surtout mener la répression qui allait s'ensuivre. Il y a aujourd'hui entre 1 et 3 millions de bassidjis en Iran (certains propagandistes du régime parlent même de 12 millions), dont un noyau dur de 2 000 bataillons « Ashoura » formés de 250 à 300 volontaires armés. Leur destin est lié au pouvoir en place. Ils n'ont toujours pas peur de mourir.

EN CETTE IMPASSE

Omid Reza, vingt-trois ans, membre de la milice des bassidjis, se tient dans une impasse de Khani Abad, au sud de Téhéran. Le quartier a été décoré pour l'anniversaire de la naissance de Mahdi, le douzième imam, caché depuis son occultation en 874 et dont les chiites pensent qu'il reviendra sauver le monde lorsque l'injustice sera devenue prédominante. Alors il tuera les mécréants et les pécheurs, jusqu'au dernier, c'est-à-dire les cinq septièmes de l'humanité. En attendant, Sa Seigneurie l'imam Mahdi a sa page Facebook, qui prie pour son soulagement et le décrit comme l'« instaurateur du gouvernement de justice, que nos vies soient la rançon de sa venue ».

L'anniversaire de sa naissance est l'une des seules fêtes reli-

Omid Reza, 23 ans, bassidj dans le quartier de Khani Abad, au sud de Téhéran.

gieuses heureuses, l'immense majorité des autres étant consacrées aux multiples deuils. Sur Facebook, un de ses fans précise : « Oh, combien faste et béni est le jour où naquit une personnalité qui sera l'instaurateur d'une justice qui était la finalité de la mission des Prophètes, que la paix de Dieu soit avec eux, où les hypocrites et les fourbes seront éliminés, où seule la justice loi de l'islam gouvernera l'humanité, où les palais de l'iniquité et les forteresses de l'injustice s'écrouleront, où les plumes et les langues qui répandent le scandale et l'hypocrisie seront brisées et coupées, où les démons et les démoniaques se tiendront à l'écart. »

Omid Reza se considère comme l'un des soldats de l'imam caché. Il a intégré la milice des bassidjis à l'âge de quinze ans. Depuis, il participe à chaque réunion du jeudi soir et à chacune des missions, même nocturnes, de son groupe, qui est chargé de faire respecter le code vestimentaire islamique dans le quartier et de réguler les activités des couples non mariés. Son père a une petite entreprise de construction, mais Omid Reza préférerait rejoindre les rangs des Gardiens de la Révolution. Il est assez optimiste pour son pays qui, dit-il, va de mieux en mieux. En dépit de ses manches courtes, il estime que le problème principal, ce sont les femmes qui ne se couvrent pas suffisamment en public la tête ou le corps.

En juillet 1979, le poète iranien Ahmad Shamlou (1925-2000) a écrit le poème « En cette impasse » contre les miliciens chargés, comme Omid Reza, de faire régner l'ordre islamique. Shamlou, qui a tant critiqué le régime du Shah et l'a payé de plusieurs séjours en prison, ne supportait pas de voir la bigoterie élevée au rang de priorité obsessionnelle par la Révolution. Les œuvres du plus grand poète iranien contemporain ont été interdites et sa mort, en juillet 2000, a été passée sous silence par les médias officiels – ce qui n'a pas empêché des dizaines de milliers de manifestants de descendre dans les rues de Téhéran pour ses funérailles. Depuis, sa tombe a été profanée à plusieurs reprises par des groupes de bassidjis.

En cette impasse

Ils viennent renifler ta bouche
Que tu n'aies dit je t'aime
Ils viennent renifler ton cœur
Quelle étrange époque, ma bien-aimée
Quant à l'amour
Il est fouetté
Aux barrages routiers
L'amour, il faut l'enfouir au fond d'une cave
En cette impasse froide et tordue
Le feu rougeoie encore
De chants et poèmes brûlants
Ne te risque pas à penser
Quelle étrange époque, ma bien-aimée
Celui qui frappe à la porte en pleine nuit
Est venu tuer la lumière
La lumière, il faut l'enfouir au fond d'une cave
Et voilà les bouchers
Qui régissent la rue
Avec leurs billots et leurs hachoirs en sang
Quelle étrange époque, ma bien-aimée
Et ils équarrissent les sourires sur les lèvres

Et les chants sur les bouches
La joie, il faut l'enfouir au fond d'une cave
Les canaris rôtissent,
Sur un feu de jasmin et de lys
Quelle étrange époque, ma bien-aimée
Le diable ivre de conquête
Savoure l'étendue de nos royaumes de chagrin
Dieu, il faut l'enfouir au fond d'une cave.

L'AMÉRIQUE À GENOUX

« Le mois dernier, je suis allé à Damas, en Syrie, pour un pèlerinage au tombeau de Saida Zeineb [50], dit Bahman Akbari-Basseri, quarante-cinq ans, père de deux fillettes et membre du corps des Gardiens de la Révolution à Shiraz. Cela m'a rendu les idées plus claires sur mon propre pays. J'ai visité beaucoup de villes iraniennes et je n'avais aucun doute sur le fait que l'Iran était plus avancé. Mais je ne me rendais pas compte à quel point ! Damas et Téhéran n'ont rien à voir. L'aéroport de Damas ressemble à un petit aéroport iranien de province. Dans un pays comme la Syrie, les gens pensent que l'Iran est une véritable puissance qui peut les protéger, protéger les gens modestes, ceux qui souffrent, ceux qui vivent sous les balles des sionistes, ceux qui subissent l'invasion culturelle occidentale.

Bahman Akbari-Basseri, 45 ans, est membre des Gardiens de la Révolution. Il pose devant la colombe de la paix du parc Liberté, à Shiraz.

« A Damas, j'ai rencontré deux enfants sur le chemin de l'école. Je leur ai demandé s'ils connaissaient l'Iran. Ils m'ont répondu que Mahmoud Ahmadinejad était le leader du monde. Ils ont aussi dit que les Iraniens étaient des gens honnêtes et agréables. J'ai interrogé des commerçants et même un douanier syrien. Il m'a dit qu'il écoutait en permanence les informations iraniennes et qu'il rêvait de venir dans notre pays améliorer ses connaissances sur l'Iran et sur l'islam.

« Ah, je regrette de ne pas être allé en Syrie des années plus tôt, pour comprendre que ce que je pensais de l'Iran n'était rien comparé à ce qu'en pensaient les Syriens ! Pour eux, nous ne sommes pas seulement une puissance au Moyen-Orient mais une grande puissance mondiale. Les Etats-Unis ont toujours cherché à attaquer l'Iran par n'importe quel moyen. Mais l'Iran, année après année, a pris de l'avance. Voilà ce que les Américains ne supportent pas ! Depuis qu'Ahmadinejad est président, l'Iran a pris la tête d'une coalition mondiale de pays en développement, avec la Bolivie, le Venezuela, Cuba. Tous les peuples et tous les pays du monde sont maintenant des amis de l'Iran. Nous n'avons que trois ou quatre ennemis, et ce sont des pays qui suivent docilement les Etats-Unis pour en récupérer des avantages. Vraiment, nous ne sommes plus les seuls à nous opposer aux Etats-Unis. Beaucoup d'autres ont commencé à attaquer les bases américaines et à brûler le drapeau américain. Comme l'a dit notre Guide suprême vendredi dernier, le moment approche où les Etats-Unis vont tomber et disparaître.

« Je m'informe grâce à la télévision iranienne, qui est la meilleure du monde. Nous avons aussi des réunions d'information à la mosquée, chaque semaine. Nous écoutons ensemble la prière du vendredi de Shiraz mais surtout les discours du Guide suprême. Khamenei parle comme un sage, ses paroles sont aussi précieuses que celles de l'imam Khomeiny, qui nous a donné la révolution islamique, et que celles du prophète Mohamed, qui nous a donné l'islam. Les discours de Khamenei nous apportent un grand sentiment de paix et d'espoir. Il montre à la société la bonne direction, et pas seulement à la société iranienne, mais à toutes les sociétés du monde, parce qu'il veut le bonheur de tous.

« Vous dites qu'il y a de la liberté en Occident. Alors pourquoi, si quelqu'un veut parler de l'Holocauste, vous le tuez ou le mettez en prison ? L'Iran est le seul pays qui a le courage de dénoncer les mensonges des sionistes, comme le soi-disant Holocauste. Et aussi le 11 Septembre. Nous savons bien, en Iran, que l'attaque contre les tours de New York n'était qu'un spectacle organisé par la CIA pour mobiliser les Américains contre les musulmans. Et Mollah Omar, vous savez où il se cache ? Aux Etats-Unis ! Comme nous l'a dit notre imam du vendredi, c'est lui le meilleur ami des politiciens américains. Beaucoup de juifs ont compris ces mensonges et ont fraternisé avec la lutte de Mahmoud Ahmadinejad. Eux aussi savent que l'Holocauste n'a jamais existé.

« Pourquoi vous me regardez comme ça ? Comment pouvez-vous ne pas voir que l'Iran détient maintenant la puissance absolue et a déjà mis les Etats-Unis à genoux ? »

LE GUIDE SUPRÊME

Le sempiternel problème des grands hommes qui changent le cours de l'histoire, c'est leur succession. Celle de l'ayatollah Khomeiny ne déroge pas à la règle et le Guide suprême désigné en 1989 à la mort du fondateur de la République islamique, Ali Khamenei, ne fait pas l'unanimité. Il commence même à apparaître, trente ans après la Révolution, comme une faille de l'édifice plutôt que son pilier.

Le premier a régné dix ans, le second deux fois plus longtemps. Mais en comparaison de Ruhollah Khomeiny et de son immense charisme, Ali Khamenei, avec sa barbe blanche qui lui mange le visage, ses lunettes trop larges et son demi-sourire, donne plutôt l'image d'un père fouettard. Ses discours, recensés pour certains sur www.leader.ir, « le site web du vénérable Guide suprême Seyed Ali Khamenei », sont un salmigondis de menaces et d'incantations creuses, sur fond de théories du complot et d'anti-américanisme exacerbé. Il est intarissable sur les dangers que représentent l'homosexualité et la musique, mais se montre obnubilé par les conspirations des « ennemis », ces puissances étrangères qualifiées tour à tour d'« arrogantes » et de « diaboliques », de « cupides », de « haïes », de « rétrogrades », d'« hégémoniques », de « cancéreuses », d'« oppressives », de « venimeuses » et d'« incarnation du démon », faisant référence indifféremment aux gouvernements occidentaux ou à leurs agences de renseignements, CIA, MI6 et Mossad et à leurs nombreux agents en Iran. « Et si quelqu'un pense autrement, il doit savoir qu'il va à l'encontre de faits évidents », précise-t-il.

L'ayatollah Ali Khamenei, 70 ans, Guide suprême de la Révolution, lors d'un discours au mausolée de l'ayatollah Khomeiny, au sud de Téhéran.

Pour le Guide suprême, ces complots de l'« ennemi » sont autant de nature militaire que culturelle. Extrait de son discours à la télévision nationale en 2003 : « Plus que de l'artillerie, des armes, etc., les ennemis de l'Iran veulent répandre des valeurs culturelles qui mènent à la dépravation morale. J'ai récemment entendu un officiel américain déclarer : "Plutôt que des bombes, envoyons-leur des minijupes !" Il a raison. S'ils parviennent à réveiller le désir et le stupre dans notre pays, s'ils répandent le mélange indiscriminé des hommes et des femmes et s'ils conduisent nos jeunes à des comportements auxquels ils sont naturellement enclins par leurs instincts, ils n'auront plus besoin d'utiliser d'artillerie contre nous. »

Khamenei se montre d'autant plus cassant qu'il se sait vulnérable, notamment en raison de ses faibles compétences religieuses. Pendant longtemps, le dauphin désigné de l'ayatollah Khomeiny a été l'ayatollah Hossein Ali Montazeri, *marja* (source d'imitation) de son état. Ce dernier, décédé en décembre 2009 à l'âge de quatre-vingt-sept ans, jouissait du soutien de ses pairs et de l'imam, jusqu'au jour de 1988 où Khomeiny a ordonné l'exécution de 4 000 prisonniers membres du mouvement des Moudjahiddines du Peuple. Montazeri a critiqué cette décision, la jugeant contraire à l'islam. Quelques jours plus tard, il était démis de ses fonctions gouvernementales. Ce fut un tournant décisif de la politique révolutionnaire iranienne. Il fallait d'urgence trouver un successeur, l'imam n'ayant plus que quelques mois à vivre. Khamenei était pressenti, mais il n'était que *hodjat'ol islam* alors que le profil du poste, dans la Constitution, prévoyait que le guide fut ayatollah, et *marja* de surcroît. A la mort de Khomeiny, cela n'a pris que quelques minutes à une assemblée de doctes pour l'élever au rang d'ayatollah, au lieu de la dizaine d'années prévues par le clergé chiite. Montazeri, qui connaissait bien Khamenei pour avoir été son maître au séminaire, est alors sorti de son silence pour souligner les failles dans l'éducation religieuse du nouveau leader et le manque de légitimité de ce régime. Le lendemain, la maison de l'ayatollah dissident était mise à sac, ses biens confisqués et lui-même placé en résidence surveillée pour une dizaine d'années.

L'autre faiblesse d'Ali Khamenei pourrait bien être d'avoir cédé aux tentations terrestres. Autant Khomeiny fascinait par l'austérité dont il se satisfaisait, logeant chez des amis ou dans de modestes demeures, assis sur un tapis dans une chambre aux murs dénudés, ne se nourrissant que de riz, de yaourt et de fruits, autant Khamenei ne paraît pas indifférent aux biens matériels. Comme un épais écran de fumée protège sa vie quotidienne et familiale, il a fallu attendre la fin 2009, avec la fuite en France de certains de ses gardes du corps et d'agents de son service de renseignements, pour s'en faire une idée. Ces derniers évoquent notamment sa passion des chevaux – il possède une écurie d'une centaine de têtes dont une partie le suit, en avion spécial, lors de ses déplacements dans le pays – et son régime alimentaire qui serait composé de faisan, d'autruche, de truite sauvage et de caviar [51].

L'effort de son entourage pour lui conférer des qualités divines est tel, rapportent ces transfuges, que lorsqu'un individu est invité à lui rendre visite, les employés du protocole l'honorent de la formule rituelle : « Que Dieu accepte ton pèlerinage. » Lorsque le Guide voyage et prend, pour son thé, un morceau de sucre dans un sucrier, ce dernier devient

« sacré » et poursuit généralement son existence dans un musée. Chaque jour, à Téhéran, Ali Khamenei mène l'une des cinq prières dans une petite salle où peuvent se tenir une quinzaine de personnes. Quatre à cinq places sont laissées libres pour les visiteurs, en particulier les marchands du bazar, qui, pour ce privilège, acquitteraient un pot-de-vin de 500 millions de toumans (375 000 euros) aux responsables du protocole, somme qu'ils récupéreront sans mal en utilisant l'ascendant que leur confèrent les conseils du Guide [52].

Alors qu'il avait manifesté une grande modestie au moment de sa prise de fonctions (« je suis un individu avec beaucoup de torts et d'imperfections, et vraiment un religieux d'importance mineure », avait-il déclaré dans son discours inaugural de 1989), Ali Khamenei a désormais une susceptibilité à fleur de peau. Son propre frère Hadi, pour avoir émis en 1999 des doutes sur les compétences du Guide, a été passé à tabac par des dizaines de bassidjis. L'interdiction légale de formuler la moindre remarque désobligeante à son égard n'empêche pourtant pas les Iraniens de le ridiculiser à coup de blagues qui circulent de bouche à oreille et plus récemment par SMS.

Cependant, l'étendue de son pouvoir n'est pas en cause. Ali Khamenei contrôle tout, la justice, les forces armées (les Gardiens de la Révolution et l'armée régulière, la police et la gendarmerie ainsi que les bassidjis), les médias (la radio et la TV ainsi que les deux quotidiens principaux), tout comme le réseau opaque des fondations religieuses et de l'économie semi-étatique. Il peut annuler à sa guise n'importe quelle décision d'un juge, d'un ministre ou du Parlement. Par ailleurs, il se plaît à donner l'image d'un homme voué à son peuple, d'un grand-père tranquille de la nation au-dessus de la mêlée partisane, attaché surtout au *statu quo*, capable de sermonner le président réformateur Mohamad Khatami quand il estime que celui-ci va trop loin avec les Européens, tout autant que le président conservateur Mahmoud Ahmadinejad et ses propos sur la nécessité de rayer Israël de la carte. De fait, cela fut longtemps plus ou moins accepté pour la majorité des Iraniens, lesquels, en dehors des bassidjis qui le vénèrent, ne lui témoignaient pas d'amour ni de haine particulière.

Ce rôle d'arbitre a pourtant volé en éclats une semaine après l'élection présidentielle contestée du 12 juin 2009, lorsque Ali Khamenei, à la prière du vendredi de Téhéran, a pris fait et cause pour Mahmoud Ahmadinejad, estimant que sa victoire était indéniable et « divine » et avertissant ceux qui la contesteraient qu'ils feraient couler le sang à leurs dépens. Le sang, en effet, a coulé. De juin à décembre 2009, une centaine de protestataires ont été tués, et plus de 4 000 ont été arrêtés. Depuis, les manifestants ne crient plus seulement « Où est mon vote ? », mais aussi « Mort au Guide ».

NÉGOCIATIONS ATOMIQUES

Il fut une époque, pas si lointaine, où les relations entre l'Iran et le reste du monde étaient placées sous l'égide du « dialogue entre les civilisations » proposé par le président réformateur Mohamad Khatami [53]. C'était une époque merveilleuse. A la tribune des Nations unies, Khatami citait Hafez : « Aucune clameur ineffable ne résonne dans le grand dôme céleste plus doucement que le chant de l'amour. » Dans les portraits élogieux que lui consacraient les médias occidentaux, on apprenait qu'il parlait anglais et allemand, qu'il avait lu Kant et Hegel dans le texte mais aussi Marcuse et Cohn-Bendit. Après Vaclav Havel, le président-poète à Prague, on parlait du président-philosophe de Téhéran. Pour l'Iran, c'était un moyen habile de décrisper ses relations avec l'Occident sur un terrain, celui de la civilisation et de la culture, où il n'avait rien à envier à personne. Et pour l'Occident, c'était un démenti de la sombre thèse de Samuel P. Huntington, le « choc des civilisations [54] ».

Cette ère bénie du rapprochement était sans doute trop belle pour durer. En août 2002, le mouvement terroriste des Moudjahiddines du Peuple, protégé par Saddam Hussein en Irak et bénéficiant de groupes de pression un peu partout en Occident, organisa une conférence de presse à Washington pour « révéler » l'existence de deux sites nucléaires iraniens clandestins : le centre d'enrichissement d'uranium de Natanz et l'usine d'eau lourde d'Arak. En vérité, ces informations, sans doute soufflées aux Moudjahiddines par la CIA ou le Mossad, n'étaient pas aussi nouvelles qu'il y paraissait. Non

Des ouvriers russes travaillent à la construction de la centrale nucléaire de Bushehr, sur le Golfe persique.

seulement ces deux sites étaient déjà connus des agences de renseignements occidentales, mais en plus, ils ne constituaient pas une stricte violation des engagements iraniens envers le traité de non-prolifération de l'Agence internationale pour l'énergie atomique (AIEA), signé par l'Iran du Shah en 1968, lequel n'imposait pas de déclarer des travaux en cours. Il n'empêche, ce fut là le début d'un engrenage infernal, qui allait provoquer une escalade de la tension entre l'Iran et l'Occident dont personne, désormais, ne sait comment sortir.

Un mois plus tard, en septembre 2002, des techniciens russes arrivèrent à Bushher, sur le golfe Persique, avec pour mission de terminer la centrale nucléaire civile dont la construction avait été commencée par l'entreprise allemande Siemens en 1975. Les travaux avaient été interrompus à la Révolution, et le site bombardé à plusieurs reprises par les Irakiens durant la guerre. Là non plus, rien de nouveau : l'accord avec la Russie datait de 1995 et avait été approuvé par l'AIEA, qui allait en surveiller l'application. A la fin de l'année, les Etats-Unis allaient pourtant accuser officiellement l'Iran de chercher à se doter de l'arme nucléaire. Ayant à cœur d'éviter une répétition de la marche à la guerre qui venait d'aboutir à l'invasion de l'Irak, la France, l'Allemagne et la Grande-Bretagne engagèrent à l'automne 2003 des négociations avec l'Iran et obtinrent un moratoire provisoire des activités d'enrichissement. L'idée était d'offrir à Téhéran un ensemble d'avantages politiques et économiques en contrepartie du renoncement à produire localement de l'uranium enrichi.

Après un marathon de discussions, l'offre fut présentée à

l'Iran en août 2005. Elle tombait mal : Mahmoud Ahmadinejad, arrivé au pouvoir deux mois plus tôt, était allé, au cours de sa campagne, jusqu'à accuser les négociateurs iraniens de trahison et à les menacer de prison s'il était élu. De plus, en raison de l'ingérence américaine dans le processus, l'offre européenne prétendument « très généreuse » excluait une capacité minimum d'enrichissement que les Iraniens demandaient à tout prix et restait vague sur les avantages économiques dont pourrait bénéficier la République islamique. Refusée par le nouveau pouvoir à Téhéran, elle fit perdre la face aux négociateurs iraniens qui avaient pourtant, par leur acharnement, gagné le respect de leurs interlocuteurs. Ils furent sèchement remerciés et remplacés par d'autres, beaucoup moins accommodants, lesquels furent remplacés à leur tour sitôt qu'ils commencèrent à modérer leurs positions.

La suite mérite un livre à elle seule. De 2005 à 2010, ce fut une avalanche ininterrompue d'annonces intempestives des deux côtés, de fuites savamment orchestrées, de rapports tour à tour rassurants et inquiétants de l'AIEA, de notes verbales et de lettres se contredisant mutuellement, de propositions européennes bâclées et de contre-propositions iraniennes fantaisistes, de moratoires suspendus, de morts mystérieuses de physiciens nucléaires iraniens, d'ultimatums rapidement oubliés, de rumeurs de guerre imminente, de percées majeures finissant dans le mur, de scellés sur les portes de l'usine de Natanz enlevés unilatéralement, de résolutions du Conseil de sécurité, de progrès techniques claironnés par l'Iran, de menaces américaines, de manœuvres militaires israéliennes, de démissions fracassantes de part et d'autre, de révélations sur d'autres sites clandestins, d'accords de la dernière chance qui finirent à la poubelle, d'essais balistiques iraniens, de nuits de négociations sans lendemain au siège viennois de l'AIEA, de nouvelles sanctions, de listes toujours plus longues d'individus et d'entreprises à bannir, de vaines tentatives de la part des Américains pour rallier la Chine et la Russie à leurs positions, d'inspecteurs autorisés ou non sur les sites iraniens, d'espoirs immenses aussitôt démentis...

Le résultat, à l'heure où ce livre part sous presse, est accablant pour l'Occident et semble donner la victoire aux méthodes de négociations peu orthodoxes de Téhéran.

8 000 centrifugeuses tournent aujourd'hui à plein régime à Natanz alors qu'en 2005, l'Iran avait proposé de se limiter à 1 000, ce que l'Occident avait jugé inacceptable. Elles ont permis à la République islamique d'enrichir 2 tonnes d'uranium à 4 % et plusieurs kilos à 20 %. L'enrichissement est un processus non linéaire : il faut plusieurs années et des milliers de centrifugeuses pour faire passer l'uranium de son niveau naturel de radioactivité (0,7 %) à la qualité nécessaire pour le combustible d'une centrale civile (4 %), mais les étapes suivantes, jusqu'au combustible enrichi à 90 % des bombes nucléaires, ne prennent que quelques mois. En d'autres termes, l'Iran a de quoi fabriquer deux bombes et pourrait même, de source bien informée, se retirer à terme du traité de non-prolifération, ce qui serait considéré par l'Occident comme une catastrophe absolue. De plus, même si le Guide suprême a publié une fatwa rendant illégale la fabrication d'armes nucléaires et la déclarant contraire à l'islam, le chiisme se caractérise par l'importance des « clauses de nécessité [55] », lesquelles permettront, le moment venu, de bénir les bombes iraniennes au nom d'Allah et de tous les imams.

A Vienne, les négociateurs européens sont épuisés, frustrés, excédés. Jusqu'en 2006 ou 2007, ils étaient impressionnés par le génie et la ténacité des négociateurs iraniens, mais ils estiment désormais que les discussions ne mènent nulle part, que l'Iran se moque du monde en n'envoyant plus que des bouffons et des interlocuteurs de rang négligeable. En octobre 2009, à Genève, l'Iran a accepté de procéder sur un territoire étranger à l'échange de la plus grande partie de son combustible, mais ne cesse de changer d'avis sur le lieu. Ce devait être la Russie, puis la Turquie, on parle désormais du Japon, voire de l'île iranienne de Kish. Dès lors, l'administration américaine du président Obama, après avoir dès son entrée en fonction pratiqué la politique de la main tendue, s'est résignée à imposer de nouvelles sanctions, dont on sait d'avance qu'elles seront inefficaces.

Tout se passe comme si une double prophétie auto-réalisante s'était, de fait, réalisée : le Guide suprême iranien a donné son accord pour des négociations, tout en avertissant ses équipes que l'ennemi était fourbe, qu'il ne ferait aucune concession majeure et que le processus était voué à l'échec ; de leur côté, les Etats-Unis ont accepté que les Européens négocient avec l'Iran, tout en restant convaincus qu'aucun accord ne serait possible avec ce régime et qu'il allait falloir, un jour ou l'autre, recourir à des méthodes non diplomatiques.

Le pire est ainsi en train de triompher, et la partie occidentale en rejettera naturellement la responsabilité sur Téhéran. Il est vrai que le président Mahmoud Ahmadinejad profite trop directement des tensions avec l'Occident pour ne pas être soupçonné de les avoir encouragées. Cependant, lorsque les historiens se pencheront sur cette période, ils feraient bien de prendre en considération quatre erreurs majeures commises par l'administration Bush (2000-2008) :

– Le 22 janvier 2002, dans son discours sur l'Etat de l'Union, George Bush a inclus l'Iran, avec l'Irak et la Corée du Nord, dans son fantasmagorique « Axe du Mal ». Cela a réduit à néant un rapprochement spectaculaire né sur les cendres des attentats du 11 septembre 2001. Car l'Iran, pour qui Al-Qaïda et les talibans étaient aussi des ennemis jurés, avait alors fait preuve d'une coopération exemplaire, offrant son soutien logistique et humanitaire à l'opération que préparait la Maison-Blanche en Afghanistan lors de rencontres secrètes à Genève, et proposant même une liste de cibles à bombarder [56].

– Le 4 mai 2003, la Maison-Blanche a rejeté l'offre iranienne de règlement global la plus audacieuse depuis la Révolution. Elle avait été élaborée en secret par l'ambassadeur de Suisse à Téhéran, Tim Guldimann, et l'ambassadeur iranien à Paris, Sadegh Kharrazi, avec l'approbation du Guide suprême et du président Khatami. Les Iraniens se disaient prêts à cesser de soutenir le Hamas et le Hezbollah, à reconnaître l'Etat d'Israël et à ouvrir l'ensemble de leur programme nucléaire en contrepartie d'une levée des sanctions, du renoncement de Washington à l'option du *regime change* à Téhéran et de l'extradition des membres des Moudjahiddines du Peuple détenus en Irak. Au lieu de prendre cette proposition au sérieux, la Maison-Banche a choisi de critiquer l'ambassadeur de Suisse pour avoir outrepassé ses compétences. Quatre ans plus tard, le *Washington Post* a obtenu copie de cette offre iranienne extraordinaire [57]. Le journal a interrogé

Condoleeza Rice, qui a déclaré ne pas se souvenir d'avoir vu passer ce document, et Tom Casey, le porte-parole américain des Affaires étrangères, qui a estimé qu'il ne s'agissait pas d'un document valable, juste d'un « exercice créatif de la part de l'ambassadeur de Suisse ».

– En mai 2005, au moment où la France, l'Allemagne et la Grande Bretagne mettaient la dernière main à leur « package » d'incitations économiques et politiques offertes à l'Iran en contrepartie d'une cessation de l'enrichissement d'uranium, les Etats-Unis sont activement intervenus pour retarder l'envoi de la proposition et la vider de sa substance. La période, à quelques semaines des élections qui allaient porter Mahmoud Ahmadinejad au pouvoir, était cruciale. Plusieurs experts iraniens et occidentaux estiment que l'offre initiale, soumise à temps, aurait pu inverser les résultats du scrutin iranien.

– Début 2006, la Maison-Blanche a ignoré deux autres offres iraniennes de règlement, dont le contenu n'a jamais été révélé. C'est la période où la Maison-Blanche semblait sur le point de lancer une intervention militaire contre l'Iran. Le journaliste d'investigation Seymour Hersh publia alors une série de révélations dans *The New Yorker* [58], citant un haut responsable de la Maison-Blanche qui disait que « la libération de l'Iran serait le véritable héritage de George Bush » et un autre, au Pentagone, expliquant qu'« une série de bombardements soutenus allait humilier les religieux au pouvoir et conduire la population à se soulever et à renverser le gouvernement ».

D'une façon ou d'une autre, l'Iran finira sans doute par payer ses erreurs. L'administration Bush, elle, s'en sort plutôt bien. Malgré les conséquences gravissimes que pourrait avoir sa gestion du dossier iranien, ses protagonistes sont très loin de se repentir. Au début 2010, la républicaine Sarah Palin a ainsi estimé que la seule manière pour Barack Obama de sauver sa présidence était d'attaquer l'Iran.

MEHRDAD

« J'ai passé la plus grande partie de mes deux ans de service militaire dans un camp au milieu du désert du Lut, à proximité des frontières afghanes et pakistanaises, dit Mehrdad, commerçant au bazar de Téhéran. J'étais chauffeur d'un pick-up armé d'une mitrailleuse de 50 mm. Notre mission était d'arrêter les convois de trafiquants afghans d'opium et d'héroïne qui passent par l'Iran pour envoyer leur marchandise en Europe. Si on en voyait, on leur tirait dessus ou ils nous tiraient dessus. Mais la plupart du temps, ils étaient meilleurs que nous.

« On était 50 ou 60 soldats dans cette unité spéciale, et on s'ennuyait à mort. Nos officiers avaient la trouille des trafiquants de drogue, ils préféraient éviter le contact. De toute façon, on faisait tellement de bruit, on allumait tellement de lumières que les Afghans pouvaient facilement nous contourner. Le prochain camp était à 100 kilomètres et il y avait assez de place pour nous éviter. Ils avaient de bons

Mehrdad, commerçant du bazar, sort chaque vendredi de Téhéran pour arpenter les paysages extraordinaires de son pays et s'adonner à la chasse.

chauffeurs, de bons équipements, ils connaissaient le désert comme leur poche.

« Pour se distraire, on tirait en l'air. Ou alors on faisait croire à nos officiers qu'on avait repéré un convoi et on tirait comme des fous dans le vide. Eux étaient paniqués, ils invoquaient le Seigneur et envoyaient des messages à l'état-major pour décrire les combats. Au bout de quelques mois, tout le groupe a changé et je suis resté seul pour accueillir les nouveaux. Cela m'a conféré un statut spécial, j'étais un peu le héros de la troupe. Même les officiers me respectaient profondément. Ils venaient des villes, ils avaient travaillé dans des commissariats ou des prisons, ils n'avaient aucune idée du désert, des dunes, des animaux sauvages, de la conduite dans le sable.

« Une nuit, j'étais de garde. Il faisait très chaud et je m'ennuyais. Mon uniforme était composé d'un short, de sandales et d'une kalachnikov. J'ai crié : "Il y a des trafiquants derrière cette dune !" L'officier a dit : "OK, on y va, dix hommes avec moi." Puis il a réfléchi et déclaré que c'était mieux que j'y aille seul, qu'il allait me couvrir. Je lui ai dit de ne surtout pas tirer. Parce que la plupart des morts, chez nous, étaient victimes de nos propres balles. J'ai commencé à courir avec mes sandales. Je faisais dix mètres et tatatata, je tirais dans la nuit. Dix mètres plus loin, tatatata, je tirais trois ou quatre rafales à chaque fois. J'ai franchi la dune, tiré encore un peu, et je me suis assis quelques instants en rigolant tout seul. Quand je suis revenu, ils étaient tous cachés derrière un mur. J'ai dit que les trafiquants avaient déguerpi. J'ai eu droit à des félicitations pour ma bravoure.

« On s'ennuyait tellement qu'on a inventé une autre farce. On était trois ou quatre de Téhéran, les autres étaient des provinciaux assez naïfs et on se moquait d'eux en permanence. Un jour, on a pris la liste des soldats et on les a convoqués un par un dans la tente de la logistique. On leur a dit que pour leur dossier, on devait mesurer leur pénis et leur faire une croix sur le ventre. On a mesuré tout le monde, même les officiers ! Mais c'était un petit soldat poilu du Lorestan qui avait le plus long.

« Des vrais trafiquants, on n'en a pas vu souvent. Un jour, j'étais en tête de convoi avec ma Land Cruiser. On passe une dune et je vois deux jeeps GMC en contrebas. Ils ne m'avaient pas vu. J'ai commencé à tirer. Les deux voitures étaient mal engagées, elles ont dû se retourner afin de pouvoir s'enfuir. L'une a eu un problème mécanique, je crois qu'elle a cassé son axe de transmission. On a tiré tout ce qu'on a pu, ils étaient à 200 mètres. Je voyais mes balles qui entraient dans la carrosserie. La nuit tombait, alors on est revenus le lendemain. On a trouvé 800 kg d'opium dans la voiture, par boîtes de 7 kg. A une centaine de mètres, il y avait un corps. Dans sa veste, j'ai trouvé des papiers sur sa livraison : combien de kilos, à quel client... Je n'étais pas fier de l'avoir tué, j'étais triste.

« Mais bon, eux aussi avaient tué mes camarades, une première fois dans une embuscade dans le désert et une seconde fois dans un jardin entouré d'un mur, à proximité d'un village. On avait appris qu'il y avait des trafiquants à l'intérieur. L'officier a envoyé un premier soldat grimper par-dessus le mur. Il s'est fait tirer comme un lapin. Il a envoyé un second, qui s'est aussi fait descendre. Et un troisième, un quatrième.

Il a fallu onze morts dans notre unité pour que l'officier change de stratégie. On a bombardé le jardin avec des grenades et des roquettes. On en a mis une telle dose que quand on est entrés par la porte, il ne restait plus un arbre, plus une plante. Par terre, on a trouvé trois vieux Afghans, morts.

« On était les durs, les membres d'une unité spéciale, mais la plupart de mes camarades venaient de petits villages et n'avaient aucune idée de quoi que ce soit. En guise d'entraînement, on leur donnait une mitraillette, ils tiraient trois coups et c'était bon, ils étaient des nôtres. Une fois, l'état-major a décidé de nous rendre visite dans notre camp. Mais notre opérateur radio, qui devait transmettre le message, s'est dit qu'il allait le faire plus tard et il s'est endormi. Le soir, on a vu des lumières se diriger vers nous. On a crié : "Les trafiquants nous attaquent !" et on a couru prendre nos positions. J'avais une arme de précision, avec une lunette de vision nocturne. Un de mes amis, un officier, a pris un lance-roquette et s'est couché à côté de moi. Il m'a dit : "Mehrdad, on attend qu'ils s'approchent, tu vises le chauffeur, je me fais la voiture." Dans le viseur, j'ai vu que les voitures ressemblaient à nos véhicules de police et je me suis dit : "Mon Dieu, à quelle sorte de trafiquants avons-nous affaire, ils ont volé nos propres voitures !" J'étais très inquiet, je tremblais. J'ai regardé encore dans la lunette et c'est à ce moment que nos camarades, derrière nous, ont balancé le premier obus. J'ai vu l'impact, juste à côté de la première voiture, qui a fait un bond en l'air. J'ai vu les vitres exploser, les autres voitures s'arrêter et tout le monde sortir pour se coucher par terre. A ce moment, on a entendu les félicitations de notre commandant du camp et un deuxième obus est parti. Il est arrivé en plein dans la première voiture, mais n'a pas explosé. Tout ce bruit a réveillé l'opérateur radio qui s'est précipité en hurlant : "Au nom de Dieu ! Ne tirez pas ! C'est le colonel !" On s'est mis debout, au garde-à-vous, et, de l'autre côté, le colonel s'est relevé lui aussi, lentement. Il a épousseté son uniforme. C'était un vieux, avec un gros ventre. Il était vraiment furieux. Une fois dans le camp, il a crié : "Fils de putes, qui nous a tiré dessus ?", il a pris notre officier par l'uniforme et s'est mis à le frapper. Des soldats ont essayé de s'interposer, disant que ce n'était pas de sa faute. Toute la nuit, on a dû soigner les gens du convoi. On leur a donné du thé et des gâteaux. On n'arrêtait pas de leur présenter nos excuses. Mais ils n'entendaient plus rien, à cause de l'explosion, ils n'arrivaient même pas à parler. Leur voiture n'était plus qu'un tas de ferraille. L'opérateur radio a fait trois mois de cachot, et puis il est revenu parmi nous.

Le mieux, c'était quand on tombait sur des convois de chameaux que les Afghans avaient drogués et dressés pour transporter la marchandise jusqu'à 100 kilomètres derrière la frontière. On leur tirait dessus, on faisait des kebabs avec les chameaux, on prélevait un peu d'opium pour le fumer sur place et on donnait le reste de la saisie pour les statistiques du gouvernement. Après leur service, plusieurs de mes camarades sont devenus toxicomanes. Moi, je n'y ai jamais touché. J'ai fini par aimer ce camp, au point de renoncer à mes congés. J'y ai passé jusqu'à six mois sans rentrer à la maison. Je prenais une jeep et j'allais me balader dans les dunes, c'est comme ça que j'ai commencé à chasser et à aimer les déserts de mon pays. »

YOUSSEF

Youssef était le fils favori du vieux Jacob, père aveugle de douze garçons. Il était tellement beau que son visage donnait une lueur particulière à sa terre de Canaan. Fous de jalousie, ses frères le précipitèrent dans un puits et prétendirent qu'il avait été dévoré par un loup. Or une caravane, passant par là, secourut l'infortuné et le vendit comme esclave en Egypte, où Youssef, prodigieusement intelligent, devint après moult péripéties le bras droit du pharaon. Lorsque survint une terrible sécheresse, l'Egypte avait accumulé assez de récoltes grâce au don de divination de Youssef. Les habitants des pays voisins vinrent alors avec leur gamelle quémander du blé, et parmi eux les frères de Youssef. Confondus, ils durent confesser leur crime de jeunesse. Youssef leur pardonna et fit venir toute sa famille sur les meilleures terres d'Egypte.

Trois mille ans plus tard, cette affaire faisait la une des journaux de Téhéran. Le quotidien réformateur *Sob-e Emrouz* (Ce matin) publia en juin 1999 la lettre d'un enseignant de Tabriz, dans le Nord-Ouest, expliquant que ses élèves avaient de la peine à y croire. « Ils me demandent pourquoi le père de Youssef n'a pas demandé à toucher le corps de son fils, s'il ne pouvait le voir. Pourquoi les frères, âgés, sont allés eux-mêmes chercher du blé en Egypte alors qu'ils pouvaient envoyer leurs enfants [...] et pourquoi on ne parle jamais de la mère de Youssef. J'ai étudié longtemps ces questions sans trouver de réponse. J'ai fini par dire à mes élèves que deux lignes parallèles ne se croisent jamais, sauf si Dieu le veut. »

Sur le tournage de la série Youssef,
un personnage tenant le rôle d'un Egyptien se repose entre deux scènes.

Car l'histoire de Youssef (Joseph) est biblique (Genèse, 37 : 2-11), mais elle est aussi coranique (Sourate 12) et particulièrement appréciée des musulmans qui confèrent à Youssef un statut de prophète, dont Mohamed aurait dit que Dieu l'avait doté de la moitié de la beauté disponible pour l'humanité.

Quel pays heureux et prospère que l'Iran, pourrait-on penser, pour que ses journalistes se soucient d'exégèse. Les conséquences de cette lettre qui nous paraît bien innocente furent pourtant tristement concrètes. Les autorités de la République islamique ne pouvaient tolérer aucune remise en question de textes sacrés. Pour l'avoir publiée, Saïd Hodjarian, éditeur du journal et grande figure réformatrice, fut placé en garde à vue et ne dut sa liberté qu'au paiement d'une lourde caution. Le rédacteur en chef, Kazem Shokri, passa plusieurs semaines en prison et la justice exigea le nom du professeur de Tabriz, afin de le punir, de même que ses élèves. Quelques mois plus tard, le 12 mars 2000, Saïd Hodjarian fut victime d'une tentative d'assassinat qui le laissa handicapé à vie. Un bassidj de Shar-e Rey, Said Ashgar, monté sur une moto très puissante dont seuls disposent en Iran les services secrets, lui tira deux balles dans la tête, à bout portant. Identifié par des témoins, jugé à huis clos, il ne fit que quelques mois derrières les barreaux avant de retrouver la liberté. Le 27 avril 2000, le quotidien *Sob-e Emrouz* fut fermé définitivement par la justice. Il avait multiplié les révélations embarrassantes pour le régime conservateur, comme le feuilleton haletant d'Akbar Gandji sur les véritables commanditaires des meurtres en série d'intellectuels. Mais le juge du Tribunal spécial de la presse, Saïd Mortazavi, devait établir « l'impiété » de *Sob-e Emrouz*, si bien que la lettre de l'enseignant de Tabriz sur le prophète Youssef lui servit de prétexte.

Dix ans plus tard, on reparle de Youssef à Téhéran, mais cette fois de l'autre côté de l'échiquier politique. Comme si le régime avait décidé de donner une fois pour toutes la version officielle de ce récit coranique. Chaque vendredi soir à vingt-deux heures, depuis juillet 2008, la première chaîne de la télévision nationale diffuse un épisode de 50 minutes de la série *Youssef*, dotée d'un budget considérable et à laquelle a participé le corps des Gardiens de la Révolution. Trois ans de tournage, des décors de 30 000 mètres carrés en dehors de la capitale et 180 comédiens. Le réalisateur, Farajollah Salahshoor, est proche des milieux ultra-conservateurs et s'est débrouillé pour que son œuvre, au passage, nie l'existence de l'Holocauste. Cela n'a pas dérangé les téléspectateurs, qui ont par contre réagi parce qu'un personnage mange une banane, fruit qui n'était pas consommé en Egypte 1 500 ans avant Jésus-Christ. « C'est vrai, je suis désolé, a répondu le réalisateur. Je n'ai pas fait assez de recherches sur la question des bananes. Mais les bontés de Dieu ont toujours existé. » Confronté à d'autres invraisemblances du scénario, comme l'usage de musique arabe pour les scènes en Egypte alors qu'à cette époque, les Arabes n'avaient pas encore conquis l'Egypte, il s'est exclamé : « De toute façon, le vrai scénariste, c'est Dieu ! »

Youssef a eu l'heur de plaire au Guide suprême. « Cette œuvre montre que l'on peut réaliser de belles et chastes créations avec des histoires fortes, a déclaré Ali Khamenei. Elle fait partie de l'art révolutionnaire. Les films d'aujourd'hui recourent hélas à des allusions sexuelles pour essayer de séduire le public, mais *Youssef* a obtenu un immense succès en se basant sur la vertu et le comportement parfait d'une personnalité exemplaire. »

Sur Internet, un jeune blogueur n'est pas d'accord. « Comment Youssef fait-il pour rester aussi froid, aussi ferme face à des femmes aussi belles ? Il est difficile pour nous, jeunes Iraniens, de nous identifier à lui. On se demande, d'ailleurs, si Youssef n'a pas un problème de ce côté-là... »

La critique la plus dure est pourtant venue de là où on l'attendait le moins : de la propre fille du réalisateur, Zeinab Salahshoor, qui est également l'une des actrices de la série. « J'ai honte d'avoir participé à ce tournage, parce que Youssef fait la promotion de la polygamie. Les hommes iraniens essaient de nous convaincre, mais ils n'y arriveront pas. Les femmes iraniennes ne sont pas comme les femmes arabes. Elles n'acceptent pas de partager leurs droits avec une autre. Cela m'est égal de faire partie de la famille du réalisateur et de jouer dans ce film. Je suis juste désolée pour tous les jeunes de ce pays que la religion leur soit présentée de cette façon. »

Voilà qui pourrait froisser le « conseiller religieux » de la série. La fiche technique distribuée par la télévision iranienne pour revendre *Youssef* dans soixante pays du monde nous apprend que l'expert choisi pour vérifier la conformité islamique des 45 épisodes de la série n'est autre que Habibollah Asgaroladi. C'est l'ancien patron des services secrets et l'une des plus grosses fortunes du pays, en raison de ses liens avec le bazar et le Guide suprême. Il est connu pour être un partisan brutal des méthodes répressives. A moins qu'il n'ait, depuis, médité les sages paroles de Youssef à ses frères criminels : « Pas de récrimination contre vous aujourd'hui ! Que Dieu vous pardonne, lui qui est le plus miséricordieux des miséricordieux. »

Saïd Hodjarian, l'ancien éditeur de *Sob-e Emrouz*, lui, n'a jamais été pardonné. Il a survécu une décennie à la tentative d'assassinat, grâce à une intense médication quotidienne, sur une chaise roulante, ayant presque perdu l'usage de la parole. Or le 16 juin 2009, quelques jours après les élections présidentielles, il fut arrêté et placé en détention dans la section 209 de la prison d'Evin, réservée à ceux que le régime considère comme ses ennemis les plus dangereux. « Que voulez-vous de lui, il est déjà à moitié mort ! » a demandé alors sa femme, la doctoresse Gila Marsoosi. Les Gardiens de la Révolution voulaient des aveux. Ils voulaient que cet homme diminué sur une chaise roulante, pour retrouver la liberté, signe une confession dans laquelle il reconnaissait que les troubles post-électoraux avaient été préparés depuis des mois par lui-même et ses complices, avec l'aide de services secrets Occidentaux. Sauf que le demi-mort n'a pas signé, même lorsque sa femme et son fils ont été emprisonnés à leur tour pour le faire craquer. Il a décidé de rester en prison aussi longtemps que ses geôliers le désiraient et en fait ses otages. Comme le régime ne pouvait pas se permettre de le laisser mourir, les gardiens d'Evin ont dû lui administrer le traitement médical qui le maintient en vie depuis le 12 mars 2000. Son interrogateur a même été obligé, chaque jour, de se mettre à quatre pattes la séance de physiothérapie obligatoire.

MÉFIE-TOI DES JUIFS

« Je vais vous raconter l'histoire de ma vie, dit Mohamad Ali Arsin, cinquante-neuf ans, marchand de tapis qui nous a reçu dans sa villa de 800 mètres carrés à Lavassan, au-dessus de Téhéran. A quatorze ans, j'ai commencé à travailler au bazar de Téhéran. Je livrais des tapis sur mes épaules. Chaque fois que j'en portais à des marchands juifs, ils ne m'autorisaient pas à entrer dans leur magasin. Je devais les déposer devant la porte. Ils me parlaient avec arrogance et ne me payaient qu'au bout de deux ou trois semaines.

« Lorsque, treize ans plus tard, nous autres Iraniens avons fait la révolution, nous ne pouvions même pas en parler à notre femme le soir, parce qu'elle allait peut-être tout répéter à un juif. A l'époque, si je me battais dans la rue avec un juif et qu'il déposait plainte, la justice le plus souvent lui donnait raison. Des policiers du Shah me l'ont dit en secret : "Méfie-toi des juifs ! Méfie-toi des juifs !"

« J'ai grandi dans le sud de Téhéran, dans un quartier pauvre, non loin de l'hôpital où Farah, l'impératrice, avait accouché. Nous avions une dame qui travaillait pour nous à la maison. Elle faisait le ménage et la cuisine mais elle n'arrivait pas à nourrir ses cinq enfants. Alors elle devait aller faire la queue derrière l'hôpital pour récupérer les restes des repas des malades. Tout le monde n'avait pas la belle vie, à l'époque ! Et que Dieu bénisse Khomeiny pour tout le travail qu'il a accompli !

« Avant la Révolution, l'Amérique était installée en Iran comme chez elle. Elle avait plus de technologie et plus d'ar-

Mohamad Ali Arsin, 59 ans, marchand de tapis à Dallas, pose dans sa demeure de 800 m2 à Lavassan, au-dessus de Téhéran. Son fils cadet est à gauche, sa femme au fond, en vert.

gent que nous. En plus, elle avait gagné la guerre contre l'Allemagne, l'Italie et le Japon. Elle était imbattable, on nous disait qu'on ne pourrait jamais s'en débarrasser. Mais Khomeiny l'a fait, que sa demeure soit au paradis. Il y avait 70 000 soldats américains ici, ils étaient payés 10 000 dollars par mois. Chaque jour, ils volaient le pétrole iranien. On ne contrôlait rien. Ils nous ont même obligés à utiliser du papier toilette [59] et justement, c'était les juifs qui contrôlaient le marché du papier toilette.

« Les juifs vivent toujours dans des endroits où les gens sont idiots, pour mieux les exploiter. Il n'y a aucun juif à Tabriz, parce que les gens là-bas sont trop intelligents pour eux [60].

« A l'époque, les juifs m'empêchaient de m'enrichir. Mais maintenant, j'ai un excellent magasin de tapis à Dallas ! Un marchand de New York m'a demandé un jour comment j'avais fait pour avoir assez d'argent et ouvrir ce magasin. Je lui ai dit que lorsque les Américains et les juifs occupaient l'Iran, ils nous forçaient à rester pauvres, mais maintenant qu'on les a expulsés, nous faisons des affaires et me voici en Amérique ! Les Iraniens sont très intelligents et peuvent s'occuper d'eux-mêmes. En plus, depuis trente ans, nous n'avons plus de casino et de jeux d'argent, qui étaient tenus par les juifs, et nous n'avons plus besoin d'importer du whisky pour enrichir les juifs. Nous faisons notre vin nous-mêmes !

« Comment vos gouvernements peuvent-ils insulter notre président ? C'est un acte dommageable pour l'harmonie du monde. Il ne pratique pas les jeux d'argent, il ne boit pas, il est droit et honnête, il est plein de vie. Il est calomnié juste parce qu'il parle et que quand il parle, 20 millions d'Iraniens sortent dans la rue et le suivent, 20 millions d'Iraniens unis comme une grande famille et qui n'ont peur de rien, même pas de la mort.

« A l'époque, les Américains sont allés en Afrique et ont pris des milliers d'esclaves. Aujourd'hui, les juifs font la même chose. Ils réduisent le monde entier en esclavage grâce à leur contrôle des cartes de crédit. Tous ceux qui leur doivent de l'argent sont leurs esclaves. Je n'utilise pas de carte de crédit, car je sais qui sont mes ennemis. Je n'ai pas peur de vous le dire, parce que je crois en Dieu et que je n'ai peur de rien. Et vous êtes chez moi, je vous ai invités, je vous donnerai la meilleure nourriture, la meilleure chambre, je vous donnerai tout, je vous habillerai à mes frais et vous donnerai même de l'argent de poche. Tout cela parce que je suis iranien et musulman. Notre désir est que le monde entier soit heureux et prospère.

« Je vous parle en expert, j'ai voyagé dans vingt et un pays. Nulle part je n'ai bu d'alcool, ni même songé à en boire. J'ai tout bien examiné, et compris les choses en profondeur. Partout, j'ai vendu des tapis, pour me payer des femmes ! Ce sont mes deux spécialités, les tapis et les femmes.

« Il y a trente ans, lorsque les Américains nous volaient l'argent dans les poches, nous étions des gentlemen et le passeport iranien était partout respecté. Maintenant qu'on ne les enrichit plus, on est des terroristes ! Mais dites-moi, quel Iranien est allé en Amérique pour tuer des Américains ? En revanche, il y a des milliers d'Américains en Irak qui tuent des Irakiens.

« Avant la Révolution, il n'y avait aucun docteur en Iran. Il fallait en faire venir d'Inde ou du Bangladesh. Aujourd'hui, chaque Iranienne est une doctoresse, chaque Iranien est un docteur ou un ingénieur. Et pourtant, quand nos étudiants qui ont un excellent niveau vont aux Etats-Unis, on les maintient à des postes subalternes. Tout ce qui concerne la haute technologie est réservée aux juifs. J'ai aussi entendu l'histoire d'un étudiant iranien en France. Quand ils ont appris que l'Iran avait envoyé un satellite dans l'espace, ils lui ont interdit d'entrer dans la cuisine de l'université. C'est pas un scandale ?

« Mon père n'était pas éduqué. Il ne savait ni lire ni écrire. Mais il était très intelligent. Chaque jour, il nous donnait des conseils de vie. Ils nous disait que tout ce que nous avions venait de Dieu. La nuit, je dormais dans la même chambre que lui. Avant de dormir, il nous a appris à toujours répéter la *shahadah* [profession de foi musulmane] : *ashadu al-la ilaha illa-llahu wa ashadu anna muhammadan rasulu-llah* (je témoigne qu'il n'y a de vraie divinité que Dieu et que Mahomet est son messager). De cette façon, tout le monde saura que vous êtes quelqu'un de bien et aura confiance en vous. Car celui qui croit en Dieu ne ment jamais.

« Mon père, lorsqu'il a demandé pour nous des cartes d'identité, nous a déclaré deux ans plus jeunes que nous l'étions, pour que nous soyons plus intelligents que la moyenne à l'école et au service militaire.

« Grâce à Dieu, j'ai eu du succès et je peux aujourd'hui me considérer comme un homme riche. Je crois que tout le monde sur terre voudrait avoir le même succès. Alors mon conseil est celui-là : travaillez dur et ne dépensez rien. Si vous pouvez porter un habit pendant six mois, faites-le. N'accordez aucune attention à ce que l'on dit de vous. Je n'ai pas étudié à l'université, vous savez, je n'ai pas lu beaucoup de livres, mais j'ai une vision très claire de ce qui se passe. Lorsque j'allume la télévision, je comprends immédiatement de quoi il s'agit. Et si vous vous demandez pourquoi je vous tiens ce discours, c'est parce que j'ai beaucoup réfléchi. J'ai ainsi compris que l'Iran n'est pas un pays du tiers monde, mais au contraire un pays très évolué. Votre histoire remonte à deux ou trois siècles, la nôtre à deux ou trois millénaires. Et d'ailleurs, si vous allez voir dans vos bibliothèques, vous verrez que la plupart de vos scientifiques ont pris leurs idées chez nous.

« Nous faisons confiance à notre président et à notre Guide suprême, parce qu'ils nous gouvernent avec sagesse et nous donnent de la fierté. Nous n'attaquons aucun pays du monde. Nous vivons chez nous. Nous ne demandons rien à personne. Mais eux, les juifs et les Américains, ils veulent nous attaquer, nous conquérir ! Lorsque je regarde leurs programmes satellite, BBC ou Voice of America, je me demande : pourquoi sommes-nous en crise ? Je pense que c'est parce que l'Occident a oublié Dieu. Vos programmes de télévision ne commencent pas, comme les nôtres, par « au nom de Dieu le tout-puissant, le miséricordieux ». Pourquoi ? Si tu crois en Dieu, tu ne peux pas accepter cela, tu veux que le monde soit en paix et que chacun soit heureux.

« Si vous enfermez un chat dans une chambre et que vous entrez ensuite armé d'une chaussure pour le tuer, le chat saura qu'il ne peut pas se défendre et qu'il va mourir. Et pourtant, il va de toutes ses forces essayer de vous arracher les yeux, de vous griffer le visage. Même si c'est un petit chat. Vous, les puissants de la planète, vous faites pareil avec les pays faibles. Et après, vous vous étonnez qu'ils n'aient plus peur de la mort et soient prêts à des attaques-suicides.

« Pour ma part, j'espère que tout le monde sur terre aura assez à manger et recevra une bonne éducation. Nous croyons au Mahdi (que Dieu hâte son retour). Lorsqu'il reviendra, il distribuera les richesses à tout le monde, sans oublier personne. Pas comme les Saoudiens : ils exportent 8 millions de barils de pétrole par jour, ça fait 600 millions de dollars dans leurs poches, 220 milliards par an ! Ces ressources devraient bénéficier à tout le monde. Ils n'ont pas le droit de le dépenser comme ils veulent.

« Je vous le dis, j'ai beaucoup voyagé, j'ai vu beaucoup d'injustice. J'ai vu des gens qui pesaient 56 kilos de plus que leur poids normal. Parce qu'ils mangent trop ! Et d'autres qui n'avaient que la peau sur les os. Cela me rend triste. J'espère que Dieu va aider le monde à vivre mieux. Les riches doivent faire quelque chose. Ce n'est pas trop tard. Il faut partager ! Et ceux qui croient en Dieu ne peuvent pas faire autrement.

« Il faut chercher à s'enrichir. Les gens ont une mauvaise opinion des musulmans parce que beaucoup d'entre eux sont pauvres. Cela changera lorsqu'ils seront tous riches. Car l'argent est une bénédiction.

« Vous, d'ailleurs, vous devriez prendre une femme iranienne. Je vais vous arranger ça. Je vais vous trouver des femmes à Tabriz, parce qu'elles cuisinent bien. Les femmes de Tabriz s'occupent vraiment de leur famille. Si vous les épousez, elles prendront soin de vous et c'est pour cela qu'elles sont célèbres. Je sais ce qu'il vous faut.

« Les femmes, c'est comme les tapis. Il faut savoir choisir.

« Je vais vous raconter une histoire qui vous fera rire. Pour mon fils aîné, nous avons cherché à Tabriz une épouse qui vienne d'une bonne famille, bien élevée et travailleuse. Mais celle que nous avons trouvée était tellement bien que je lui ai conseillé de ne pas épouser mon fils, qui est un gredin. Il part en vacances en Thaïlande, je ne sais pas ce qu'il fabrique. Je lui ai dit que cela serait du gâchis pour elle. Elle m'a écouté, elle a refusé le mariage. Elle a bien fait !

« A partir d'aujourd'hui, n'achetez plus rien. Ou juste le strict nécessaire. Et bientôt vous sentirez l'argent dans vos poches, et vous serez heureux. Et votre argent va prendre de la valeur, vous pourrez faire de grandes affaires. J'ai enseigné cela à mon fils aîné. Je l'ai mis au travail à quatorze ans et aujourd'hui, il a comme moi un magasin aux Etats-Unis de 700 mètres carrés, plein de tapis, et une fortune de 4 ou 5 millions de dollars ! »

DANIAL

Danial, dix-huit ans, habite chez ses parents dans le quartier d'Ekbatan, près de l'aéroport de Téhéran. Son père est ingénieur et sa mère femme au foyer. A parler une heure avec lui dans sa chambre, sur fond de musique grunge téléchargée sur son ordinateur, on doit admettre qu'il mène une vie assez similaire à celle d'un adolescent occidental. Son groupe favori est Nirvana. Il adore l'art urbain de Banksy et anime lui-même un groupe de tagueurs à Téhéran qui s'appelle « Les Rats ». Le groupe a déjà produit avec des moyens amateurs plusieurs vidéos inspirées de la série *Jackass* sur MTV. « Les Rats » se sont récemment constitués en groupe de rap, qui répète dans les caves du quartier et donne des concerts clandestins en banlieue. Danial pratique avec passion le skate-board en été et le snow-board en hiver. Ses marques vestimentaires préférées sont Quicksilver, Billabong et Volcom, qui sont désormais librement importées en Iran. Il pratique également un sport d'origine française, le « parkour », défini comme l'« art du déplacement » et qui consiste pour ses adeptes, appelés « traceurs », à rallier deux points de la ville par le trajet le plus court en escaladant ou sautant par-dessus tous les obstacles urbains : murs, maisons, barrières, voitures. Un jour, en plein parkour, Danial a été pris en chasse par des policiers. Il leur a échappé en descendant d'un toit le long d'une gouttière mais un de ses doigts a été sectionné par un crochet. Il n'a pas eu le temps de le récupérer et porte désormais une attelle en cuir à la main gauche. Ses parents, dit-il, n'ont pas été si fâchés que ça. Lui-

Danial, 18 ans, mène une vie insouciante et occidentalisée, entre le skate-board, un groupe de grapheurs et de rap et le parkour, sport urbain qui lui a valu de perdre un doigt.

même est assez fier de cette preuve de son courage et n'a pas cessé pour autant de pratiquer le parkour. Il regrette seulement la gêne occasionnée pour jouer de la guitare.

Danial estime qu'il ne lui manque rien, à Téhéran, et ne se verrait pas vivre ailleurs. Il est heureux de sa confrontation régulière avec les forces de l'ordre et les milices islamiques, comme si cet ennemi omniprésent donnait à son existence de rebelle une saveur particulière.

LE WATER-POLO

Si vous parvenez à vous procurer le numéro de téléphone de Bahram Tavakoli et que vous l'appelez en proposant de partager un *chelo kebab* dans le meilleur restaurant de Téhéran, il s'excusera poliment et vous raccrochera au nez. Car ce monsieur est ingénieur nucléaire, membre de l'équipe qui doit terminer et mettre en fonction la centrale atomique de Bousher, sur le golfe Persique, avec l'aide de spécialistes russes. Tout ce qui touche au programme nucléaire, même civil, est totalement confidentiel.

Et pourtant, c'est bien la voix de Bahram Tavakoli que l'on entend parfois sur les ondes de la radio nationale. Mais sur un autre sujet : les combats épiques de l'équipe iranienne de water-polo pour revenir aux premières places, au moins parmi les nations asiatiques. C'est donc en l'abordant à la pis-

Bahram Tavakoli, 61 ans, physicien nucléaire, était capitaine de l'équipe iranienne de water-polo qui remporta les Jeux asiatiques de 1974.

cine Azadi (Liberté) pendant l'entraînement que l'on peut parler un peu et finir par aller manger du *baghali polo* (riz aux fèves) et du *djoudje kebab* (brochette de poulet mariné au safran) chez Nayeb, une adresse renommée le long de l'avenue centrale de Téhéran de la rue Vali-Asr (imam du Temps, une autre appellation de Mahdi). Et encore, il a fallu promettre de ne pas parler nucléaire. Tout juste parviendra-t-on à lui arracher quelques insultes destinées aux Russes, qui semblent faire exprès de retarder les travaux.

A l'époque pré-révolutionnaire où cette avenue s'appelait encore Pahlavi, notre homme était capitaine de l'équipe nationale de water-polo. Son titre de gloire fut de remporter la médaille d'or aux Jeux asiatiques de Téhéran en 1974. Après la victoire finale contre la Chine, Bahram Tavakoli se souvient d'avoir reçu sa médaille du Shah en personne. « Lorsque je suis monté sur le podium, des écolières en folie se sont accrochées à ma veste et à ma cravate, dit-il. Elles ont déchiré ma chemise. Si je ne m'étais pas esquivé, j'aurais terminé torse nu devant le Shah ! »

Les choses ont bien changé. Dans l'Iran pudibond de la République islamique, il est interdit pour les femmes de regarder les hommes en maillot dans une piscine, et vice versa. Les matchs ne sont donc pas diffusés à la télévision, d'où l'intérêt des commentaires radio de Bahram Tavakoli. Comme le pays manque d'experts, une arbitre femme lui a récemment demandé de devenir son conseiller pendant les matchs féminins. « Elle me décrit l'action, pour que je puisse prendre une décision à l'aveugle, caché derrière un rideau », dit-il.

Cela n'a pas été facile pour la fédération de natation iranienne de maintenir le niveau, après la Révolution. Les athlètes venaient en grande partie des bonnes familles, et beaucoup ont préféré s'enfuir à l'étranger. D'ailleurs, la natation aurait été interdite tout court par le nouveau régime si l'on ne s'était souvenu juste à temps de cette prescription du Prophète : « Les musulmans doivent savoir monter à cheval, tirer et nager. » Les piscines, pour lesquelles le Shah avait dépensé des fortunes, manquent cruellement d'entretien et les rémunérations des joueurs sont plutôt maigres. Les visas sont durs à obtenir pour aller jouer à l'étranger et les équipes occidentales ne se pressent pas pour jouer à Téhéran. Et encore a-t-on abandonné les excès des débuts, lorsque, durant le Ramadan, les joueurs n'avaient pas le droit de mettre la tête sous l'eau afin de ne pas en boire, ce qui aurait constitué une rupture de leur jeûne.

Depuis quelques années, l'entraîneur de l'équipe nationale est la star croate Neven Kovacevic, lequel nous a déclaré le matin même : « Pour l'Iran, m'engager comme coach c'est comme mettre Michael Schumacher au volant d'une Paykan. » Il parvient cependant à certains résultats. L'Iran bat régulièrement le Kazakhstan, le Qatar et l'Arabie Saoudite. Et même la Nouvelle-Zélande (12 à 8) pour sa seconde apparition en Coupe du monde Asie-Océanie à Adélaïde début 2009, avant de se faire « rosser » (l'expression est du quotidien conservateur *Tehran Times*) par le Japon et l'Australie (13 à 1).

Bahram Tavakoli n'ose pas le dire mais il redoute que l'équipe d'Iran ne revienne jamais à son niveau d'avant la Révolution. « Nos garçons ne sont pas assez durs. Ils ne se battent pas assez. A l'époque, on était plus unis, plus dévoués. Et puis il y a autre chose, ajoute-t-il avec un clin d'œil. Il faut des femmes dans le public, ou des femmes qui s'entraînent dans le bassin d'à côté si l'on veut fabriquer des champions et gagner des médailles. Il n'y a rien comme la présence d'une femme pour vous donner la force de pousser votre mouvement quelques centimètres plus loin et de marquer. »

LES ÉLECTIONS

République islamique. Deux mots que la révolution de 1979 a juxtaposés sans se poser trop de questions. Deux mots que certains jugent antinomiques. Deux mots qui ne cohabitent que dans trois autres pays du monde, avec des résultats très variables : le Pakistan dès 1956, la Mauritanie dès 1958 et l'Afghanistan dès 2003.

Pour certains révolutionnaires, le simple fait qu'un pays dont l'écrasante majorité des citoyens sont musulmans se constitue en république suffisait pour que celle-ci soit islamique. Pour d'autres, il s'agissait de mettre en place une version moderne du califat, le gouvernement du Prophète, afin d'être certain que les lois divines priment sur les lois humaines.

En vérité, la révolution iranienne donna naissance à un régime politique hybride, mélange unique au monde d'autoritarisme, de démocratie et de théocratie. Les dirigeants révolutionnaires ont reconnu d'emblée cette dualité, tout en

Un homme affiche le portrait d'un candidat à la présidentielle de 2005, le long de l'autoroute Sadr, au nord de Téhéran.

affirmant que cela ne posait pas de problème. Il y avait d'une part l'autorité religieuse, en l'occurrence celle de l'ayatollah Khomeiny, et de l'autre la volonté populaire, incarnée par une population qui, dans son immense majorité, s'était mobilisée pour renverser le régime du Shah.

Pour définir son poste, Khomeiny a inventé un terme inspiré de la tradition chiite, le *velayat-e faqih*, que l'on peut traduire par « jurisprudence du docte ». Cela fait référence au besoin, pour la communauté chiite, de se désigner un guide en attendant le retour du guide véritable : l'imam Mahdi, dit aussi « imam du Temps », dernier descendant direct du Prophète disparu il y a plus d'un millénaire.

Pour traduire la volonté populaire, il a été dès le début question d'organiser des élections. L'appellation « République islamique » a d'ailleurs été approuvée à 97 % par référendum le 30 mars 1979. Le lendemain, l'ayatollah Khomeiny déclarait qu'il s'agissait du premier jour du gouvernement de Dieu sur terre. Puis une Constitution fut rédigée, votée par référendum en octobre de la même année. Ce qu'il faut en retenir, c'est que le pouvoir suprême est exercé par un guide religieux, qualifié d'« ombre de Dieu sur terre », mais que les élections font aussi partie intégrante du système, ne serait-ce que pour légitimer ce guide à intervalles réguliers.

Tant qu'a régné une quasi-unanimité dans le pays, en raison de l'adhésion très majoritaire à la personne de Khomeiny ou à la nécessité de se mobiliser pour la guerre déclenchée par Saddam Hussein en 1980, les élections n'ont pas posé de problème. Elles furent toutes remportées avec des scores aux alentours des 80 % par le ou les candidats du pouvoir. Et cela bien que la République islamique ait traversé des crises majeures, comme l'éviction du président élu Abolhassan Bani Sadr en juin 1981 et l'élimination sanglante des Moudjahiddines du Peuple, un mouvement très actif dans le processus révolutionnaire mais qui ensuite a perdu son soutien populaire en raison de son recours à la violence et de son installation en 1986 chez l'ennemi irakien.

A la mort de Khomeiny, en 1989, ses collaborateurs les plus proches ont éliminé de leurs rangs certaines voix dissonantes et se sont présentés aux électeurs sous la forme d'une coalition revendiquant l'héritage du père fondateur. Ils n'eurent pas non plus besoin de bourrer les urnes pour l'emporter. Fin juillet 1989, Akbar Hachemi Rafsandjani, qui passait pour le favori de Khomeiny et fut aussi l'architecte de sa succession en organisant la nomination d'Ali Khamenei au poste de Guide suprême, remporta la présidence avec 94,5 % des suffrages. Il n'avait qu'un adversaire, alors que 77 autres candidatures avaient été invalidées par le Conseil des Gardiens, sorte de conseil constitutionnel surtout constitué de dignitaires religieux conservateurs. En 1993, il fut réélu pour un second mandat avec 62,9 % des votes et malgré un taux de participation assez faible (50 %).

Les problèmes ont commencé avec l'élection présidentielle de 1997. Sur les 234 candidats, le Conseil des Gardiens n'en a autorisé que quatre, dont évidemment celui du pouvoir, Ali Akbar Nateq-Nouri. Ce dernier était absolument certain de gagner, parce qu'il bénéficiait du soutien de tout l'establishment politico-religieux et du bazar. C'était sans compter Mohamad Khatami. Le Conseil des Gardiens pouvait difficilement rayer des listes ce religieux qui portait le turban noir des descendants du Prophète et qui avait servi comme ministre de la Culture sous la présidence de Rafsandjani. Sa campagne menée en autobus dans tout le pays fut exemplaire : il apparaissait comme le candidat des jeunes, des femmes et de tous ceux qui espéraient une ouverture du pays. Il remporta 70 % des suffrages avec une participation jamais atteinte, près de 28 millions d'électeurs, soit 80 %.

Dans la foulée, les réformateurs ont aussi remporté les élections parlementaires de février 2000 (189 sièges sur 290), malgré les tentatives d'obstruction du Conseil des Gardiens qui a éliminé près de 2 000 candidats. Un président et un Parlement réformateurs dans un système dominé par des conservateurs adossés au Guide suprême, Ali Khamenei, cela ne pouvait faire que des étincelles. Elles furent nombreuses. D'abord, le débat sur les sources de légitimité du pouvoir revint en force : interprétation de la volonté divine ou vote populaire ? Puis ce furent les activités du Parlement. Presque tous les textes de loi adoptés furent annulés par le Conseil des Gardiens. C'est aussi l'époque où la presse réformatrice a joué un rôle essentiel. Autorisés par le gouvernement de Khatami, les journaux ont multiplié les révélations embarrassantes pour les conservateurs et connurent un immense succès commercial avant d'être interdits les uns après les autres par la justice, qui était restée aux mains des proches du Guide suprême.

En 2001, les conservateurs ne purent pas empêcher Khatami de remporter un second mandat. Ils lui mirent pourtant tellement de bâtons dans les roues qu'il finit par apparaître impuissant et docile, perdant ainsi une partie de sa popularité. Si bien que les conservateurs purent reprendre le Parlement en 2004, notamment grâce au Conseil des Gardiens qui élimina tellement de candidats (2 500) que les réformateurs, dans certaines circonscriptions, n'en avaient même plus assez pour constituer une liste.

Le désarroi des réformateurs les conduisit à des querelles internes, dont les conservateurs furent prompts à tirer avantage. Aux présidentielles de 2005, trois candidats réformateurs furent autorisés au premier tour, ce qui divisa les 33 % d'électeurs encore prêts à leur faire confiance. En conséquence, aucun d'entre eux ne fut présent au second tour, lequel se joua entre un politicien relativement inconnu, au discours populiste et qui avait pris soin de ne pas mettre trop en évidence son étiquette ultra-conservatrice, Mahmoud Ahmadinejad, et le vieux requin Akbar Hachemi Rafsandjani, unanimement détesté pour son ambiguïté et les soupçons pesant sur lui d'enrichissement personnel. Le premier l'emporta haut la main (61,7 %) et put alors dévoiler son vrai visage : aventurier, incompétent et vindicatif.

Le premier mandat de Mahmoud Ahmadinejad fut un désastre que la censure ne parvint pas à camoufler complètement. Inflation galopante, tension accrue avec le reste du monde, chute de l'activité économique. Pour se représenter en 2009, il gardait bien sûr le soutien d'une partie de l'électorat rural, en raison de ses tournées à répétition en province lors desquelles il multiplia les rencontres souvent spontanées avec la population et les promesses : une piscine pour cette ville et une route pour celle-là, un système d'irrigation ici et une meilleure redistribution des ressources là. Mais surtout, il consacra sa plus grande énergie durant ces quatre ans à réorganiser en sa faveur les milices islamiques des bassidjis et à consolider son alliance avec le corps d'élite des Gardiens de la Révolution en leur concédant d'innombrables privilèges.

Pour toutes ces raisons, il était donné gagnant à trois mois du vote. C'est alors qu'est monté en puissance le candidat de l'opposition, Mir-Hossein Moussavi, qui avait pourtant disparu de la vie publique depuis vingt ans après avoir été Premier ministre dans les années 1980. L'enjeu était évidemment de mobiliser l'électorat urbain écœuré par l'échec de Khatami entre 1997 et 2005. Il fit du « changement » son slogan et du vert sa couleur. Le résultat dépassa toutes les attentes. Les jours et les nuits qui précédèrent le scrutin, toutes les rues de toutes les villes du pays furent envahies par une foule verte qui chantait, dansait et ridiculisait le président sortant, le comparant à un singe.

Dans la nuit du 12 au 13 juin 2009, à peine les bureaux de vote avaient-ils fermé que le ministère de l'Intérieur, tenu par un ami intime de Mahmoud Ahmadinejad, annonçait que ce dernier avait remporté l'élection au premier tour avec 62,46 % des suffrages. Dans l'après-midi, des bassidjis avaient attaqué les quartiers généraux de campagne du candidat Moussavi et, dès le début de la soirée, la capitale fut quadrillée par des convois militaires. On ne connaîtra sans doute jamais le score véritable des quatre candidats. Il semble probable que le régime ait cherché avant tout à éviter un second tour, parce qu'il était techniquement plus compliqué d'en manipuler les résultats et aussi parce que la folie verte qui s'était emparée des Iraniens moyens les semaines précédentes laissait présager que la situation pouvait déraper et échapper soudain à tout contrôle. La persistance du mouvement vert plusieurs mois après le vote, malgré une répression impitoyable, donne pourtant une idée de son ampleur et de sa détermination.

Le grondement de colère des Iraniens qui ont vécu cette élection comme une insulte à leur intelligence et comme la négation de leurs droits nés de la Révolution est tel qu'à l'heure où ce livre part sous presse, presque un an après le scrutin, personne ne peut affirmer avec certitude que Mahmoud Ahmadinejad parviendra au terme de son second mandat. Et même s'il y parvient, on voit mal quelle carte le régime pourra jouer en 2013. De fait, la contradiction entre « République » et « islamique » a fini par se matérialiser et certains experts se demandent si l'élection de 2009 n'était pas la dernière. Car entre-temps, certains fondamentalistes sont arrivés à la conclusion que le projet « divin » de l'ayatollah doit désormais se passer de consultations populaires. Que la « République islamique » n'était qu'une phase transitoire vers un système plus « pur ». Lequel serait tout simplement islamique.

REFAIRE SON NEZ

Le 13 juin 2009, alors que les résultats de l'élection présidentielle de la veille avaient été annoncés dans la nuit, nous avions rendez-vous avec un chirurgien esthétique pour qu'il nous explique en détail l'opération la plus populaire en Iran, où 274 jeunes filles et de plus en plus de garçons changent de nez chaque jour qu'Allah fait. Afin de ne rien perdre de la colère qui montait d'heure en heure dans les rues de la capitale, nous avons appelé la secrétaire pour décaler le rendez-vous, ce qu'elle nous a fortement déconseillé. L'agenda du Dr Mehrdad Modarres était tellement chargé que le prochain créneau tombait après l'échéance de notre visa. Nous avons donc choisi de limiter les risques en nous répartissant les rôles : Paolo resterait dans la rue pendant que j'irais interroger le chirurgien.

La salle d'attente était pleine à craquer. Tout le monde avait les yeux fixés sur l'écran de télévision, qui diffusait en boucle la conférence de presse du ministère de l'Intérieur dont les résultats allaient mettre le feu aux poudres : 62,46 % pour Ahmadinejad, 33,87 % pour Mir-Hossein Moussavi et seulement 0,86 % pour Mehdi Karoubi. Les patientes se répartissaient en deux catégories presque égales : celles dont le gros nez était encore intact et qui se réjouissaient de le voir diminuer, et celles dont le centre du visage était couvert d'un plâtre ou d'un gros sparadrap, venues pour les contrôles postopératoires. Mais toutes étaient révoltées par la victoire étonnante de Mahmoud Ahmadinejad au premier tour. « Je suis ici pour mon nez, pas pour la politique, dit une adolescente

Le 13 juin 2009, au lendemain des élections contestées, une jeune femme à l'arrière d'un taxi prend des photos des manifestations avec son téléphone portable.

accompagnée de sa mère et dont l'appendice nasal devait, en effet, pour quelque temps encore, être qualifié de sémite. Mais comment voulez-vous que nous soyons satisfaits de résultats pareils ? »

Au bout d'une dizaine de minutes, une jeune femme sortit du bureau du chirurgien, laissant la place à un couple assez âgé. Elle portait des pantalons de camouflage à poches multiples et un pull marqué « US Army ». « Je m'appelle Sarah, dit-elle, et je suis technicienne dans une clinique d'implants capillaires. J'ai fait le nez il y a longtemps. Et puis j'ai fait la poitrine il y a deux ans. Mais elle me fait un peu mal, c'est pour ça que je suis venue aujourd'hui. C'est très important pour moi, l'apparence. Quand je n'aurai plus mal aux seins, je ferai le ventre, pour qu'il soit plat. »

La porte s'ouvrit à nouveau, le couple âgé salua à la ronde et ce fut mon tour. « Les femmes iraniennes sont magnifiques, commença le Dr Modarres en essayant de faire de la place sur son bureau envahi par les bouquets de fleurs et les cartons de pâtisseries offerts par ses patientes reconnaissantes. Leurs yeux, leur bouche, le teint de leur peau, tout est souvent très réussi. Le seul problème, c'est leur nez. » Il fit un geste, comme s'il appliquait une patate au milieu de son visage. « Et c'est vraiment dommage, poursuit-il. Si votre nez est trop gros, personne ne fera attention à vos beaux yeux. Surtout en Iran, car c'est le nez qui ressort le plus quand vous avez la tête couverte par un foulard ou un tchador. »

Une autre motivation pour se faire opérer, sur laquelle le Dr Modarres se montra d'ailleurs étrangement silencieux, semble liée à un complexe identitaire. Le nez sémite, avec une bosse et d'une taille respectable, est perçu en Iran comme étant celui des Arabes, dont les Iraniens ne manquent pas une occasion de se différencier en soulignant leurs origines aryennes. Beaucoup sont convaincus que leurs ancêtres achéménides avaient de petits nez, preuve de leurs liens avec les pays d'Europe plutôt qu'avec les bédouins d'Arabie. Que les nez d'Iran aient grossi, génération après génération sitôt le pays envahi par les Arabes au VIIe siècle, est alors considéré comme une corruption génétique que l'on peut corriger d'un coup de bistouri, tout comme le grand poète Ferdowsi, un millénaire plus tôt, a purifié une langue qui était en train de se laisser envahir par les vocables arabes.

A ce stade, le Dr Modarres entreprit d'exposer la délicatesse de son travail. Le nez est composé de trois étages : le dorsun dont il faut couper la bosse et rapprocher les deux os latéraux, la partie cartilagineuse à tailler et la pointe, très souple, à affiner. Pour l'opération de rhinoplastie ouverte, on coupe entre les narines et à l'angle des deux ailes narinaires pour soulever le nez comme un capot de voiture et travailler tranquillement. Chaque étage est lié aux autres, si bien qu'un geste trop appuyé sur l'un des trois peut compromettre la réussite de l'ensemble. « Je passe mon temps à ramener mes clientes sur terre, poursuit le chirurgien. Elles viennent chez moi avec la photo d'Angelina Jolie ou de Britney Spears. On ne peut pas tout faire. »

Le prix varie d'un spécialiste à l'autre. Le Dr Modarres demande dans les 3 millions de toumans (2 260 euros) par nez, mais cela peut vous coûter la moitié avec un praticien moins réputé que lui. C'est considérablement meilleur marché qu'en Occident mais cela représente tout de même un an de salaire moyen en Iran ; un investissement que les parents justifient souvent en espérant que l'opération facilitera la recherche d'un bon mari pour leur fille, c'est-à-dire un mari plus riche ou d'une famille plus réputée que celui auquel leur fille pourrait prétendre si elle avait gardé son gros nez. La rhinoplastie est ainsi un élément de standing social, si bien que les filles aiment à garder le plâtre ou les sparadraps au-delà du délai nécessaire d'un point de vue médical. On voit même, dans les parcs, des bandes de jeunes qui utilisent le sparadrap nasal comme un signe de ralliement, comme l'emblème de leur quartier. Dans les familles qui en ont les moyens, tout le monde passe chez le chirurgien, si bien que l'on a parfois de la peine à reconnaître les uns et les autres sur les photos de famille qui, elles, n'ont pas été modifiées.

Le Dr Modarres expliqua ensuite qu'il choisissait ses patientes dans des familles ni trop riches ni trop pauvres, parce que ce sont les deux catégories les plus susceptibles de porter plainte pour un nez qui ne leur conviendrait pas. « Je n'ai encore jamais été attaqué en justice », prétendit-il crânement. Nous ne sommes pas obligés de le croire, parce que la passion iranienne pour changer de nez nourrit autant les chirurgiens que les avocats. En moyenne, les tribunaux traitent 570 plaintes par an pour des nez ratés et ont déjà obligé des dizaines de praticiens à cesser leur activité. Une partie des contentieux ne sont d'ailleurs pas liés à un ratage immédiat du chirurgien, mais à un changement de mode. Dans les années 1990, les nez dont tout le monde voulait s'appelaient « ski jump », ce qui désignait plus simplement de petits nez en trompette, à la nordique. Dans la décennie suivante, la mode fut plutôt à des nez droits et fins, de type méditerranéen, et à des interventions moins évidentes. C'est alors que les milliers de femmes ayant déjà un « ski jump » retournèrent chez leur chirurgien, pour le corriger. Sauf qu'il ne leur restait plus assez de nez pour faire quoi que ce soit de correct, et qu'elles se sont retrouvées avec un appendice à peine plus gros qu'un dé à coudre. Furieuses du résultat, elles ont les premières déclenché la grande offensive juridique contre les chirurgiens.

Une demi-heure après avoir pris congé du Dr Modarres, je retrouvai Paolo près de la place Vanak. La manifestation pacifique avait tourné à l'affrontement généralisé. Encadrés par des gendarmes en tenue de combat, les bassidjis chargeaient à coups de matraque et de gaz lacrymogène. Les protestataires, hommes et femmes, dont certains d'âge mûr, répondaient par des jets de pierres et des slogans hostiles au régime. En contrebas s'élevait la fumée noire d'une moto des miliciens islamiques à laquelle la foule avait réussi à mettre le feu. Tout autour s'était créé un embouteillage géant. A l'arrière d'un taxi bloqué dans le trafic, une jeune fille baissa sa vitre pour photographier l'émeute avec son téléphone portable. Son style raffiné alliait l'accessoire de saison, le manteau vert qui la désignait comme une partisane de l'opposition, et une valeur plus sûre, un vrai classique de la beauté iranienne : un gros pansement sur le nez.

MAHMOUD AHMADINEJAD

Ce qui agace le plus tous ceux qui aimeraient le voir disparaître de la scène publique, c'est son sourire. Ce rictus au coin des lèvres, ce plissement des yeux, cette moue de contentement ou de suffisance que Mahmoud Ahmadinejad affiche en toutes circonstances, comme le résultat d'une chirurgie esthétique bien à lui, sa marque de fabrique. Quant à déterminer l'origine du bonheur présidentiel, il y a comme toujours en Iran plusieurs hypothèses, terrestres ou célestes.

D'abord, le simple plaisir d'avoir réussi. Mahmoud, c'est la *success story* d'un fils de forgeron ayant grandi dans un quartier pauvre de Téhéran, un bon élève qui entre à l'université en 1976 puis, à la Révolution, occupe diverses fonctions administratives comme vice-gouverneur puis gouverneur de province tout en entretenant des relations étroites avec les Gardiens de la Révolution avant d'être nommé maire de Téhéran en 2003. Les mauvaises langues estiment que ses deux chantiers principaux seront alors de transformer certains parcs de la ville en cimetières pour les martyrs, et d'œuvrer pour une séparation des sexes dans les ascenseurs de l'administration. Deux ans plus tard, il réussit l'exploit de battre Rafsandjani à la présidentielle en incarnant l'« homme du peuple » dont le train de vie est très modeste : vieille voiture, petite maison et costumes miteux. Les deux points forts de sa campagne furent ses appels populistes à la redistribution des revenus du pétrole et l'affirmation que le programme nucléaire était un « droit inaliénable » de la nation iranienne.

Le président Mahmoud Ahmadinejad, ici en compagnie de deux gardes du corps.

Sitôt élu, Ahmadinejad s'amuse. Il écrit de longues diatribes à George Bush, parade à Caracas, donne des leçons de morale et de respect des droits de l'homme à la tribune des Nations unies, organise une conférence réunissant les négationnistes de l'Holocauste et un concours de dessins antisionistes, accorde des interviews au compte-gouttes à la presse occidentale dans lesquelles le président, bête curieuse, bête heureuse, fait le pitre, retourne les questions, fanfaronne, distille quelques provocations et jouit de l'effroi qu'il provoque.

Extrait de l'émission « 60 minutes » de la chaîne CBS le 20 septembre 2007. Scott Pelley, le journaliste américain, est nerveux, sentencieux, engoncé dans son costume sombre et sa cravate rouge à bandes dorées. Il sait qu'il est en face du Mal et qu'il n'a pas droit à l'erreur. Il veut se croire un témoin de l'histoire en marche et se demande peut-être ce qu'a ressenti le dernier journaliste américain qui a interviewé Hitler avant l'invasion de la Tchécoslovaquie. Le président iranien, lui, sourit sans cesse, très détendu dans son coupe-vent beige modèle 1983 et sa chemise ouverte. Il commence d'ailleurs l'interview par ces mots :

MAHMOUD AHMADINEJAD : Au nom de Dieu le clément, le miséricordieux, je voudrais saluer le peuple américain et les bonnes nations autour du monde. Là, nous sommes à Téhéran. C'est l'après-midi d'un jour d'automne. Nous sommes en plein air, dans un jardin. La température est agréable. Et l'automne, petit à petit, s'installe et se mélange à la brise de l'été. [...] Une fois de plus, que le salut soit sur vous. J'espère vraiment que les nations à travers le monde commencent leur journée dans la paix, l'amitié et le bonheur.

SCOTT PELLEY : Monsieur le président, je vais être très direct et très clair. Beaucoup d'Américains pensent que vous avez du sang américain sur les mains. Vous dites que vous n'envoyez pas d'armes en Irak ? Monsieur, excusez-moi, vous souriez mais c'est une affaire très sérieuse pour l'Amérique !

MAHMOUD AHMADINEJAD : Ben c'est aussi sérieux pour nous. Je dirais même que c'est sérieux pour tout le monde. Je suis juste surpris que, comme journaliste, vous repreniez à votre compte les accusations mensongères de votre gouvernement. Cela me semble risible de refuser de voir la vérité et d'accuser les autres. Ça n'aide pas. Et la raison pour laquelle je souris, c'est parce que l'image est tellement claire. Mais les officiels américains refusent de la voir.

L'épanouissement de Mahmoud Ahmadinejad dans ses fonctions présidentielles offre un contraste saisissant avec son prédécesseur, le sympathique et réformateur Mohamad Khatami, lequel semblait, surtout lors de son second mandat, exercer ses fonctions comme à contrecœur, conscient de sa propre impuissance et triste jusqu'aux larmes de ne pouvoir tenir ses promesses parce que l'étau conservateur se refermait chaque jour un peu plus sur lui.

Ahmadinejad, lui, semble libre comme l'air et certain de son avenir. On peut, à l'instar du mouvement vert, désigner comme un « coup d'Etat » les événements survenus dans la nuit du 12 au 13 juin 2009, parce que tout indique que le scrutin fut massivement manipulé et qu'un dispositif de répression avait été minutieusement préparé. Pourtant, sur le plan technique, il s'agit plutôt d'un resserrement du pouvoir sur un cercle plus restreint, composé du Guide suprême et des « ahmadinéjadistes », c'est-à-dire un petit groupe composé d'une poignée d'ayatollahs ultra-conservateurs, du président et de quelques affairistes gravitant autour de lui, ainsi que des responsables les plus déterminés commandants des Gardiens de la Révolution.

Le coup de maître d'Ahmadinejad et de ses acolytes en uniforme ou en turban est d'avoir réussi à prendre en otage le Guide suprême, Ali Khamenei, lui faisant croire que si l'opposition devait l'emporter le 12 juin, son pouvoir serait immédiatement remis en cause et que l'ensemble du système pouvait s'écrouler.

Certains prétendent que ce qui lie le petit groupe des « ahmadinéjadistes » est l'appartenance à une secte millénariste, une société secrète fondée dans les années 1950, la Hodjatieh, dont le but est de précipiter l'arrivée de l'apocalypse en plongeant le pays dans le chaos afin d'accélérer le retour du Mahdi, l'imam caché, au lieu de l'attendre pieusement. La Hodjatieh ayant été interdite par l'ayatollah Khomeiny peu après la Révolution, personne ne veut déclarer ouvertement qu'il en est membre, même pas l'ayatollah Mesbah-Yazdi dont tout le monde pense qu'il dirige la secte et que le président a reconnu comme son mentor. Les milieux néo-conservateurs américains, convaincus de l'importance de la secte et de son emprise sur le sommet de l'Etat iranien, l'utilisent pour inciter la Maison-Blanche à tirer la première, avant que l'Iran ne provoque son propre Armageddon.

En guise de preuve, les pourfendeurs de la Hodjatieh alignent les références constantes à l'imam Mahdi dans les discours du président. Et c'est vrai que l'imam caché n'a jamais été aussi présent. Lorsqu'il était encore maire de Téhéran, Ahmadinejad aurait proposé d'élargir certaines avenues de la capitale afin de faciliter le retour du Mahdi, dont le cheval, selon les *hadith*, sera si grand que la distance entre ses deux oreilles sera de plus d'un kilomètre. Puis, à peine installé dans ses fonctions présidentielles, il a fait voter un budget de 20 millions de dollars pour rénover la mosquée en ruine de Jamkaran, à 65 kilomètres au sud de la capitale. Beaucoup de croyants sont convaincus que le Mahdi a trouvé refuge au fond du puits qui jouxte la mosquée. Certains l'auraient aperçu dans les parages et ont rapporté les paroles qu'ils l'auraient entendu prononcer. Depuis quelques années, des dizaines de milliers d'Iraniens bravent chaque vendredi la poussière et le soleil du désert pour venir jeter dans le puits de petits papiers pliés où sont griffonnés leurs espoirs d'intercession divine dans leurs petites misères terrestres. Le site commence a faire concurrence aux autres lieux saints et provoquent l'ire du clergé traditionnel, mais Mahmoud Ahmadinejad n'en a cure : il laisse entendre qu'il entretient une relation particulière avec Mahdi, laquelle ne serait pas étrangère à son sourire permanent. Il a d'ailleurs inscrit le retour de l'imam caché dans son programme présidentiel. Si cela devait ne pas se produire, et en dépit de toute logique, il a déjà désigné les coupables : « Les Etats-Unis sont un pays arrogant qui pille les richesses des nations en les envahissant. C'est aussi un pays criminel, parce qu'il soutient l'entité sioniste [Israël]. Leur arrogance est le principal obstacle au retour du Mahdi. Et si le Mahdi ne vient pas, cela signifie que la bataille de Kerbala pourrait se répéter. Le Mahdi va se trouver confronté au sort qu'ont subi les prophètes et sa vie sera en danger [61]. »

Le Mahdi semble donc l'accompagner partout, jusqu'à l'assemblée générale des Nations unies à New York. Lors de son allocution de septembre 2005, il a prétendu avoir senti un halo vert autour de lui, dont le premier effet aurait été de faire en sorte que les centaines de dirigeants de la planète qui l'écoutaient ont véritablement bu ses paroles et n'ont pas une seule fois cligné des yeux, en vingt-cinq minutes.

Deux ans plus tard, il termine son discours à la même assemblée par ces mots : « Certaines puissances ont perdu la légitimité à conduire le monde en raison de leurs actes hideux. [...] L'humanité a passé un précipice dangereux mais l'ère du monothéisme, de la pureté, du respect des autres, de la justice et de l'amour véritable de la paix a commencé. [...] Sans aucun doute, le Promis, le Sauveur, le dernier message divin va venir. En compagnie de tous les croyants, de ceux qui recherchent la justice et des généreux, il va établir notre avenir radieux et remplir le monde de justice et de beauté. Tout cela est une promesse de Dieu, donc elle sera honorée, mais puissions-nous avoir un rôle dans l'accomplissement de toute cette gloire et cette beauté. »

On peut se gausser de ses délires, tout comme les Iraniens qui font circuler par SMS des centaines de blagues à son sujet, portant sur son style vestimentaire ou ses chaussettes, que l'on dit odorantes. Il se trouve pourtant qu'il a toujours été dangereux de prendre les dirigeants de la République islamique pour des idiots ou des fous, alors qu'ils sont plutôt d'excellents joueurs d'échecs. Mahmoud Ahmadinejad n'a pas besoin d'une secte obscure, ni de croire réellement que la politique du pire fera sortir enfin Mahdi de son occultation millénaire pour tirer très rationnellement avantage d'une politique de tension avec l'Occident. Lors de sa première campagne électorale, en 2005, il a fait du dossier nucléaire une question de dignité nationale et cela explique une partie de son succès. Quant à la contestation née des soupçons de fraude lors de sa seconde élection, son importance diminuera au fur et à mesure qu'il engagera son pays dans une confrontation plus forte avec le reste du monde, sans cesser de sourire.

UNE RÉVOLUTION POP

Et si, trente ans après la Révolution islamique, le « mouvement vert » était une révolution pop ? Il ne faut fermer les yeux sur aucun des drames qui ont suivi les élections du 12 juin 2009 : la violence débridée que les milices gouvernementales ont fait régner dans la rue, les vagues d'arrestations massives, la torture, le viol et la mort « accidentelle » de prisonniers, les pendaisons d'opposants. Mais il faut aussi reconnaître que le mouvement vert, à défaut de satisfaire rapidement son exigence de liberté, a pris dès sa naissance un caractère libératoire, parfois même jubilatoire. Et qu'il a provoqué un surgissement de courage, d'humour et de poésie assez rare sur la scène politique internationale.

Interdit de retourner en Iran après la fin juin 2009, j'ai suivi la situation au jour le jour sur Internet. Voici quelques témoignages, extraits de la multitude de blogs en persan qui peuplent la toile :

« En hommage à la révolution islamique et à l'anniversaire de la prise d'otages au nid d'espions [62], j'ai satisfait aujourd'hui l'une de mes vieilles rancœurs. Lors d'une course de chat et de souris avec les bassidjis, mon foulard a été arraché. J'ai couru dans les rues avec mes longs cheveux qui me battaient la nuque. J'ai couru dans les rues sans *hedjab*, en riant aux éclats, avec un sentiment intérieur de grand bonheur malgré toutes les ecchymoses des coups que j'avais reçus » (Marjane).

« Nous avons ri, tout le monde riait alors que nous échappions aux bassidjis avec leurs matraques odieuses qui tournoyaient dans l'air, frappant tout ce qu'elles pouvaient au

Le 13 juin 2009, sur l'avenue Vali-Asr, à la hauteur de la rue Zartocht, des partisans du candidat de l'opposition Mir-Hossein Moussavi protestent contre les résultats de la présidentielle.

milieu des gaz lacrymogènes. Il y avait un sourire moqueur sur tous les visages, lequel se transformait en rires hystériques à la première occasion. Un extra-terrestre qui serait passé par là se serait demandé s'il s'agissait d'un mariage ou d'une manifestation. Les automobilistes klaxonnaient en cadence, guidés par un homme dressé sur la barrière d'un couloir de bus et qui agitait les bras comme un chef d'orchestre. A l'arrière d'un bus, des femmes voilées de noir chantaient joyeusement et frappaient des mains, elles aussi en cadence. Il y avait comme une vague de joie et d'espoir – l'espoir d'une victoire à venir » (Maryam).

« On était au milieu de la rue Ghaem Magham. Je n'avais pas eu le temps de regarder toutes les jolies filles qui étaient là que ces bâtards de bassidjis sont arrivés avec leurs gaz lacrymogènes. Tout le monde a allumé une cigarette pour en dissiper l'effet. Le gouvernement nous balance des spots TV pour nous inciter à arrêter les clopes alors qu'il nous arrose de gaz lacrymogènes ! Je suis sûr que les intérêts des importateurs de cigarettes et ceux des importateurs de gaz se rencontrent quelque part. Où ça ? Peut-être à la télévision. Mais bon, ce ne sont pas mes affaires » (Maziar).

« Je courais, et la gazelle courait. Je courais et la gazelle me courait après. Il faut préciser que cette gazelle était un gros âne moche de bassidj armé de sa matraque. Ah, si je pouvais savoir comment ils font pour croire que leur matraque incarne la religion, j'en dormirais mieux chaque nuit. J'ai songé un instant à m'arrêter de courir pour le lui demander, mais j'ai aperçu dans ses yeux l'étincelle de Kharizak [63]. Et sa matraque continuait de s'agiter tout près de moi. Alors j'ai renoncé à entamer la discussion » (Ali).

« Non, non, ne nous arrêtons pas. Tous dans la rue ! Allons essayer de nouveaux slogans comme celui-ci : « Barack Hossein (Obama) Back Mir-Hossein (Moussavi), Barak Hossein – Back Mir-Hossein ! » Et si tout à coup, au milieu des larmes et du sang de ce soulèvement contre une tyrannie du fond des âges, nous sommes pris d'angoisse et commençons à trembler, alors nous transformerons ce tremblement en un rythme divin pour danser. Et tant pis si les bassidjis nous traitent d'homosexuels, nous nous trémousserons dans la rue ! » (Hassan-amer-comme-le-miel).

« Je riais, riais encore, je riais comme une folle, je ne sentais aucune douleur des coups que j'avais reçus, je ne sentais ni mes mains ni mon dos, je ne sentais même pas mes pieds qui couraient, je ne pouvais que rire pour écarter la peur » (Mandana).

LES FRÈRES ENNEMIS

Sadjad Ramezan-Ali n'est pas un bassidj très heureux. Non pas qu'il ait des doutes sur le bien-fondé de sa mission ou que cela lui répugne de se promener chaque soir dans Téhéran, assis à l'arrière d'une moto, à frapper de son gourdin les manifestants qui demandent, après les élections du 12 juin 2009, où est passé leur vote. Au contraire. « Ne vous en faites pas, dit-il. On va tout faire rentrer dans l'ordre très facilement. On a déjà fait nos preuves et pour notre héros Ahmadinejad, nous sommes prêts à nous surpasser. »

En vérité, les raisons de la morosité de Sadjad, bâti comme une armoire à glace, sont à la fois plus subtiles et plus nombreuses. D'abord, ce soulèvement post-électoral tombe mal – en pleine période d'examens. Sadjad, vingt-deux ans, est né à Shar-e Rey, une ville conservatrice au sud de Téhéran. Son entrée chez les bassidjis à l'âge de huit ans a facilité son parcours scolaire et lui a donné accès à l'université, où il étudie la jurisprudence islamique. « C'est pas facile de préparer les examens, dit-il. Hier soir, je me suis couché à minuit, après avoir révisé, puis levé à deux heures du matin pour patrouiller jusqu'à l'aube. »

Outre les examens, la mort de son camarade Hossein-Gholam Kabiri pèse sur le moral de Sadjad. Dimanche soir 14 juin, au second jour des émeutes qui ont suivi l'étonnante victoire de Mahmoud Ahmadinejad, leur groupe a participé à l'attaque des dortoirs de l'université de Téhéran. Pour la milice islamique, l'attaque des dortoirs est devenue un rituel répressif, un passage obligatoire du rétablissement de l'ordre depuis la

A droite, Sadjad, 23 ans, est un bassidj chargé de la répression post-électorale. Son frère Ehsan, 27 ans, est un partisan de l'opposition.

fameuse attaque de juillet 1999 qui a fait au moins trois morts et qui a déclenché une semaine de révolte étudiante que les mêmes bassidjis ont facilement écrasée. Une décennie plus tard, les étudiants auraient relevé cinq cadavres, deux filles et trois garçons. Mais alors que les volontaires islamiques se repliaient en moto, fiers du devoir accompli, Hossein-Gholam Kabiri a été renversé intentionnellement par une voiture qui a pris la fuite. « C'était une Kia blanche, raconte Sadjad. Elle a pris beaucoup de vitesse pour toucher la moto. » La victime, vingt-trois ans, est décédée le lendemain à l'hôpital. « C'est ça la liberté d'expression qu'ils réclament ? Brûler des banques ? Tuer des bassidjis ? » demande, amer, notre jeune homme.

Autre sujet d'amertume : les insultes des jeunes qu'il rappelle à l'ordre. « Les gens, dès qu'ils voient un visage comme le mien, ils se défoulent. Et si on leur répond, même une phrase, même poliment, on est des brutes. Et dire qu'ils se proclament les intellos et les avocats de la liberté de parole ! » L'an dernier, Sadjad a reçu la médaille du meilleur bassidj de Shar-e Rey. Selon lui, deux critères ont été décisifs pour juger de ses qualités : ses activités culturelles et le nombre d'arrestations auxquelles il a procédé, en particulier des toxicomanes et des dealers. « Cette médaille m'a donné du courage, mais aujourd'hui, je suis fatigué. On nous reproche tout ce qui ne va pas dans le pays. Au lieu de nous remercier de maintenir la sécurité, on nous accuse de tuer, de violer ! En vérité, nous sommes malheureux si nous laissons la moindre égratignure sur le corps des gens. »

C'est vrai, Sadjad n'est pas un mauvais bougre. Nous avons fait sa connaissance le dimanche 14 juin 2009, deux jours après l'élection. Lui et ses camarades venaient de donner la charge à un groupe de contestataires et se reposaient sur le trottoir de l'avenue Vali-Asr, en plaisantant et en vérifiant l'état de leurs motos qui allaient servir, quelques heures plus tard, pour attaquer les dortoirs de l'université. Nous les avons abordés en expliquant que nous voulions comprendre leur point de vue. Un membre du groupe nous a alors copieusement insultés, s'en prenant à nos mœurs, à celles de nos parents et à nos activités d'espions. Avant que la situation ne dégénère, Sadjad s'est interposé et nous a discrètement donné son numéro de téléphone. Deux jours plus tard, il était dans le lobby de notre hôtel. Il nous apportait un bouquet de fleurs et une petite bouteille de parfum, pour s'excuser des insultes de son camarade.

Et c'est là, en parlant plusieurs heures autour d'une tasse de thé, les fleurs bien en évidence sur la table, que nous avons compris que la véritable raison du spleen de Sadjad était sans doute son frère aîné, musicien, cinéphile et partisan de Moussavi, marcheur vert de l'opposition et avec qui Sadjad partage sa chambre dans l'appartement familial.

Pouvait-on rencontrer son frère ? Après une seconde d'hésitation, Sadjad a estimé qu'il était de son devoir de nous prouver à quel point les familles iraniennes sont accueillantes. Le surlendemain, nous avions rendez-vous dans un restaurant traditionnel de Shar-e Rey. C'était un jeudi soir, le début du week-end. Ehsan, le frère aîné, est arrivé en retard et s'est d'abord montré réservé, parlant surtout de ses études d'ingénieur en climatisation. Puis son téléphone s'est mis à sonner, sur un air de Shajarian, le grand musicien iranien. La sonnerie du portable de Sadjad, elle, était un appel à la prière. Nous avons alors parlé de musique et d'informatique. « On partage le même ordinateur à la maison, dit Ehsan. Mais on ne consulte pas les mêmes sites. Sadjad écrit son blog de bassidj, et moi je contribue à des blogs de cinéma et de musique. » Ehsan connaît par cœur la filmographie de Robert De Niro et d'Al Pacino. Il a récemment apprécié *L'Appartement* (1996), avec Monica Bellucci. Sadjad, lui, ne regarde que des films iraniens de guerre.

Chaque année pour l'Ashoura, Sadjad et Ehsan participent aux défilés de contrition, mais pas dans les mêmes groupes. « Avec mes amis bassidjis, on se frappe la poitrine très fort, du plat de la main, pendant des heures », dit Sadjad. « Moi, je considère que le plus important, c'est la philosophie de Hossein plutôt que telle ou telle gesticulation, sourit Ehsan. Il nous apprend que la mort vaut mieux que l'injustice, qu'il faut haïr la dictature et toujours aimer la liberté. »

Les deux frères se sont assis sous une fresque où Rostam, le héros du *Livre des Rois* de Ferdowsi, terrasse le Démon Blanc. Sadjad à droite, Ehsan à gauche. Difficile de fouiller dans l'enfance des deux garçons pour comprendre à quel moment intervint la rupture. « Quand j'étais petit, je passais en rentrant de l'école devant un centre de mystiques soufis qui chantaient et dansaient, dit Ehsan. Quand Sadjad a eu mon âge, ce centre était déjà fermé, parce qu'il ne correspondait pas à la ligne religieuse du régime. » Bref, à huit ans, Ehsan commence des cours de musique alors que Sadjad rejoint les bassidjis. La réunion hebdomadaire de la milice se tient le jeudi. On y prie et on y écoute un mollah, qui explique ce qu'il faut penser de l'actualité iranienne et internationale. Quelques années plus tard, le jeudi était le jour où, le soir, Ehsan allait, discrètement, voir sa petite amie.

Quand il parle des bassidjis, les yeux de Sadjad se mettent à briller. Ses descriptions baignent dans l'eau de rose. « La propagande sioniste vous fait croire que les bassidjis ont pour seule mission de réprimer. En vérité, nous conduisons les écoliers à la piscine, nous participons aux campagnes de vaccination. Nous avons porté secours aux victimes du tremblement de terre de Bam en 2003. Nous avons aussi beaucoup d'activités culturelles, comme organiser des compétitions de récitation du Coran ou écrire des blogs. »

Ehsan a écouté l'homélie de son cadet avec un triste sourire. « Je crois qu'on a toujours été différents, finit-il par soupirer. Je suis curieux de tout, excité par la nouveauté, j'aimerais voyager et accumuler les expériences. Sadjad, lui, recherche le calme et le trouve dans le cadre idéologique des bassidjis. »

Reza, le père, présent lui aussi au restaurant ce soir-là, ne peut pas – ou ne veut pas, effrayé par la perspective d'une guerre fratricide – se souvenir du moment où ses deux fils ont pris des directions opposées. Réparateur de tapis de son état, compagnon de Mohamad Beheshti et d'Ali Khamenei à la Révolution, il voue une admiration sans bornes aux grands intellectuels révolutionnaires que furent Ali Shariati et Abdol-Karim Soroush.

« Je ne supporte pas Ahmadinejad, murmure le père, lorsque Sadjad s'est absenté un instant aux toilettes. Il nous a ramené des années en arrière, il a remplacé la pensée par la superstition, il a humilié l'intelligence du peuple iranien. » Puis, sur un ton encore plus confidentiel : « Je fais tout mon possible pour respecter Sadjad, pour ne pas perturber son mental. Il est très sensible. Mais dites-moi, quand vous l'avez rencontré dans la rue, il ne portait pas de bâton, n'est-ce pas ? »

Ashoura

Ashoura est le dixième jour du mois lunaire de moharam, lors duquel, en 860 après Jésus-Christ, l'imam Hossein et 72 de ses compagnons chiites furent massacrés par les troupes du calife (sunnite) Yazid (cf.p. 222). Le drame est célébré chaque année par les chiites lors d'un long deuil au cours duquel chaque détail est rejoué, notamment dans un théâtre populaire, le *tazieh*.

Ayatollah

Le terme ayatollah, littéralement « signe de Dieu », est le rang le plus élevé du clergé chiite (cf.p. 234), surtout s'il s'agit d'un ayatollah *marja*, c'est-à-dire source d'imitation. Il y a aujourd'hui près d'un millier d'ayatollahs en Iran, mais seulement une dizaine de *marja*, dont les fidèles peuvent suivre les préceptes. En attendant le retour de l'imam caché, chaque chiite est invité à se choisir une source d'imitation, à qui il versera son impôt religieux.

Bassidj, pluriel : bassidjis

Le mot signifie littéralement « mobilisé ». Il s'agit d'une force volontaire mise en place fin 1979 par l'ayatollah Khomeiny afin de pérenniser l'énergie et les espoirs des jeunes qui s'étaient engagés pour la Révolution (cf.p. 262). Dans un premier temps, les bassidjis furent utilisés pour appuyer les troupes d'élite dans la guerre de huit ans déclenchée par l'Irak en septembre 1980. Après la guerre, les bassidjis furent convertis en force de répression intérieure mais la milice, organisée un peu comme les scouts, sert également à employer des jeunes majoritairement défavorisés et sans emploi pour rendre toutes sortes de services, par exemple en cas de catastrophe naturelle. Les bassidjis ne répondent qu'au Guide suprême, Ali Khamenei, dont ils se considèrent les enfants prodiges. Sur le plan hiérarchique et organisationnel, ils sont rattachés aux Gardiens de la Révolution.

Chiisme

Le chiisme constitue la branche minoritaire de l'islam, regroupant environ 15 % des croyants. Les chiites sont majoritaires en Iran (90 %), en Irak (64 %), en Azerbaïdjan (85 %) et au Bahreïn (75 %). Ils sont minoritaires au Yémen (45 %), au Liban (35 %), au Pakistan (20 %), en Afghanistan (15 %) et en Arabie Saoudite (10 %). Le terme est une abréviation de *Shi'atu Ali*, qui signifie « partisans d'Ali ». Les chiites se distinguent des sunnites, le courant musulman majoritaire, sur la question de la succession du Prophète. Selon les chiites, Mohamed aurait explicitement désigné Ali, son cousin et son gendre, comme son successeur et ils ne reconnaissent de légitimité pour exercer le pouvoir temporel qu'à ses onze descendants, les imams. Tous ont connu une fin brutale sauf le dernier, Mahdi, qui a disparu à l'âge de cinq ans en 874 de notre ère, si bien que les chiites comptent sur son retour pour être enfin dotés d'un véritable commandement. Pour eux, les califes sunnites qui ont pris le pouvoir à la mort du Prophète sont des usurpateurs. Défaits à Kerbala en 860, écartés du pouvoir politique, les chiites ont développé par compensation une mystique spéculative qui rend leur doctrine aujourd'hui beaucoup plus vivante et diversifiée (cf. p. 232) que celle, littérale donc plus rigide, des sunnites.

Chiisme en Iran

L'Iran zoroastrien fut graduellement converti au sunnisme après la conquête arabe de la seconde moitié du VIIe siècle. En 1502, lorsque Shah Ismail prit le pouvoir et fonda la dynastie safavide, 90 % des musulmans iraniens étaient sunnites. Lui et ses descendants, des chiites d'origine azérie et kurde, allaient pourtant proclamer le chiisme « religion d'Etat » et procéder massivement à des conversions forcées afin de différencier l'Iran de son grand ennemi de l'époque, l'Empire ottoman, et d'offrir une base religieuse à l'Etat-nation que les safavides ont réussi à recréer par leurs nombreuses conquêtes. Le chiisme, aujourd'hui largement majoritaire en Iran et indissociable de l'identité iranienne, est donc un phénomène relativement récent, né de la nécessité de créer une religiosité nationale avec ses propres lieux de pèlerinage, ses propres saints, ses propres mythes et ses propres ennemis.

Fatwa

Les fatwas sont des décrets religieux, qui n'ont pas forcément vocation à condamner à mort des écrivains britanniques comme la plus fameuse d'entre eux, la fatwa édictée en 1989 par l'ayatollah Khomeiny contre Salman Rusdie. L'immense majorité des fatwas ont des objets plus anodins : mariage, affaires financières, pratiques alimentaires, hygiène quotidienne, etc. Une fatwa n'a pas toujours un caractère de contrainte juridique et les milliers de fatwas édictées depuis quatorze siècles se contredisent le plus souvent. Il existe par exemple des centaines de fatwas interdisant la musique et des centaines d'autres qui l'autorisent.

Guidance islamique

Le ministère de la Guidance islamique (*Ershad-e islami*) est en fait celui de la Culture. Etant donné la sensibilité des activités culturelles en Iran, la Guidance est souvent assimilée à la censure, ce qui ne lui rend pas justice.

Hedjab

Le terme est dérivé d'une racine arabe signifiant « couvrir, voiler, abriter ». Il désigne le foulard utilisé par les femmes pour se couvrir les cheveux. Il se décline en plusieurs variantes : foulard léger pour les jeunes filles ou les femmes issues de milieux occidentalisés ou modernistes, *marnagheh* (cagoule) pour les employés du gouvernement et *tchador* (littéralement « tente »), une grande pièce de tissu qui couvre les femmes de la tête aux pieds et qui est de rigueur dans les milieux les plus traditionnels, dans les lieux saints et les occasions officielles. Lors de la révolution de 1979, certaines femmes iraniennes, lors de manifestations durement réprimées, ont opposé une résistance farouche au port obligatoire du foulard, qui fut d'abord imposé aux employés de l'administration avant d'être généralisé à tout l'espace public. Trente ans plus tard, le débat n'est pas clos, certains ayatollahs progressistes s'étant prononcés pour l'abolition du foulard obligatoire.

Imam

Les chiites duodécimains (que sont les Iraniens) reconnaissent et vénèrent douze imams de la lignée du Prophète. Les plus importants sont :

– Ali (600-661), le premier, qui était à la fois le cousin et le gendre du Prophète.

– Hossein (626-680), son fils, mort en martyr à Kerbala et qui symbolise les souffrances chiites (cf.p. 222).

– Reza (765-817), le huitième imam, le seul à être enterré sur le territoire iranien, et dont le mausolée à Mashad (cf.p. 61) attire 20 millions de pèlerins chaque année.

– Mahdi (869 –...), le dernier, aussi appelé « imam du Temps », serait entré en occultation à l'âge de cinq ans. Les chiites attendent son retour « qui comblera la terre de justice et d'équité autant qu'elle est actuellement remplie d'injustice et de tyrannie ».

Lors de la révolution islamique de 1979, la vénération pour l'ayatollah Khomeiny était telle (cf.p. 239) que les Iraniens se mirent à l'appeler, lui aussi, « imam ».

Khastegari

Lorsque la famille d'un jeune homme lui cherche une épouse, elle organise un *khastegari*, c'est-à-dire une visite dans la famille d'une jeune femme qui cherche un mari (cf.p. 184). Le plus souvent, le jeune homme et la jeune femme ne se parlent pas directement lors de cette première rencontre, mais s'observent du coin de l'œil. La jeune fille, voilée bien sûr, est notamment chargée de servir le thé, ce qui permet au jeune homme de juger de la grâce de ses gestes. Si l'un et l'autre se plaisent lors de ce premier contact, un second rendez-vous peut avoir lieu, toujours sous surveillance parentale. Sinon, les familles recourent à un arsenal de mensonges bien rodés pour décliner la poursuite du processus sans blesser la partie adverse. Par exemple : « Votre fils est vraiment charmant, il semble promis à une brillante carrière, mais notre fille a finalement décidé de poursuivre ses études plutôt que de se marier si tôt. »

Merhieh

Les contrats de mariage iraniens détaillent avec précision la quantité et la valeur des cadeaux que le futur époux va offrir à sa promise ou à sa famille (cf.p. 178). Pourtant, le plus gros de la dot (*mehrieh*) n'est pas versé au moment du mariage, son montant est rendu public lors de la cérémonie mais elle ne sera perçue par l'épouse qu'en cas de divorce. Certains contrats progressistes prévoient que l'épouse puisse réclamer sa dot à n'importe quel moment, sans divorcer. La somme correspond à la fois à la valeur de l'épouse et au désir du mari de prouver sa générosité et son opulence. Les familles de la haute bourgeoisie – ou celles qui veulent le paraître – auront ainsi tendance à fixer le *merhieh* (en nombre de pièces d'or) en fonction de l'année de naissance de la mariée : plus elle est jeune et plus elle vaudra cher. Dans ce cas, la famille du mari négocie généralement pour que ce soit le calendrier persan qui soit pris en considération, ce qui leur fait une économie de 621 pièces d'or, soit 103 707 euros au cours actuel. La famille de l'épouse, elle, plaidera pour se référer au calendrier grégorien, non pas bien sûr par appât du gain mais pour manifester son modernisme et son ouverture au monde. Comme les maris s'engagent souvent au-delà de leurs moyens, la justice iranienne a pris l'habitude de pourchasser jusqu'à l'étranger les mauvais payeurs. Mais seuls les hommes étant habilités à divorcer, ils ne consentent souvent à le faire que si leur femme renonce à percevoir son *mehrieh*.

Mollah

Le terme désigne les membres du clergé chiite (cf.p. 256). Il est, en Iran, légèrement péjoratif, si bien que ce sont d'autres appellations qui sont utilisées officiellement, comme *akhound* (clerc). Dans la mesure où il n'y a pas de sacerdoce ni de monachisme en islam, les mollahs ont le droit de se marier et de mener toute autre activité professionnelle. On parlera plus facilement de mollah pour un religieux de rang inférieur, l'équivalent du curé de village. Mais depuis la Révolution, le mot mollah désigne tout ce qui porte un turban (noir pour ceux qui seraient de la lignée du Prophète, blanc pour les autres) et a donné quelques néologismes, comme « mollahcratie ».

Pasdar, pluriel : pasdaran

Le corps des *Pasdaran-e Enghelab-e Islami* (Gardiens de la Révolution islamique) a été créé par l'ayatollah Khomeiny peu après la révolution de 1979. Il se méfiait de l'armée régulière qui, même si elle avait trahi le Shah, restait suspecte de sympathies monarchistes et occidentales, la plupart des officiers ayant été formés aux Etats-Unis. Durant la guerre contre l'Irak, les Pasdaran devinrent une armée à part entière, avec une infanterie, une marine, une armée de l'air, des services de renseignements, etc. L'accent est mis à la fois sur la solidité de leur doctrine, leur loyauté au Guide suprême et la qualité de leur équipement : les Pasadaran disposent de moyens biens supérieurs à ceux de l'armée régulière de conscription. Une cellule des Pasdaran est responsable des opérations à l'étranger, le plus souvent clandestines : soutien aux musulmans bosniaques durant la guerre dans les Balkans, assassinat d'opposants, collaboration avec certaines milices chiites en Irak, avec le Hezbollah au Liban. Au fil des ans, les Pasdaran ont pris une importance majeure dans le paysage économique iranien ; on dit qu'ils sont désormais le premier entrepreneur du pays, avec des activités dans le BTP, la construction navale, les télécommunications et, de plus en plus, l'industrie pétrolière et gazière.

Sigheh

L'islam chiite connaît un type particulier d'union maritale : le mariage temporaire, ou *sigheh*, qui signifie littéralement « engagement » (cf.p. 204). La différence entre un mariage et un *sigheh* est similaire à celle entre un CDI et un CDD, ou entre l'achat d'un appartement et sa location. Les partenaires se mettent d'accord à l'avance sur la durée de leur union, qui peut aller d'une heure à quatre-vingt-dix-neuf ans, et sur le montant du dédommagement. Le *sigheh* est reconductible si les deux partenaires le désirent. Il constitue une certaine protection pour les femmes, notamment s'il conduit à la conception d'un enfant. Même s'il est largement pratiqué, notamment sur les lieux de pèlerinage comme Mashad, le *sigheh* est socialement déconsidéré, malgré les efforts du gouvernement iranien qui tente de le promouvoir afin de faciliter les unions entre les jeunes ; ceux-ci ont en effet souvent de la peine à réunir les fonds nécessaires pour un mariage permanent, car le mari doit alors notamment fournir l'appartement ou la maison du futur couple.

Sunnisme

A la mort du Prophète, sa famille s'est occupée des funérailles (elle allait engendrer le mouvement chiite) pendant que ses compagnons se réunissaient pour régler sa succession. Ils se sont appuyés sur la *sunna*, c'est-à-dire la tradition du Prophète (ses paroles, ses actes, ses pratiques), estimant que le cycle de la prophétie était clos et qu'il fallait désormais confier le pouvoir (le califat) selon la base des compétences, notamment militaires, plutôt que de l'hérédité. Ce pragmatisme leur a permis de réussir leur impressionnante conquête de l'Afrique du Nord jusqu'en Espagne et de l'Iran jusqu'en Asie centrale. Cependant, les chiites continuaient de leur poser un problème, parce qu'ils représentaient une minorité pauvre qui attirait de nombreux croyants écœurés par le train de vie des califes. Pour contrer leur progression, les sunnites ont encouragé avec succès les mouvements mystiques des maîtres soufis.

Tarouf

Le *tarouf* est une forme de civilité, qui érige la politesse et l'hypocrisie au rang d'œuvre d'art. Son origine est probablement à chercher dans les rapports féodaux qui ont longtemps prévalu en Iran, chaque échelon cherchant à flatter son supérieur hiérarchique et à diminuer ses propres mérites. Il est ainsi poli de s'adresser à un lieutenant en l'appelant « mon capitaine » et de donner du « mon général » à un colonel. Dans la vie quotidienne, le *tarouf* consiste, pour un commerçant, à toujours commencer par refuser d'être payé. On voit aussi, devant les portes des bureaux iraniens, des hommes qui ne parviennent pas à se mettre d'accord sur celui qui passera le premier. Le *tarouf*, toujours fleuri et poétique, connaît plusieurs niveaux de langage. Pour exprimer son respect d'autrui, les gens bien élevés diront « marche sur mes yeux », alors qu'un chauffeur de camion dira plutôt « crache, et je nagerai dedans ».

Remerciements

Les deux auteurs de ce livre sont immensément redevables aux personnes qui apparaissent au fil des pages, photographiés ou non, désignés par leur vrai nom ou protégés par un pseudonyme, et qui ont accepté de partager avec eux les moments forts de leur existence, leurs récits et leurs idées. Mais il y a aussi ceux qui n'apparaissent pas forcément et sans qui ce livre n'aurait pas vu le jour : Mehrdad et ses frères, Khosrow, Farid, Mehraneh, Firouzeh et Madjid ou Haleh, vous êtes les dignes représentants de votre pays et il est impossible de décrire dans le détail tout ce que nous avons vécu avec vous.

Nous exprimons aussi notre reconnaissance à Marc Wolfensberger, à Khavar Zolghadr et à son impeccable et talentueux fils Tirdad, aux deux poissons volants que sont Carole Cheysson et Sophie Goupil, à Giovanni di Mauro et Elena Boille à Rome et à Anne Sastourné à Paris qui nous a toujours encouragés dans ce projet.

Il n'y a pas que des censeurs à la Guidance islamique, mais aussi une équipe qui fit preuve de beaucoup de courtoisie, d'hospitalité et de professionnalisme, en particulier Mohamad-Hossein Khoshvaght, Ali-Reza Shiravi, l'irréprochable Efat al-Sadat Eqbali-Namin et plusieurs autres anges voilés qui ont veillé sur nous.

Merci à Nassira el-Moaddem pour ses recherches et à Claude Baechtold pour nous avoir ouvert les yeux sur de nombreux sujets, parmi lesquels la succulence de la gastronomie de l'Iran, la beauté graphique de son parc automobile et l'infaillibilité des frappes américaines pilotées par satellite.

Merci à Manuel Carcassonne, notre éditeur chez Grasset, pour son impatience utile et sa confiance, ainsi qu'à ceux qui ont bien voulu relire le manuscrit, Francine Sacco et Charline Bourgeois-Tacquet. Sonia Kronlund mérite une mention très particulière pour avoir pris ce livre à cœur et lui avoir apporté à la fois son intelligence et son amour de l'Iran. Le chirurgien Navid Alizadeh à Genève a bien voulu nous éclairer sur certains aspects mal connus de la rhinoplastie.

Enfin, last but not least, il y a eu durant toutes ces années deux bonnes raisons de ne pas rester coincés à Téhéran, elles s'appellent Sophia Procofieff et Sabali Meschi. Elles ont été d'un soutien sans faille tout au long de la préparation de ce livre et sont sans doute aussi soulagées que nous qu'il sorte enfin.

Paolo :

Je voudrais remercier tous ceux qui ont cru en mon travail et m'ont aidé : Sandra Grangeray au *Monde Magazine*, Jamie Welford à *Newsweek*, Alice Gabriner à *Time*, Melissa Harris à *Aperture*, Marco Delogu à Rome, Roberto Ruta, Lisa Chiari et Giuliano Da Empoli à Florence, Kai Wiedenhoefer à Berlin et à Téhéran. Je n'oublie pas Martino Marangoni, un ami véritable et un mentor, ni Luana Rossi, la maîtresse de mon *back office* parisien, ni Ana Tagarro à Madrid, que je ne remercierai jamais assez de m'avoir fait découvrir, en 1999, à la fois Serge et l'Iran. Enfin, la plus importante de toutes, Coco Ferguson, est un ange blond qui fut une guide, une traductrice, une amie, une conseillère et bien davantage encore.

Serge :

La liste de tous ceux qui m'ont aidé en Iran entre 1998 et 2002 prendrait plusieurs pages, j'irai donc à l'essentiel. Et il serait injuste de ne pas commencer par Marie-Laure Widmer Baggiolini, qui a partagé une partie des expériences racontées ici et en a subi certaines conséquences. Je chéris aussi la mémoire de mes deux assistants et traducteurs successifs : Ali Rezvani et Mohsen Asgari, en souhaitant que leur ombre continue de grandir. Je ne serai jamais que la poussière sous les pieds des collègues avec qui j'ai partagé des bureaux, des idées, des reportages et des enquêtes, à commencer par Guy Dinmore et Najmeh Bozorgmehr du *Financial Times*, Jim Muir de la BBC, Christiane Hoffmann de la *Frankfurter Allgemeine Zeitung*, Christopher de Bellaigue de *The Economist*, Christophe de Roquefeuille de l'AFP et Jonathan Lyons de Reuters. Je n'arrive toujours pas à croire que Kaveh Golestan n'est plus de ce monde, alors je tiens à lui dire que je n'ai jamais rencontré photographe de guerre plus tendre et plus inspirant.

Si la vie à Téhéran fut agréable, c'est surtout grâce à des amis qui m'ont beaucoup apporté et que j'espère ne jamais perdre de vue : Gabriella, Fereshteh, Marjorie et Thierry, Sophie et Ronan, Shahin, Charbanou et Bruno, Monica et Carlo, Sophie et Ahmad, Hossein dont j'espère que les ennuis finiront bientôt, Siamak, Ahmad, Mahmoud, Nevine et Hossein, Boiana et Nenad, Zohreh et M. Afshar, le formidable libraire de la Khiabouné Bijan qui a aussi eu la gentillesse de trouver à me loger lorsque je me suis retrouvé à la rue.

La compréhension que j'ai de l'Iran doit beaucoup à Ahmad Djabbari, Morad Saghafi et à Ali Mir-Ashrafi. Deux autres personnes m'ont ouvert des perspectives précieuses sur la vie de leur pays et je regrette de n'avoir pas pu faire autant pour le mien : la réalisatrice Sonia Afsar Shafie et le hodjat'ol islam Mahdi Jahandar.

J'ai trouvé à l'ambassade de France le soutien cordial de deux ambassadeurs, Philippe de Suremain et François Nicoullaud. Et je n'oublierai pas les innombrables services que m'a rendus Louis Baumgartner quand il était responsable à Téhéran de la regrettée compagnie Swissair, ni ceux de Javad Javaheri et de sa famille d'horloger à Yverdon et à Téhéran ou de l'exportateur de fruits Ali Zaghian, qui a bien voulu se charger d'une partie de mon déménagement. Enfin, je serai éternellement reconnaissant à Tim Guldimann de m'avoir tiré plus d'une fois du pétrin.

Mes séjours en Iran n'auraient pas été possibles sans le soutien d'Eric Hoesli, fondateur et rédacteur en chef du *Temps*, Pierre Rousselin et Stéphane Marchand du *Figaro*, Mireille Duteil et Pierre Beylau du *Point*, Olivier Fahrni de *Die Weltwoche* et plus tard Alain Jeannet, rédacteur en chef de l'*Hebdo*. Je tiens aussi à remercier les diplomates successifs que j'ai connus à l'ambassade d'Iran à Berne ; ils ont tous fait preuve d'une parfaite correction et d'une étonnante compréhension des contraintes de mon métier.

Notes

1. Dix ans plus tard, le vrai maître du pays est toujours Ali Khamenei. L'organigramme du régime reste d'une complexité byzantine, mais il est plus homogène depuis que les réformateurs ont perdu le contrôle des institutions élues (présidence, Parlement), même si des divisions sont apparues depuis à l'intérieur du camp conservateur. Tout cela n'a fait que renforcer le pouvoir du Guide suprême et avec lui la suprématie des aspects théocratiques du régime sur ses aspects républicains.

2. Omar Khayam, *Rubayat*, Poésie, Gallimard, 1994, p. 24.

3. Malgré les inexactitudes historiques que certains lui reprochent, le meilleur récit sur ces deux personnages reste celui d'Amin Maalouf dans *Samarcande*, Livre de Poche, 1989.

4. Terme utilisé par le régime pour désigner les membres des Moudjahiddines du Peuple.

5. Miliciens volontaires de l'ordre islamique. Cf. p. 262.

6. Enquête d'Emadeddin Baqi dans le journal *Arzesh*, 12 décembre 1999. Baqi a été arrêté quelques mois plus tard et a passé la plus grande partie de la décennie suivante derrière les barreaux. Il y est à nouveau à l'heure où ce livre part sous presse.

7. *Un monde de brut. Sur les routes de l'or noir*, Seuil, 2003 et *American Chaos*, Seuil, 2004.

8. Vérification faite, ce site ne figure pas sur les listes occidentales. Il est possible que le chauffeur de taxi ait aussi fumé.

9. *La Chinafrique*, Grasset, 2008.

10. Allusion au discours devant les Nations unies en 2005. Ahmadinejad a prétendu qu'il avait senti un halo de lumière verte autour de lui et que c'était la présence invisible de l'imam Mahdi.

11. L'ayatollah porte une prothèse à la main droite.

12. « 118 days, 12 hours and 54 minutes », par Maziar Bahari, *Newsweek*, 21 novembre 2009.

13. La dynastie achéménide (de 559 à 330 avant Jésus-Christ), fondée par Cyrus, fut à la fois l'origine de l'Empire perse et l'âge d'or pré-islamique avant d'être abattue par Alexandre le Grand. La dynastie sassanide, dont l'invasion arabe a précipité la chute, a duré de 224 à 637 après Jésus-Christ.

14. Fondateur en 1995 à Bombay d'un « yoga du rire » qui compte désormais

6 000 clubs dans 60 pays, Madan Kataria est aussi consultant en santé holistique et un conférencier très demandé par les multinationales.

15. Tony Robbins, né en 1960 à Hollywood, est l'auteur de livres *selfhelp* à succès et d'une méthode appelée « libérer son pouvoir intérieur ». Il demande jusqu'à 300 000 dollars pour une conférence. Le magazine *Forbes* l'a classé 40e fortune américaine.

16. Voir l'excellent ouvrage de Daniel Pipes, *The Hidden Hand : Middle East fear of conspiracy*, St Martin Press, New York, 1998.

17. Voir Ervan Abrahamian, *Khomeinism : Essays on the Islamic Republic*, Berkeley, University of California Press, 1993.

18. Le 14 octobre, 600 convives (célébrités, chefs d'Etat et têtes couronnées) ont dîné durant cinq heures et demie. Tout a été préparé par Maxim's à Paris qui a dû fermer son restaurant durant deux semaines pour honorer la commande.

19. L'épisode est raconté par Elaine Sciolino dans *Persian Mirrors*, Touchstone, New York, 2000.

20. Estimation du FMI.

21. *Mirrors of the Unseen, Journeys in Iran*, Picador, Londres, 2006.

22. Pour n'en citer que quelques-uns : Karaji (hydrologie), Al-Dinawari (botanique), Al-Jahiz (géologie), Ibn-Haytham (ophtalmologie), Al-Kindi (minéralogie), Mansur Shirazi (gemmologie).

23. Hérodote, dans son *Histoire* (8.98), s'émerveille du service postal perse : « Rien de si prompt parmi les mortels que ces courriers. » La suite de la citation : « [des hommes et des chevaux] que ni la neige, ni la pluie, ni la chaleur, ni la nuit, n'empêchent d'accomplir leur mission avec toute la célérité possible » est gravée sur le fronton de la poste centrale de New York sur la 8e Avenue.

24. Cet objet est actuellement au cœur d'une grande controverse entre la Grande-Bretagne et l'Iran. Propriété du British Museum, il devait être prêté à l'Iran en 2009 pour trois mois. Mais Londres a traîné les pieds, officiellement en raison de la découverte de petites tablettes dans les caisses du musée, qui reproduisent le texte du cylindre et qui nécessitent six mois d'études. Officieusement, Londres estimerait qu'il est malvenu d'envoyer le texte fondateur des droits de l'homme en Iran au moment où ce pays connaît une répression sans précédent.

25. Rem Koolhaas et Bruce Mau, *S, M, L, XL*, Taschen Verlag, Cologne, 1997, p. 1248 et suiv.

26. Rem Koolhaas, « What ever happened to urbanism », in *S, M, L, XL*, *op. cit.*

27. Hafez Shirazi, *L'Amour, l'amant, l'aimé*, trad. Vincent-Mansour Monteil, Actes Sud, 1999.

28. Janet Afary, *Sexual Politics in Modern Iran*, Cambridge University Press, 2009.

29. L'autre type de mariage, le *sigheh*, est à durée déterminée (cf.p. 208).

30. Les pièces d'or bahar-e azadi, « Printemps de la liberté », ont remplacé à la Révolution les pahlavis d'or, du nom de la dynastie déchue. Elles pèsent le même poids et contiennent 8,14 grammes d'or. La banque centrale d'Iran communique le cours chaque jour. Aux dernières nouvelles : 167 euros/pièce.

31. Cette provision, appelée *merhieh*, ne doit être payée par l'époux qu'en cas de divorce. Le montant du *merhieh* est publié et contribue au prestige du mari. Lequel a parfois de la peine à réunir les fonds. Il existe donc à Téhéran un bureau chargé de la poursuite des maris ayant disparu faute de pouvoir acquitter leur *merhieh*.

32. Seules les circonstances permettant à l'épouse de divorcer sont mentionnées puisque l'époux, lui, peut divorcer à tout moment et sans justification.

33. Cette disposition signifie que si le mari ne fait pas l'amour à sa femme durant six mois, le mariage peut théoriquement être dissous.

34. « Vie sociale excessive » signifie sans doute, ici, la fréquentation d'autres femmes.

35. Oiseau mythique dont on dit que l'ombre apporte le bonheur.

36. Femmes qui portent le tchador, les couvrant de la tête aux pieds, par opposition aux *hedjabi*, qui ne portent que le *hedjab*, le foulard, et un long manteau, voire aux *bad-hedjabi* qui portent le foulard trop en arrière et des manteaux trop courts.

37. Mohamad Mossadegh fut Premier ministre entre 1951 et 1953. Il ordonna la nationalisation du pétrole et cela lui valut d'être renversé par un coup d'Etat fomenté par la CIA. Le Shah Mohamad Reza Pahlavi, qui avait pris la fuite en Italie, fut ramené sur le trône et soutenu à bout de bras par les Etats-Unis jusqu'à sa chute en 1979.

38. Grand poème épique écrit au tournant de l'an mille, *Le Livre des Rois* couvre les règnes de cinquante souverains iraniens. Voici le passage en question : Rostam se mit en fureur et, étendant les mains, il saisit ce crocodile vaillant par la tête et le cou et fit plier le dos du jeune héros. Le temps de Sohrab était venu et son corps était sans force. Rostam, semblable à un lion, le jeta par terre ; mais sachant qu'il ne resterait pas longtemps sous lui, il tira soudain du fourreau son épée et fendit la poitrine de son fils au cœur prudent (Ferdowsi, *Le Livre des rois*, Sinbad/Actes Sud, 1996, p. 113).

39. Film américain (1991) inspiré du livre éponyme de Betty Mahmoudi.

Une Américaine suit son mari en Iran. Il y devient violent et s'appuie sur les lois islamiques pour terroriser sa femme. Elle va s'enfuir avec sa fille Mahtob en passant la frontière à dos de mulet. Dans l'imaginaire américain, ce film établit la misogynie et le fanatisme des Iraniens.

40. Frais émoulu de Princeton, Baskerville, vingt-quatre ans, vient enseigner à Tabriz. Chrétien fervent, il ne peut rester indifférent au sort des troupes constitutionnalistes de Sattar Khan, assiégées et affamées par l'armée du Shah qui a révoqué la Constitution acceptée trois ans plus tôt. Le 19 avril 1909, Baskerville tente une sortie désespérée à la tête des 150 élèves qu'il a formés aux techniques de combat. Il sera abattu d'une balle en plein cœur.

41. Mollah Hossein Kashefi Sabzevari, *Le Jardin des Martyrs*, éd. Daftar-e Nashr-e Novid-e Eslâm, Qom, 2001, p. 437-438. Traduit par la *Revue de Téhéran*, février 2009.

42. « A revaluation of Islamic traditions », présenté au 21e Congrès international des orientalistes à Paris, en 1948, et publié l'année suivante dans le *Journal of Royal Islamic Society*, Cambridge.

43. Tirés de l'ouvrage *Extraits des principes politiques, sociaux et religieux de l'ayatollah Khomeiny*, Editions libres Hallier, Paris, 1979.

44. C'est ainsi qu'on désigne en Islam la communauté des croyants.

45. Aucune image, aucune vidéo parmi les milliers publiées cette semaine-là sur Internet ne montre de manifestants en train de brûler le Coran.

46. Production franco-suisse de CDP/Interland/Box Productions, 2009.

47. Grasset, 1985.

48. Publié pour la première fois en 1893 par MM. A. & C. Black, puis dans les années 1920 par Cambridge University Press. Dernière édition, celle de Routledge, Londres, 2001.

49. Jean-Claude Carrière en a tiré une œuvre théâtrale, mise en scène par Peter Brook au festival d'Avignon en juillet 1979 (Albin Michel, 2008).

50. Il s'agit de la fille d'Ali, le premier imam chiite, et de Fatima, la fille du prophète Mohamed. Son tombeau, à Damas, attire entre 300 000 et 400 000 pèlerins iraniens chaque année. Certains pensent que ce pèlerinage est aussi un prétexte pour introduire un nombre important d'agents iraniens, afin de noyauter la Syrie.

51. Le cinéaste Mohsen Makhmalbaf, autrefois révolutionnaire fervent, s'est déclaré à l'été 2009 le porte-parole à l'étranger du mouvement vert. Il a interrogé ces réfugiés et a publié le 28 décembre 2009 sur son site web une synthèse de leurs témoignages. Ces informations sont à prendre avec grande prudence, mais plusieurs ont pu être recoupées avec d'autres fuites, notamment concer-

nant la dépression chronique dont souffrirait le Guide. Voir à ce sujet l'analyse de Karim Sadjadpour « Reading Khamenei », publiée en 2008 par le think-tank américain Carnegie Endowment for International Peace.

52. Cette pratique ressemble en tous points à celles décrites, il y a deux siècles, par James Morier dans *Les Aventures de Hadji Baba d'Ispahan* (rééd. Phébus, 2000).

53. Les Nations unies ont même fait du « dialogue entre les civilisations » le thème de l'année 2001.

54. D'après le titre de l'article publié en 1993 dans la revue *Foreign Policy*, repris en 1996 dans son livre *The Clash of Civilizations* (trad. fr. : *Le Choc des civilisations*, O. Jacob, 1997).

55. Exemple : consommer de la viande humaine est frappé d'un interdit religieux absolu, mais si l'on risque de mourir de faim, l'interdiction se transforme en chaude recommandation.

56. Gareth Porter, « Burnt Offering », *The American Prospect*, 21 mai 2006.

57. Glenn Kessler, « 2003 Memo Says Iranian Leaders Backed Talks », *Washington Post*, 14 février 2007.

58. « The Iran Plans », *The New Yorker*, 17 avril 2006 ; « Last Stand », *The New Yorker*, 10 juillet 2006 et « The Next Act », 27 novembre 2006.

59. Selon les *hadith* (préceptes attribués au Prophète), les musulmans doivent essuyer leur anus avec un nombre impair de cailloux ou, mieux, avec de l'eau, puis prononcer cette courte prière : « Dieu soit loué qui m'a libéré de la pourriture et m'a soulagé. »

60. En vérité, suite à une campagne haineuse des mollahs chiites de l'époque, les juifs de Tabriz ont tous été exécutés en 1830, dont 400 égorgés comme des moutons.

61. Discours télévisé, 23 février 2010.

62. C'est ainsi qu'est désignée l'ambassade américaine à Téhéran depuis le 4 novembre 1979.

63. Prison où des manifestants ont été violés, torturés et assassinés.

Impression et brochage : Imprimerie Pollina n° L22348

Dépôt légal : mai 2010
N° d'édition : 16.243

Imprimé en France